Johanna Müller-Ebert

Trennungskompetenz in allen Lebenslagen

»Sich verabschieden, das ist auch etwas, das man mit sich selbst macht: zu sich selbst stehen unter dem Blick des anderen.«

Mercier, Pascal (2004): Nachtzug nach Lissabon, München/Wien: Hanser, S. 447 f.

Inhalt

Einleitung

Vieles, was mit Beenden, Trennen oder Abschiednehmen zu tun hat, ruft bei den meisten von uns Empfindungen wach, die mit etwas Unangenehmem oder Bedrohlichem verbunden sind und die uns unwillkürlich sofort an den Verlust von Sicherheit, von wichtigen Bindungen oder von geliebten Personen denken lassen. Am liebsten möchte man sich gar nicht mit diesem Thema beschäftigen.

Mögen Sie das vielleicht auch nicht so gerne, Freunde am Bahnhof zu verabschieden oder sich am Ende eines Urlaubs von neu gewonnenen Bekannten zu trennen und sich wieder auf die Heimreise zu machen?

Kennen Sie das mulmige Gefühl vor dem Umzug in eine fremde Stadt, weil Sie furchten, Sie werden alle alten Freunde verlieren und dort einsam und allein Ihre Abende verbringen müssen?

Schieben Sie es auch immer wieder auf, Ihren Eltern zu sagen, dass Sie dieses Jahr an Weihnachten endlich einmal mit Ihrer eigenen Familie verreisen werden? Oder dass Sie die alte Gewohnheit, die Sonntagnachmittage mit ihnen gemeinsam zu verbringen, reduzieren oder gar aufgeben möchten?

Oder lassen Sie sich vielleicht am Arbeitsplatz immer die gleichen ungeliebten Aufgaben aufhalsen? Bleiben Sie öfter viel länger dort, als Sie möchten, weil Sie es gewohnt sind, für alles

Verantwortung zu übernehmen, und weil Sie nur so schwer Nein sagen können?

Haben Sie wiederholt den Eindruck, als ob Sie immer wieder die gleichen Schwierigkeiten mit Freunden, Partnern, Nachbarn, Chefs erleben, wenn es um Abgrenzung oder das Beenden unliebsamer Verhältnisse geht?

Lassen Sie uns offen über die lästigen Gewohnheiten sprechen, die man nicht loswerden oder aufhören zu können glaubt: das Rauchen, das ständige Aufschieben von nicht lustvollen Aufgaben: die Steuererklärung machen, den Keller oder den Schreibtisch endlich aufräumen, das nicht enden wollende Anhäufen von unnützen Dingen, die sich wie von selbst ansammeln und einen geradezu zu ersticken drohen, aber die man einfach nicht wegwerfen kann.

Wie gerne hätte man es manchmal, dass eine Fee käme und wie mit Zauberhand all diesen Unannehmlichkeiten oder den angstauslösenden kleinen Entscheidungen zum Trennen und Beenden einfach ein Ende setzen würde, ohne dass man sich selbst darum kümmern müsste.

Ob man es nun aber will oder nicht, der Alltag in unserer schnellen, mobilen Gesellschaft verlangt von uns täglich unweigerlich viele »kleine Trennungen«: sei es die Trennung von Sachen, von Überzeugungen oder von Gewohnheiten, die wir aufgeben müssen. Das gilt auch für das Aufgeben von lieb gewonnenen oder unangenehmen Rollen und die Reaktion auf veränderte Arbeitsbedingungen, die manchmal sogar einen Ortswechsel verlangen und den Abschied vom gewohnten Bekanntenkreis zur Folge haben können.

Solche »kleinen Abschiede« von Dingen, Gewohnheiten oder dem sozialen Umfeld müssen täglich bewältigt werden. Einmal beherzt angepackt, sind sie häufig gar nicht mehr so dramatisch, wie es die schmerzlichen »großen Trennungen« in unserer Erinnerung gewesen sind: der erste Liebeskummer mit dem tiefen Schmerz, von dem man nie mehr geheilt zu werden glaubte, oder der herzerschütternde Kummer, den man als Kind erlebte, als die Mutter einfach heimlich das heiß geliebte und unansehnlich gewordene Kuscheltier weggeworfen hatte. Wir haben es schmerzlich und wütend vermisst und der Mutter innerlich ewige Rache für diesen erzwungenen Abschied geschworen. Manchmal erinnert man sich noch an das Leid, als sich der beste Freund ohne Begründung einfach zurückzog und eine lange Freundschaft ein ungeklärtes Ende fand. Mancher Stellenwechsel im Beruf ist mit schmerzlichen Trennungsgefühlen verknüpft. Veränderungen in unseren Partnerbeziehungen fordern von uns, Gewohnheiten loszulassen und uns neu zu orientieren, insbesondere dann, wenn eine Beziehung oder Ehe ihr Ende gefunden hat und man sich aus den Verstrickungen lösen muss.

Aus verborgenen Gründen fallen uns diese kleinen Abschiede des Alltags häufig so unerklärlich schwer. Deshalb schiebt man sie entweder oft lange auf, geht schnell darüber hinweg, verleugnet oder vergisst sie oder betrachtet das einfache Beenden einer unerträglich gewordenen Situation aus Angst vor den Konsequenzen oder einfach aus mangelnder Übung im Trennen nicht als mögliche Lösung.

Mit Beenden, Trennen oder Aufhören kann sich aber auch ein Vorgeschmack von Freiheit und der Aussicht auf ein Abenteuer verbinden, vor allem dann, wenn man dadurch eine beengende Beziehung, einengende Lebensumstände oder einen ungeliebten Arbeitsplatz hinter sich lassen kann. Dieses positive Gefühl im Kontext von Trennung taucht auch dann schon auf, wenn man sich endlich einmal wieder erlaubt, für eine kurze Zeit aus dem Alltag auszusteigen, eine Reise macht, und dadurch die kreativen Kräfte wieder erwachen. Manchmal regt sich dann erst wieder ein längst vergessener Wunsch. Sie erinnern sich wieder daran, dass Sie ja immer schon einmal auch etwas »ganz anderes« machen wollten, als nur tagtäglich eingespannt zu sein und im gleichen Trott zu gehen. So kann sich aus einer kleinen Urlaubsreise die feste Absicht entwickeln, sich doch eine längere Auszeit von der Arbeit zu gönnen, vielleicht sogar ein Studienjahr anzutreten oder sich vorübergehend von seiner Berufsidentität zu trennen und vielleicht für eine Zeit lang dem Traum von der Weltenbummlerin zu folgen. Vielleicht bietet sogar die eigene Firma zufällig einen befristeten Arbeitsaufenthalt im Ausland an, wofür sie einen interessierten Mitarbeiter sucht. Manche mir bekannten Lehrer haben durch ein sogenanntes Sabbatjahr mit seinen vielfältigen Möglichkeiten zur Weiterbildung ihre chronische Erschöpfung durch die anstrengende Arbeit überwinden können und neuen Elan und Interesse für ihre verantwortungsvolle Tätigkeit geschöpft.

Unsere Einstellung dazu, wie wir etwas beenden oder Abschied nehmen, und die damit verbundenen Gefühle lernen wir bereits von Kindesbeinen an, ebenso wie die Art und Weise, uns an etwas zu binden und neue Beziehungen einzugehen. Heute weiß man auch, dass durch die Resonanz unserer Spiegelneurone auf die Gefühlsäußerungen oder Verhaltensweisen unserer Bezugspersonen solche Einstellungen nicht nur emotional gelernt, sondern auch in unserem Gehirn neuronal verankert werden.[1]

Die in unserer persönlichen Geschichte erlernten unbewussten und zur Gewohnheit gewordenen frühen Bindungs- und Beziehungsmuster können Jahre später im Erwachsenenleben, im aktuellen Alltags- und Berufsleben bei Stress oder in Krisenzeiten wieder an die Oberfläche drängen und äußerst unangenehme Konflikte verursachen. Gerade in Stresssituationen greift man gern auf sicher verankerte und vertraute Verhaltensmuster zurück, die in der jetzigen Situation jedoch nicht angemessen sind, um eine als bedrohlich erlebte »Gefahr« zu bewältigen: Unbewusstes Festhalten an früheren Überzeugungen und alten Bewältigungsmustern (wie: »Ich muss durchhalten«) beeinträchtigt oder verhindert oft sogar eine effektive und flexible Krisenbewältigung im Hier und Jetzt.

Unreflektiert läuft man dann Gefahr, immer wieder in ähnliche Schwierigkeiten zu geraten, ohne für die Situation passende Lösungen zu finden. Man kann sich sogar »als vom Schicksal verfolgt« erleben oder als »Opfer von widrigen Umständen«, wenn man diese alten, inzwischen ineffektiven Konflikt- und Trennungsmuster anwendet (wie: »Jetzt melde ich mich einfach nicht mehr bei der Freundin, sie wird schon merken, dass sie mich gekränkt hat, und sich entschuldigen«), wenn man selbst häufig den Strafen der Nichtbeachtung ausgesetzt war. Oder man wiederholt Gewohnheiten und Verhaltensweisen aus früheren Arbeitssituationen am jetzigen Arbeitsplatz, obwohl da ganz andere Bedingungen herrschen. »Ach, die alte Chefin war doch so viel einfühlsamer.« Da grummeln vielleicht in einem alte Gedanken im Hintergrund wie: »Keiner liebt mich«, weil man weiterhin der in der Kindheit gelernten Überzeugung treu bleibt, dass man immer zu warten habe, bis man gefragt wird, und deshalb nicht selbst die Initiative ergreift. So kann es auch kommen, dass man sich am Arbeitsplatz irgendwie benachteiligt fühlt: »Immer muss ich den ganzen Mist erledigen (wie zu Hause)«, weil man sich noch nicht von der gewohnten Rolle getrennt hat, das »Mädchen für alles« zu sein, und hofft, dafür nicht nur wichtig genommen, sondern auch gelobt und geliebt zu werden.

Wenn Sie einmal Ihre eigenen »Beendigungsgewohnheiten« und Ihre »Vermeidungsstrategien« genauer beobachten und sie sogar verändern lernen, können Sie im tagtäglichen Umgang mit Abgrenzen und Beenden eine »Trennungskompetenz« entwickeln, die das im Alltag unvermeidbar von uns geforderte »abschiedlich Leben« wesentlich erleichtert. Sie kann zu einer wertvollen Ressource für die Bewältigung der vielen kleinen und großen täglichen Trennungsaufgaben im privaten und beruflichen Leben werden und dadurch zu einem weniger belastenden und vor allem befriedigenderen Lebensstil führen.

In meiner Arbeit als Psychotherapeutin und Beraterin taucht der Themenbereich von Trennen und Abschiednehmen immer wieder in den vielfältigsten Facetten auf. In besonderer Weise geschieht das dann, wenn es um das Beenden der therapeutischen Beziehung und der gemeinsamen Arbeit geht. Keiner scheint sich gern zu trennen, sei es von Menschen, Sachen oder Gewohnheiten. Im Zusammenhang mit dem Ende der Therapie entdeckte ich, dass auch im Alltag das Thema Trennung ständig im Hintergrund wirksam zu sein scheint: dass Menschen oft lieber etwas ganz schnell aufhören, sich davonstehlen oder geradezu davonlaufen, statt sich bewusst auf das Beenden und Aufhören vorzubereiten oder bewusst Abschied zu nehmen und dann vom Überholten befreit das Neue zu beginnen.

Manchmal führt eine Trennungsproblematik dazu, dass man professionelle Hilfe braucht und sinnvollerweise aufsucht. Dabei zeigt sich häufig, dass ein als »schicksalhaft« erlebtes Leid, wenn wiederholt Beziehungen tragisch endeten oder wenn man vom ewigem »Pech« am Arbeitsplatz verfolgt zu sein scheint, unter Umständen auf eigenen inneren Ängsten gründet, etwas loszulassen. Solche verdrängte Trennungsangst kann sich in unerklärlicher Abgeschlagenheit, in ständiger Gereiztheit oder in psychosomatischen Beschwerden äußern oder man fühlt sich häufig wie gelähmt, ohne dass man sich so recht erklären kann, was eigentlich mit einem selber los ist.

Dieses Buch kann Sie dabei begleiten, sich mit dem Phänomen des Trennens, Beendens oder Aufhörens in den kleinen und auch größeren alltäglichen Prozessen bewusst zu beschäftigen. Vielleicht werden Sie dabei entdecken, dass es seinen Schrecken verlieren kann, wenn Sie dem so gefährlich erscheinenden Drachen »Trennen« beherzt entgegentreten und nicht weiter an die Mythen von tragischen Abschieden aus der eigenen Vergangenheit glauben. Dazu sind auch die später folgenden Beispielgeschichten hilfreich, die zeigen, wie andere mit Trennungskonflikten in unterschiedlichen Bereichen umgehen.

Zum besseren Verständnis der Hintergründe von Trennungsängsten und Trennungsgewohnheiten dient ein Überblick über psychologische Bindungs- und Trennungstheorien. Diese geben Ihnen konkrete Anleitungen und Hinweise zu den einzelnen Geschichten und vor allem dazu, wie Sie selbst mehr Trennungskompetenz gewinnen und sie in die verschiedenen Bereiche Ihres beruflichen und privaten Alltags einbauen können.

Im ersten Teil des Buches lesen Sie, wie das Thema Beenden, Trennen, Abschiednehmen immer auch mit der Dynamik und dem jeweils bevorzugten Bindungsstil verknüpft ist und wie sich aus dem Wechselspiel von Binden und Trennen unter dem Einfluss von Erziehung unterschiedliche Trennungsmuster entwickeln können.

In den Beispielgeschichten entdecken Sie vielleicht eigene (mehr oder weniger nützliche oder ineffektive) Trennungsstrategien und Muster und sehen, welche Widerstände einen daran hindern können, adäquate Lösungen für Konflikte zu finden.

Die kommentierten Beispielgeschichten und die Hinweise zur Bearbeitung von Trennungsaufgaben sollen Sie anregen, im Sinne von Selbsthilfe manche vorgeschlagene Lösung für sich selbst auszuprobieren. Wenn Sie dabei ein hartnäckiges oder Ihre Lebensqualität nachhaltig beeinträchtigendes Trennungsmuster bei sich entdecken sollten, kann es ratsam sein, professionelle Beratung zu suchen.

Das Buch ist für alle gedacht, die größere oder kleinere Schwierigkeiten mit dem Thema Beenden und Trennen haben und die in ihrem Alltag diese alltäglichen Trennungsprobleme aufspüren und verändern wollen. Es soll Sie dabei begleiten, Ihre Alltagserfahrung unter dem Blickwinkel des Zusammenwirkens von Binden, Trennen und Aufhören zu betrachten, Ihre eigenen Trennungsstrategien zu überprüfen und zufriedenstellende Veränderungen Ihres Trennungsverhaltens in Ihren verschiedenen Lebensbereichen vorzunehmen.

»Früh krümmt sich,
was ein Häkchen werden will.«
Sprichwort

Teil 1

Vom Binden und Trennen

»Zwei Dinge muss man seinen
Kindern mitgeben: Wurzeln und Flügel.«
Neuseeländisches Sprichwort

Ein Blick in **Entwicklungstheorien des Bindungsverhaltens**

Überall in der Natur begegnet man dem Trennen als einem universellen Prinzip des Lebens:

- Alles Leben entsteht durch Trennung bei der Zellteilung.
- In der Chemie trennen sich Atome voneinander, um neue Verbindungen einzugehen.
- Intergalaktisch trennen sich Sternensysteme.
- Die Geburt eines Kindes ist nicht nur ein Neuanfang, sondern ihr geht zuerst eine biologische Trennung von der Mutter voraus.
- Die Reifung von Mensch und Tier erfolgt durch die Trennung von durchlebten Stadien des Wachstums und der Entwicklung.
- Das Kind muss nach der Geburt diese Trennungsprozesse psychisch aktiv erlernen, die in der geschützten Welt des Uterus physisch in differenzierter Weise automatisch abliefen.

Trotz der wichtigen Aspekte, die im Trennen enthalten sind, beschäftigen wir uns im Sozialleben unseres Alltags, in den Naturwissenschaften, in Literatur und Filmen viel lieber mit Bindung als mit Trennung, obwohl das Trennen für eine befriedigende und gelingende Lebensführung genauso wichtig ist. Ist man aber einmal auf die vielfältige Dynamik des Trennens aufmerksam geworden, so zeigen sich seine bereichernden und lebenswichtigen Eigenschaften in vielen Bereichen des täglichen Lebens.

Trennung steht der Bindung als eine wichtige und mächtige Gegenkraft gegenüber und kann gemeinsam mit ihr eine energetisch positive oder negative Spannung erzeugen. Ohne Bindung aber gibt es keine Trennung und ohne Trennung keine vollwertige neue Bindung.

Bindungsstile werden früh geprägt

Wissenschaftler wie die Amerikaner Bion und Bowlby haben in ihren Forschungen besonders das Bindungsverhalten des Kleinkindes zur Mutter untersucht und dabei festgestellt, dass eine »zufriedenstellende Entwicklung von Bindung für die seelische Gesundheit (des Kindes) wichtig ist«[1]. Die Forscher gingen davon aus, dass das Bindungssystem zwischen der primären Bezugsperson und dem Säugling biologisch vorprogrammiert ist und bereits kurz nach der Geburt aktiviert wird. Bowlby untersuchte Mutter-Kind-Interaktionen, um das Verhalten des Säuglings genauer zu erforschen, insbesondere wie dieser auf kurze Unterbrechungen des Kontaktes zur Mutter reagiert, wenn sie aus dem Raum geht und das Baby eine Weile sich selbst überlässt und wie sich das Wieder-Aufeinandertreffen der beiden nach der kurzen Trennung gestaltet.[2]

Ich möchte im Rahmen des Themas der Trennungen kurz die wichtigsten Bindungsstile und deren Wirkfaktoren zeigen, die Bowlbys Forschungsgruppe beobachtete. Sie fand heraus, dass bereits der Säugling in Abhängigkeit zu den realen Gegebenheiten seiner Umwelt unterschiedliche Bindungsqualitäten entwickeln kann. So wird der Säugling eine sogenannte sichere Bindung zu der Person aufbauen, die auf ihn im oben genannten Sinn »feinfühlig« reagiert, das heißt auf seine Bedürfnisse und seine Reaktionen in der Trennungssituation eingeht. Ist er dagegen unberechenbaren Interaktionen ausgesetzt, die zwischen Versagung oder Verwöhnung schwanken, hat dieses Verhalten eine »unsichere Bindung« oder ein »unsicher-ambivalentes Bindungsverhalten« des Kindes zur Folge.

So zeigte sich der Säugling bei einer kurzen Trennung von der Mutter zunächst als untröstlich. Er konnte aber bei einer »feinfühligen« Mutter diese kurze Trennung leichter tolerieren, wenn die Mutter diese mit Gesten oder durch Sprechen mit dem Kind begleitete. Mutter und Kind konnten so die Reaktionen des anderen auf die bevorstehende Unterbrechung des Kontaktes bereits mehr oder weniger »vorhersagen«: Das Kind protestiert, wenn die Mutter es verlässt, oder es entwickelt ein Verhalten, das die Verhinderung des Trennens zum Ziel hat: Es folgt der Mutter nach, klammert sich an, weint herzzerreißend oder schreit.[3] Die »feinfühlige« Mutter reagiert darauf, indem sie sofort beruhigend auf das Kind einzureden beginnt. In der Folge wird es lernen können, dass Trennen zwar Unwohlsein bereitet, aber nur vorübergehend.

Jeder, der ein Kind aufgezogen hat, kann sich an ähnliche Situationen erinnern. Die Forscher stellten fest, dass das spätere Bindungsverhalten eines Kindes davon beeinflusst wird, ob die Mutter oder Bezugsperson in einer solchen Trennungssituation »frustrierend versagend« oder in umgekehrter Weise »verwöhnend« auf das Kind reagiert, weil es in dieser frühen Entwicklungsphase nicht lernen kann, solche kurzen Trennungen zu tolerieren. Für spätere Beziehungen wird es keine angemessene Trennungskompetenz entwickeln können, weil es auf sein verständliches Sicherheitsbedürfnis in der »Stresssituation Trennen« keine adäquate Reaktion wie beispielsweise Trost erfährt.

Aufgrund solcher frühen Bindungs- und Trennungserlebnisse mit den Eltern oder anderen Bezugspersonen entwickelt das Kind ein »Arbeitsmodell für Beziehung«[4], das sich auf sein späteres Bindungs-, Beziehungs- und Trennungsverhalten auswirkt. Bowlby erkannte, dass positive Bindungserfahrungen in dieser frühen Entwicklungsphase zu positiven Erwartungen an das Gegenüber führen, wogegen negative Bindungserfahrungen eher negative Erwartungen begünstigen und dadurch unangemessenes Trennungsverhalten wie Klammern oder Jammern ausgelöst werden kann. Dies kann für die gesamte spätere Beziehungsgestaltung mit Eltern, Gleichaltrigen, Lehrern und auch Partnern folgenreich sein.[5]

Kommen und Gehen: Die Wiederannäherungskrise

Für unser Thema »Trennungskompetenz in allen Lebenslagen« und deren Entwicklung bis ins Erwachsenenleben erscheint mir insbesondere der Ansatz von Margaret Mahler hilfreich: Mahler hat sich besonders intensiv mit der Thematik der alltäglichen Wiederholung von Trennen und Binden in der Entwicklung des Kleinkindes beschäftigt. Sie richtete bei ihren systematischen Beobachtungen ihre Aufmerksamkeit besonders auf das Geschehen zwischen Mutter und Kind in der Phase der Wiederannäherung, wenn das zwei- bis dreijährige Kind auf der einen Seite seine Selbstständigkeit und seine Autonomie durch aktives Entfernen von der Mutter erproben möchte, sich auf der anderen Seite aber eine unkomplizierte Rückkehr zu ihr zu jeder Zeit sichern möchte.

Wenn das Kind zum Beispiel einem Vogel hinterherrennen möchte, der vor ihm aufgeflattert ist, folgt es neugierig dem Tier und läuft von der Mutter weg. Es möchte etwas Neues erkunden. Vielleicht sieht es sich nach der Mutter um, ob diese wohlwollend seine selbstständigen Schritte betrachtet. Das Kind mag aber in diesem Prozess der Erkundung über ein plötzliches Flügelgeräusch des Vogels erschrecken und innehalten. Es läuft schutzsuchend zur Mutter zurück, um sich zu beruhigen, und folgt danach vielleicht erneut einer anderen interessanten Ablenkung und verlässt sie wieder. Hat es dort seine Neugier befriedigt, kehrt es wieder zum »Auftanken« zur Mutter zurück, wo es im Idealfall auch die gewünschte Unterstützung und einen freundlichen Empfang findet.

Die Phase der Rückkehr zur Mutter benannte Margaret Mahler mit dem interessanten Begriff »Wiederannäherungskrise« – ein meines Erachtens sehr geglückter Ausdruck, da der Moment des

Zurückkommens unerwartete und problematische Aspekte für das innere Erleben des Kindes bereithalten kann. Mütter reagieren in einer solchen Situation äußerst verschieden. So kann die Mutter (oder die primäre Bezugsperson, wenn sich zum Beispiel ein Vater hauptsächlich um die Erziehung des Kindes kümmert) das Kind entweder liebevoll empfangen, vielleicht auf den Arm nehmen, oder sie kann seine Rückkehr gar nicht zur Kenntnis nehmen, weil sie sich in der kinderfreien Minute gerade intensiv mit einer Nachbarin unterhält und das Schutzbedürfnis des Kindes nicht bemerkt. Sie kann sich sogar abweisend oder strafend verhalten, weil sich das Kind ihrer Meinung nach eigenwillig entfernt hat, und folgenreiche Sätze formulieren wie: »Hast du die Mami nicht mehr lieb?«, wenn es von etwas Interessantem fasziniert ist und von ihr wegstrebt. Erst wenn sich solche Reaktionen der Bezugsperson auf das Kind und seine Erkundungen der Welt in immer ähnlicher Weise häufiger wiederholen, können sie sich nachhaltig auf das Trennungserleben, das Loslösungstraining und die Selbstständigkeitsentwicklung des kleinen Kindes auswirken.

Das mit dem noch plastischeren Begriff des »Wiederannäherungskampfes«[6] benannte Geschehen bei der Rückkehr zur Mutter kann vom Kleinkind entweder positiv bewältigt werden oder misslingen. Als gelungen oder bewältigt gilt eine Wiederannäherungskrise, wenn das Kind gelernt hat, seine kleinen selbstständigen Entfernungen von der Mutter und deren unterschiedliche Reaktionen bei seiner Rückkehr zu ihr auszuhalten. Das Kind muss schließlich auch tolerieren lernen, dass sich die Mutter während seiner Erkundungen vorübergehend anderen Dingen zuwendet und es für kurze Zeit nicht im Mittelpunkt von Mutters Interesse steht. Das bedeutet im Zusammenhang mit unserem Thema, dass das Kind in dieser Phase bereits erste Fähigkeiten von Trennungskompetenz erwirbt.

Hat sich die Wiederannäherungsphase in der kindlichen Entwicklung mehr oder weniger ungestört und positiv entfaltet und wurde der Wiederannäherungskampf von Mutter und Kind gemeinsam und nachhaltig positiv bewältigt, wird für das Kind und später auch für den Erwachsenen das Hinausstreben in die Welt eher von Entdeckungslust als von Angst und Zögern begleitet sein. Wenn das Trennen von der Mutter oder der Bezugsperson durch den sicheren Hintergrund des »bedeutungsvollen anderen« gestützt wird und eine konfliktfreie Rückkehr dorthin möglich ist, kann das Kind eher ein Gefühl von Sicherheit im Umgang mit den anderen außerhalb der Familie und mit Fremden entwickeln. Dadurch wird es ermutigt, relativ angstfrei immer wieder neue Situationen aufzusuchen, und wird sich auch leichter von alten Situationen trennen können, wenn die Zeit dafür gekommen ist. Gleichzeitig erwirbt es damit eine Kompetenz von innerer und äußerer Beweglichkeit, was ein wesentlicher Aspekt von Trennungskompetenz ist. Unterstützung bedeutet hier nicht, dass sich die Bezugsperson ununterbrochen dem Kind widmen muss, sondern dass das Kind auf die unvermeidbar auf es zukommenden Trennungssituationen vorbereitet wird und eine kurze Frustration tolerieren lernt, weil es früher bei seiner Rückkehr von seinen Ausflügen zur Mutter Sicherheit erfahren hat.[7]

Irvin D. Yalom, ein amerikanischer Psychotherapeut und Autor, beschäftigt sich in seinen Veröffentlichungen von Geschichten aus der Psychotherapie intensiv mit dem Phänomen der Willensbildung, das heißt der Ja-Nein-Funktion der menschlichen Psyche.[8] Er zitiert Otto Rank[9], der den Prozess der Willensentwicklung als die grundlegende Fähigkeit für das Bewusstsein und den Erwerb von Trennungsvermögen überhaupt beschreibt. Rank sagt, dass der Mensch bereits in der Kindheit lernt, »das zu wollen, was möglich ist«, das heißt seine Grenzen auszutesten. In einem weiteren Schritt übt er »das zu wollen, was er braucht, und sich von dem abzugrenzen, was er nicht braucht«[10]. Das oben zitierte Kind mit dem Vogel folgt seiner Neugier und seinem Lerneifer: »Was ist möglich?« Im Schreck über das Flattern erlebt es aber auch seine Angst, seine Beschränkungen und seine Bedürftigkeit nach Schutz und sucht Zuflucht bei der Mutter: »Was brauche ich?«

Beziehungen können in dieser Entwicklungsphase auch weniger glücklich verlaufen. So können sich in den Aktionen zwischen Bezugsperson und Kind Fixierungen bilden, die sich später als außerordentlich hinderlich auf Trennungs- und Bindungsprozesse des Erwachsenen auswirken. Beispielsweise kann das Erleben von zu wenig Sicherheit zu Klammerverhalten führen.

In dieser frühen Entwicklungsphase unterstützen das Kind beim Trennen nicht nur verbale Signale der Bezugsperson, sondern auch Trennungs- oder Begrüßungsgesten wie Nachwinken oder bei der Rückkehr von seinen Erkundungen das Öffnen der Arme oder das ihm Entgegenlaufen, um einerseits seine Trennungsangst und andererseits mögliche Schuldgefühle bei seiner Rückkehr zu reduzieren. Solche nonverbalen Kommunikationsformen leben häufig später noch in den Trennungsritualen der Erwachsenen fort, wie Sie es sicher auch bei sich selbst beobachten können.

Es gibt Menschen, die einem Reisenden so lange hinterherwinken, bis sich der Sichtkontakt zu ihm verliert. Das Trennen wird dabei nicht abrupt vollzogen, sondern es wird als bewusster Vorgang erlebt, in dem sich der Abstand zwischen den Scheidenden immer weiter vergrößert und jeder danach wieder seiner eigenen Wege geht. Es gibt aber auch Menschen, die sich nach einem kurzen Abschied in der Öffentlichkeit abrupt umdrehen und lieber schnellen Schrittes davongehen, ohne sich umzusehen.

In den später folgenden Beispielgeschichten werden Sie über einige Schwierigkeiten beim Trennen lesen, die entweder durch eine solche nicht geglückte Wiederannäherung, durch fehlendes Trennungstraining als Kind oder durch nicht gelöste Entwicklungsaufgaben im Kindesalter verursacht worden sein können oder aber sich auch erst im Erwachsenenleben entwickelt haben. Sie finden dort Vorschläge, wie man es durch Selbsthilfe oder mit der Unterstützung seines sozialen Umfeldes schaffen kann, die eine oder andere damals fehlgestellte Weiche von Trennungskompetenz neu zu stellen oder wie man durch das Bewusstwerden dieses Phänomens solche Trennungsschwierigkeiten durch andere Verhaltensweisen überwinden kann.

Wenn Sie sich einen Moment Zeit zum Nachdenken nehmen

möchten, können Sie entdecken, wie Sie selbst mit solchen »kleinen Trennungen« im Alltag umgehen.

- Wie verhalten Sie sich am Bahnhof oder am Flughafen, wenn Sie jemand dorthin begleitet?
- Wie ist es morgens beim Abschied vom Partner, wenn Sie sich auf den Weg zur Arbeit machen oder wenn Sie das Kind an der Schule absetzen?
- Was tun Sie, wenn Sie ein Meeting am Arbeitsplatz verlassen oder wenn Sie nach der Arbeit nach Hause gehen oder sich für den Urlaub abmelden?
- Erkennen Sie ein eigenes Muster von »kleinen Trennungen« bei sich? Bringen Sie es lieber »kurz und schmerzlos« hinter sich? Oder geben Sie ein Zeichen von Verbundenheit beim Trennen? Machen Sie eine kleine Geste oder geben Sie gute Wünsche zum Abschied mit auf den Weg? Bleiben Sie zu lange und können Sie sich gar nicht trennen?
- Erinnert Sie Ihr Trennungsverhalten an übernommene frühere Gewohnheiten, vielleicht aus der Herkunftsfamilie?
- Möchten Sie diese Gewohnheiten beibehalten oder vielleicht etwas Neues versuchen?
- Was bedeutet ganz allgemein Trennen im Alltag für Sie?

»Im Abschied liegt die Geburt
der Erinnerung.«
Deutsches Sprichwort

Trennen von vergessenen Bindungen

Wir haben gesehen, dass man Binden und Trennen nicht nur Schritt für Schritt während der verschiedenen Entwicklungsphasen in den primären Beziehungen in der Familie lernt, sondern auch durch die Loslösung von bestimmten Lebensabschnitten und in der Ablösung von Abhängigkeiten von Eltern und Lehrern. Die dort erfahrenen Bindungs- und Trennungsstile behält man manchmal ein ganzes Leben lang bei. Sie erweisen sich über die Jahre jedoch als mehr oder weniger zweckmäßig, denn auch Gewohnheiten können veralten. Manchmal sind solche alten Muster für den Alltag in einem vielschichtigen Erwachsenenleben sogar hinderlich.

Das Phänomen der »vergessenen« Loslösung von alten Mustern findet man im Alltag in vielfältigen Erscheinungsformen überall dort, wo Menschen in lang andauernden Beziehungen zusammenleben: wo sie in Partnerschaften oder Familien oder am Arbeitsplatz als Kollegen tagtäglich miteinander auskommen müssen. In solchen sozialen Kontexten wiederholen sich häufig zwangsläufig frühere Beziehungsmuster vom Binden und Trennen aus der Herkunftsfamilie, die man selbst gar nicht mehr bemerkt, die aber immer wieder zu unverständlichen, wie »vom Himmel gefallenen« Konflikten in den täglichen Kontakten führen können.

In unserer Gesellschaft wird das, was mit Lösen, Beenden und

Abschied zu tun hat, gerne umgangen, verleugnet oder einfach vermieden. Sei es, dass man ein anstehendes Trennen völlig ignoriert und sich einfach davonstiehlt oder dass man beim Abschied nichtssagende Floskeln verwendet wie: »Wir sehen uns«, »Wir hören voneinander«, »Wir telefonieren«, anstatt sich einfach der Situation gemäß zu verabschieden. Man suggeriert mit solchen Phrasen sich selbst und den anderen, dass man weiterhin verbunden bleibt. Trennen kann Gefühle von Schmerz und Trauer auslösen, die man gar nicht spüren möchte und am liebsten umgeht.

In fast allen europäischen Sprachen ist im Abschiedsgruß die Aussicht auf ein Wiedersehen enthalten: au revoir, arrivederci, see you, auf Wiedersehen etc., was als beruhigende Versicherung für ein Fortdauern der Beziehung verstanden werden kann und was, wie wir bereits gesehen haben, für das gesicherte Trennungserleben eines Kindes unerlässlich ist.

Wenn man bei sich beobachtet, dass man im Umgang mit Menschen wiederholt mit ähnlichen Schwierigkeiten zu kämpfen hat, können in einem solchen Erleben alte Beziehungsmuster von Binden und Trennen nachwirken, von denen man sich in einem früheren Entwicklungsschritt nicht gelöst hat, und die einem bis heute das Leben unnötig schwer machen. Beispiele hierfür sind, dass man glaubt, das Schicksal bedenke einen geradezu nur mit treulosen Freundinnen oder bindungsunwilligen Männern oder scheine einen mit ekligen Chefs, gehässigen Kollegen oder missgünstigen Mitarbeitern zu verfolgen. Oder man meint, dass einem niemand »wirklich zuhören will, was man zu sagen hat«, oder man fühlt sich ständig ausgenutzt, missverstanden oder nicht gesehen oder wird chronisch von Ohnmachts- oder Minderwertigkeitsgefühlen heimgesucht.

In solchen Fällen ist es sinnvoll, in der gegenwärtigen Situation zu prüfen, ob man nicht durch ein bestimmtes Verhalten in seinem Umfeld unbeabsichtigt Bedingungen herbeiruft, die denen aus der eigenen Herkunftsfamilie ähneln. Dann könnte es ratsam sein, zu erforschen, ob man im Hier und Jetzt ungelöste Konflikte mit Eltern, schwelende Geschwisterrivalitäten oder

Selbstwert- und Überforderungsprobleme aus seiner Vergangenheit unbewusst wiederholt, weil man sich davon noch nicht verabschiedet hat. Die Gestalttherapie bezeichnet dieses Phänomen der Verlagerung von früheren Konflikten ins gegenwärtige Leben als »unerledigte Situation« oder als »unfertige Gestalt«.[11]

Das Konzept der »unerledigten Situation« oder »ungeschlossenen Gestalt« stammt aus der Gestalttheorie der 30er-Jahre des 20. Jahrhunderts. In der Psychologie der Wahrnehmung bedeutet dies, dass ein Wahrnehmender so lange in einer Situation verhaftet bleibt, bis diese für ihn abgeschlossen ist (Tendenz zur guten Gestalt).[12]

Stellen Sie sich einen Kreis vor, der nicht ganz geschlossen ist: Sie werden ihn immer unbewusst als Kreis wahrnehmen, das heißt, Sie werden in Ihrem Inneren die fehlende Lücke ergänzen und dadurch »eine gute Gestalt« herstellen.

Übertragen auf einen nicht beendeten psychischen Prozess bedeutet das, dass sich die Aufmerksamkeit eines Betroffenen immer wieder auf »die Lücke« richtet. Er bemüht sich, diese zu schließen, damit er sich etwas Neuem zuwenden kann. Oft sind aber der Weg dazu und die Mittel, diese Lücke zu schließen, verloren gegangen und vergessen. Die Bemühungen wiederholen sich deshalb, laufen ins Leere, aber die belastende Situation besteht weiterhin.[13]

Denken Sie zum Beispiel daran, wie es für Sie ist, wenn Sie etwas Wichtiges immer wieder aufschieben, wie Ihre Steuererklärung zu machen oder einen unangenehmen Anruf zu erledigen. In jedes Vergnügen, das Sie sich gönnen wollen, mischt sich der bittere innere Vorwurf, dass man doch zuerst einmal diese unliebsame Sache hinter sich bringen müsste, sodass Sie sich solange nicht wirklich entspannen können. Am Beispiel der vor sich hergeschobenen Steuererklärung ist das Phänomen für fast jeden deutlich zu erkennen und gut zu verstehen. Eine lang zurückliegende unerledigte Situation aus der Vergangenheit aber äußert sich meist eher unbemerkt in unerklärlichen Verhaltensmustern, mit denen wir auf eine ineffektive Weise auf aktuelle Beziehungskonflikte reagieren. Besonders im Zusammenhang mit Trennen und Beenden können einem solche »ungeschlossene Gestalten« oder »unerledigte Situationen« aus der Vergangenheit erheblich in die Quere kommen.

Wenn Trennen und Loslassen durch die mangelnde Unterstützung in einer wohlwollenden Umwelt nicht in das Verhaltensrepertoire des Kindes aufgenommen werden konnten, wird dieses Thema später in Form unerledigter Gestalten immer wieder Aufmerksamkeit fordern.[14]

Verschiedene Qualitäten von Trennung

Trennen geschieht mehr oder weniger bewusst oder unbewusst und kann deshalb verschiedene Qualitäten haben. So wie man sich von Sachen und Gegenständen bewusst oder unbewusst trennt, so kann das auch im Umgang mit Menschen geschehen. Eine Beziehung zu einem Freund kann unachtsam auseinanderfallen, weil man nicht daran gedacht hat, dass auch Freundschaften gepflegt werden wollen, und man damit zu nachlässig umgegangen ist.

Bei den Bemühungen um ein gutes Betriebsklima ist man da häufig umsichtiger. Man geht mit Kollegen abends »noch einen trinken«, bedenkt für sein Privatleben aber häufig nicht, dass man in seinem vollen Terminkalender auch Zeit für die Partnerin oder die Freunde einplanen muss. Man vertröstet sie immer wieder, weil es »gerade nicht passt« oder »weil man zu viel zu tun hat«, weil der Job gerade höchsten Einsatz erfordert oder weil man sich nicht in Form fühlt, um sich privat zu treffen. Die Entschuldigungen sind vielfältig. Man vergisst dabei meistens, dass sich der Freund oder die Partnerin im Lauf der Zeit von diesem Verhalten abgewiesen fühlen kann und sich dann seiner- oder ihrerseits nicht mehr meldet. Und dann genügt irgendwann ein noch nicht einmal schwerwiegender, aber doch kränkender Anlass, durch den die Freundschaft vom anderen endgültig beendet wird.

Frauen sind da manchmal etwas umsichtiger in ihren Freundschaften. Sie spüren manchmal eher, dass auch ein »sozialer Körper« gepflegt werden will. Deshalb telefonieren sie auch schon einmal häufiger miteinander, selbst wenn es nicht gerade viel zu erzählen gibt (worüber sich ihre Partner oft kopfschüttelnd wundern).

Man kann Beziehungen aber auch bewusst beenden. Solche bewussten Trennungen benenne ich im Folgenden mit dem Begriff »Loslösung«. Es ist etwas anderes, ob man das oben gezeigte Verhalten absichtsvoll an den Tag legt, um eine Beziehung aufzuhören, oder sich, wenn auch nicht direkt, so doch unausgesprochen und »heimlich« aus einer Freundschaft lösen will. Da erklärt man dem anderen häufig, »keine Zeit« zu haben, oder erfindet Vorwände, um frühere gemeinsame Aktivitäten aufzugeben, wie das gemeinsame Joggen oder eine Arbeitsgruppe zusammen aufzusuchen. Oder man geht telefonischem Kontakt aus dem Weg. Hinter einem solchen einseitigen heimlichen Trennen, dessen langsamer Vollzug vom anderen manchmal erst kaum bemerkt wird, kann eine unausgesprochene Kränkung stecken, ein Überdruss oder einfach nur die Lust, neue Kontakte aufzunehmen.

Viele machen sich dabei nicht klar, dass man neue Menschen kennenlernen kann, ohne dass das Gewohnte dafür immer ganz aufgegeben werden muss. Manchmal genügt es, die Qualität der Beziehung so zu verändern, dass aus dem ehemals »besten Freund« vielleicht einfach nur ein »Freund« wird, mit dem man ab und zu einmal ein längeres Telefonat führt oder ein Bier trinkt und sich nicht mehr so regelmaßig trifft wie früher, er aber dennoch weiter zum Bekanntenkreis zählt.

Trennungen können sich ganz unbemerkt ereignen oder schlagartig eintreffen. Dann erlebt man sie wie eine Lawine oder einen Erdrutsch und fühlt sich von der neuen Situation überrumpelt. Man wird unerwartet aus seinen Gewohnheiten aufgerüttelt und muss meistens schnell und unvorbereitet darauf reagieren. Eine geplante Trennung dagegen erlaubt, dass man sich dafür die notwendige Zeit einteilen und sich darauf vorbereiten kann, um von all dem Abschied nehmen zu können, was einem wichtig war oder noch wichtig ist.

Maren hat sich mit einer geplanten Trennung auf einen neuen Lebensabschnitt vorbereitet und ist inzwischen froh über diesen Prozess. Sie arbeitete im Vertrieb einer Werbeagentur und empfand ihr Arbeitsgebiet als sehr vielseitig und inspirierend. Sie liebte den Kontakt mit interessanten Leuten, konnte selbstständig arbeiten und war am Arbeitsplatz sehr geschätzt. Inzwischen dachte sie mit ihrem Mann auch über Familiengründung nach und wünschte sich ein Kind. Bald war sie schwanger. Trotz ihrer Freude darüber stellte sie bei fortschreitender Schwangerschaft an sich Verstimmungen und häufiger schlechte Laune fest, insbesondere wenn sie von Planungsmeetings kam. Was war denn los? Das konnte doch nicht nur an den »Hormonen« liegen? Es war doch alles nach Wunsch gegangen, und in drei Monaten würde sie ihr Baby haben. Aber sie würde auch für einige Zeit ihren Arbeitsplatz verlassen, die anregenden Gespräche und die täglichen Kontakte mit den Kollegen würden nicht mehr selbstverständlich sein. Mit fortschreitender Schwangerschaft wurde ihr langsam klar, dass sich ihr gesamtes Leben nach der Geburt ihres Kindes einschneidend verändern würde, was sie zuerst nicht wahrhaben wollte. Ja, sie befürchtete, die Freundinnen zu verlieren, nicht mehr interessant für sie zu sein, wenn sie nicht mehr berufstätig und unabhängig wäre. Vielleicht erklärte das auch, weshalb sie häufig so unberechenbar verstimmt gewesen war.

Diese Erkenntnis wurde für sie der Anlass, zu beschließen, »ihr Leben aufzuräumen«. Sie sortierte alte Fotos und Briefe aus, die für ihre neue Familie nicht mehr von Bedeutung sein würden. Sie verbrachte noch einmal intensiv Zeit mit ihren engsten Freundinnen und sprach mit ihnen über ihre Befürchtungen. Zu einigen von ihnen, die weiter weg wohnen, reiste sie sogar hin, um ihnen zu zeigen, dass sie wichtig für Maren sind und bleiben. Sie wollte ihnen aber auch mitteilen, dass sie einen neuen Lebensabschnitt beginnen wird. »Mir ist es ganz wichtig, dass meine Freunde wissen, dass sie für mein Leben eine große Rolle spielen, dass ich jetzt aber erst einmal in eine andere Lebensphase gehe und mich quasi aus meiner Unabhängigkeit verabschiede.« Mit diesem bewussten Abschied hat sie ein schönes Übergangsritual für sich selbst kreiert. Mit ihrem Mann plante sie noch eine kleine »Abschiedsreise« als Paar und dann konnte sie auch leichter ihren Arbeitsplatz für die Babypause verlassen. Ihre Verstimmungen haben inzwischen der Vorfreude auf die neue Situation Platz gemacht.

Die Qualität des Trennens kann sehr unterschiedlich sein, je nachdem, ob Trennen offen und direkt erfolgt und es alle Beteiligten wissen, wie bei einer Abreise, oder ob es indirekt oder heimlich geschieht, wenn sich jemand innerlich zurückzieht, weil er zu ängstlich oder sogar zu feige ist, ein offenes Nein auszudrücken. Vielleicht zeigt sich das Nein in trotzigem, abweisendem Verhalten und erzeugt damit unbeabsichtigt eine feindliche Stimmung anstatt eine Atmosphäre des friedlichen Auseinandergehens. Dabei nimmt man im Extremfall in Kauf, die gesamte Freundschaft oder die Beziehung auf einmal aufs Spiel zu setzen, statt ein kleineres Nein zu einer Bitte oder zu einem Vorschlag zu wagen.

Trennen in der Alltagssprache

In der Alltagssprache gibt es für indirektes und heimliches Trennen eine breite Palette ausdrucksstarker und auch mehr oder weniger galanter Begriffe, die das Trennen kritisch kategorisieren: sich davonschleichen, sich abseilen (man verlässt seine Mannschaft), sich verkrümeln (wie ein Keks), sich in sein Schneckenhaus zurückziehen, sich in Luft auflösen (keiner weiß, wo man geblieben ist) oder verduften (es geschieht heimlich und es bleibt nichts mehr übrig als ein Geruch), eine Beziehung versickern lassen. Diese Begriffe beschreiben langsame Prozesse, die man häufig erst dann bemerkt, wenn sie bereits zu Ende gegangen sind und der andere schon längst »über alle Berge« ist.

Auffälligerweise gibt es eine ganze Reihe von Trennungsbegriffen, die ursprünglich aus dem Militärischen stammen und mit denen inzwischen unerfreuliche Formen eines Rückzugs im

Alltag beschrieben werden: Da gibt einer »Fersengeld«[15], was bedeutet, dass er wegrennt, ohne seine Pflicht zu erfüllen. Da verabschiedet sich jemand »französisch« (er schleicht sich unbemerkt davon wie das Heer von Napoleon), schlägt sich in die Büsche oder taucht ab (manchmal im Verlauf eines Gespräches oder im Freundeskreis). Wenn eine solche Art der heimlichen Verabschiedung den anderen brüskiert, ihn ärgert oder sogar schädigt und der Abschied unoffen und hinterhältig geschieht, klingen die Worte noch deftiger: Da haut jemand ab, lässt den anderen sitzen (auf Schulden oder Verpflichtungen) oder »verpisst sich« gar.

Wer von Trennung spricht, spricht indirekt auch immer von Bindung. Wer sich die Qualität der jeweiligen Bindung bewusst macht, kann auf die Qualität der Trennung schließen, und es fällt ihm leichter, sich auf die Anforderungen vorzubereiten, die diese Trennung stellen wird. Zudem kann er bewusst planen.

»Aller Anfang ist schwer …
doch ohne ihn kein Ende wär.«
Sprichwort

Trennen ist bewusste Loslösung

Nicht erst im Augenblick des Abschiednehmens geschieht bewusst vollzogenes Trennen. Es bahnt sich meist schon sehr viel früher an. Man beginnt, sich Gedanken darüber zu machen, wägt ab, ob das Trennen jetzt richtig ist, versucht den richtigen Zeitpunkt für den Abschied festzulegen und spürt vielleicht ein bisschen Angst vor der ungewissen Zukunft. Man zögert und ist gleichzeitig schon etwas ungeduldig. Das ist der Moment, in dem der Loslösungsprozess in Gang gekommen ist. Trotzdem ist das erst der Anfang einer bevorstehenden Trennung.

Auf der stofflichen Ebene brauchen die einzelnen Elemente eine gewisse Temperatur und bestimmte Bedingungen, um sich verbinden oder trennen zu können. Sie müssen aufeinander eingestellt sein, ein Ziel haben und sie müssen in ihrer Wertigkeit so zusammenpassen, dass aus den getrennten Elementen wie Gasen oder Metallen etwas Neues wie beispielsweise Wasser entstehen kann.

Auch im menschlichen Bereich ist eine für Veränderungen offene Atmosphäre hilfreich, damit etwas nicht brechen, zerreißen, erstarren oder explodieren muss. Ideale Bedingungen liegen vor, wenn eine positive emotionale Qualität von Verständnis durch das Umfeld gegeben ist oder gegenüber den Mitspielern eine gewisse Sachlichkeit und ein Wohlwollen für den beabsichtigten Trennungsschritt bestehen. Natürlich sollte jeder in einem solchen Prozess auch sich selbst gegenüber dieses wohlwollende Verständnis aufbringen, das man vom anderen erwartet, wenn eine Trennung entsteht. Denn plötzlich auftauchende Selbstkritik und innere Zweifel können den Elan zum Abschied und Aufbruch bereits im Keim ersticken.

Kleiner Exkurs über Selbstkritik, Introjekte und Verzögerung

Fast jeder führt eine innere Liste darüber, was alles an ihm nicht richtig ist. Ich nenne das die »Selbstkritik-CD«: »Dafür bin ich zu dumm, zu alt, zu schwach, zu ungeschickt, nicht begabt genug«, »Ich bin nicht richtig«, »Aus dir wird nie was« usw. Eine zweite innere Liste enthält Gebote und Verhaltensnormen, was man alles tun sollte oder nicht tun darf: »Du solltest dich nicht ärgern«, »Halte dich zurück«, »Du hast kein Recht dazu«, »Du sollst nicht nur an dich denken«, »Strenge dich mehr an, dann wird es schon«, »Du hast dich nicht genug bemüht«, »Das ist doch nichts Besonderes, tu mehr«.

Solche inneren Überzeugungen haben wir in der Kindheit und Schulzeit von den erwachsenen Bezugspersonen, meist von den Eltern oder Lehrern gehört, sie von ihnen übernommen und ihre Gültigkeit damals nicht weiter überprüft. Wir haben sie vielleicht sogar als nützlich im sozialen Umfeld erlebt und sie deshalb in das eigene Verhalten so integriert, dass sie quasi ein Teil von uns selbst geworden sind. Inzwischen ist uns gar nicht mehr bewusst, dass die inneren Regeln, denen wir heute nachfolgen, gar nicht von uns selbst stammen und dass sie vor allem zu den heutigen Lebensumständen kaum mehr passen.

Hatten Sie beispielsweise einen Vater, der schnell wütend wurde, war es vielleicht damals das Beste, ihm keine Widerworte zu geben, Ihre eigene Meinung für sich zu behalten oder sich ganz heimlich von zu Hause wegzustehlen, wenn Sie den vielen häuslichen Pflichten entkommen oder einen Freund treffen wollten. Die damals an die Situation angepasste Strategie »Du sollst nicht zeigen, was du denkst, du sollst vorsichtig sein« ist inzwischen zu einer automatisch ablaufenden Verhaltensstrategie im Erwachsenenleben geworden. Kommen Sie nun in der Gegenwart in eine Situation, wo Sie der Freundin, einem Kollegen oder sogar dem Chef gegenüber anderer Meinung sind, drängt sich die früher einmal nützliche einschränkende Überzeugung in den Vordergrund, und Sie reagieren in der gegenwärtigen Situation unwillkürlich so, als würden Sie mehr oder weniger immer noch unter Vaters oder Mutters Fuchtel stehen. Die alte Angst und Vorsicht, die gegenüber dem strengen Vater damals sinnvoll waren, erwachen unbewusst am falschen Ort und zur falschen Zeit und lösen ein altes Verhaltensmuster aus, weil es zwar Halt in einer unsicheren Situation verspricht, aber an einem neuen, angemessenen Schritt hindert. Statt eine »kleine Trennung« vorzunehmen und gegenüber dem Kollegen eine andere Meinung zu wagen, das heißt sich eindeutig abzugrenzen, ziehen Sie sich wie früher gewohnheitsmäßig ganz zurück, setzen damit unbewusst eine Freundschaft aufs Spiel oder riskieren es sogar, den Arbeitsplatz zu verlieren.

Ähnlich hinderlich können sich Introjekte wie »Du darfst nicht nur an dich denken« auswirken, wenn Sie in einer Familie aufgewachsen sind, in der alles immer nur übereinstimmend und gemeinsam geschehen durfte, Sie inzwischen aber das dringende Verlangen spüren, sich ein eigenes, davon unabhängiges Leben aufzubauen. Das könnte unter anderem bedeuten, eben nicht mehr regelmäßig sonntags die Eltern zu besuchen oder täglich mit ihnen zu telefonieren. Zu den äußeren Vorwürfen der Mutter, die ein solcher Ablösungsversuch ganz natürlich und zwangsläufig mit sich bringen wird, gesellen sich verstärkend die alten inneren Regeln hinzu und die bekannte »Selbstkritik-CD« läuft an.

Selbstkritik und die damit verbundene Selbstabwertung sind hinderliche Schwestern von Introjekten. Sie ketten einen an das Verhaltensmuster, von dem wir uns trennen sollten: Früher erworbene Muster und Gebote werden virulent, stören das beabsichtigte Abgrenzen oder verhindern es gar. Die Selbstkritik wird somit immer stärker und ein Teufelskreis beginnt.

Ein geplanter Schritt zu mehr Autonomie kann Trennungsangst auslösen. Deshalb retten wir uns häufig mit innerlichen Verzögerungstaktiken: »Vielleicht mache ich das später«, »Irgendwann ist einmal der richtige Zeitpunkt«, »Das ist noch zu früh, es ist gerade nicht der richtige Moment«, »Jetzt bin ich noch viel zu verletzt, ich melde mich später«. Das Aufschieben reduziert die Angst vor der Trennung von den alten Mustern, mindert die Angst vor dem Neuen und schützt vor einem Gefühl von »Trennungsschuld«, das uns gelegentlich bei den kleinen und großen Schritten in die Selbstständigkeit begleitet.

Selbsthilfebücher zu vielen Themen des persönlichen Wachstums haben Hochkonjunktur. Sie schlagen »neue Regeln« für Frauen, für Männer, für beruflichen Erfolg, für Ordnung und Organisation, für die perfekte Liebe und vielerlei andere Bereiche vor. Sie empfehlen aber oft mit den gleichen Mechanismen, die man gerade mühsam zu überwinden versucht, neue Verhaltensregeln wie »Du sollst«, »Du musst, dann wird alles gut« und versprechen, dass sich alles richten wird, wenn man nur diese neuen Regeln genau befolgt. Da kann man leicht erneut den Eindruck von sich bekommen: »Das hätte ich doch alles schon selbst wissen müssen, es längst tun sollen«, »Ich bin zu dumm« etc. – wie wir es schon von früher kennen. Wenn sich dann zusätzlich noch Schwierigkeiten einstellen, diese neuen Regeln »ganz einfach« anzuwenden, wie es Ratgeber oft in Aussicht stellen, kann es leicht passieren, dass wir das »Selbstkritik-Karussell« von Neuem besteigen, statt dieses Verhalten zu beenden. »Ich habe ja gleich gewusst, dass ich es nicht schaffe.« Diesen Satz kennt man schon zu gut.

Doch zurück zum Trennen: Im zwischenmenschlichen Bereich ist es ähnlich notwendig wie im chemischen Labor, Lösungsprozesse unter unterstützenden Bedingungen zu planen und vorzubereiten. Die Wahl eines passenden Zeitpunktes kann die Atmosphäre eines Abschieds verbessern, wenn Sie nicht gerade überraschend mit einem unausweichlichen Trennungsgeschehen konfrontiert werden und deshalb keine andere Wahl haben, als schnell darauf zu reagieren. Ganz banal gesagt sind manchmal ein stressfreier Zeitraum im Arbeitsalltag oder am Wochenende der richtige Moment dafür, um sich selbst oder einem anderen deutlich zu machen, dass eine Trennung oder ein Abschied von etwas notwendig wird.

Wenn ein Kind während der Ferien bei Verwandten untergebracht werden soll, weil die Eltern nicht so lange Urlaub machen können oder wenn es inzwischen alt genug geworden ist, einen Kindergarten zu besuchen oder in ein Internat gehen soll, werden umsichtige Eltern Schritte einleiten, um dem Kind die Loslösung aus dem täglichen Familiengeschehen zu erleichtern. Sie werden versuchen, eine weitgehend undramatische Trennungssituation vorzubereiten, die das Kind dabei unterstützt, nicht nur jetzt, sondern auch in Zukunft mit Trennungen so umgehen, dass zwar ein schmerzlicher Abschied vom Gewohnten verspürt wird, gleichzeitig aber auch neue Erfahrungen und sogar neue Freiheiten mit dieser Situation verbunden sind. Die Eltern werden dem Kind erklären, dass es in der neuen Umgebung viele Kinder zum Spielen treffen wird. Sie werden mit ihm vorab zum Kindergarten, zur Schule oder zum Internat gehen, damit es eine Vorstellung davon bekommt, wo es bald regelmäßig hingehen soll. In langsamer Annäherung kann dann ein gemeinsamer Besuchstermin mit den neuen Lehrern oder Erzieherinnen vereinbart werden. Vielleicht verbringen die Eltern mit dem Kind zusammen eine kurze Zeit zum Reinschnuppern am neuen Ort. Wird die Aufenthaltszeit in der neuen Umgebung schrittweise verlängert, kann man bald feststellen, dass man das Kind schon einmal für eine Weile dort lassen und selbst weggehen kann: wenn ihm erklärt wird, wann man zurückkommt und wann es wieder mit nach Hause gehen kann. Gut eingebettet in diese sichere Atmosphäre von »kleinen« und gut dosierten Abschieden und motiviert von seinen neuen Eindrücken, kann das Kind lernen, die fremde Umgebung Schritt für Schritt kennen- und vielleicht sogar lieben zu lernen, selbst wenn es anfänglich beim Abschied immer noch protestiert. Irgendwann wird es selbst den Wunsch äußern, dort länger zu bleiben.

Die Erfahrungen, die das Kind in der Wiederannäherungsphase und während der frühen Selbstständigkeitsentwicklung gesammelt hat, können sich jetzt positiv auf die Trennungsreaktionen auswirken, wenn es gelernt hat, kleinere Unterbrechungen des Kontaktes mit den vertrauten Bezugspersonen auszuhalten. Vielleicht erinnern Sie sich noch an Ihre eigene Einschulung, die von großer Aufregung und Neugier, aber auch von der Angst begleitet war, Mutters Hand loszulassen und mit den vielen anderen Kindern der Lehrerin zu folgen. Eine Schultüte hat anfangs vielleicht den Übergang versüßt oder das geliebte Kuscheltier auf dem Arm erleichterte die vorübergehende Trennung von den Eltern.

Im Erwachsenenleben stellt manchmal ein äußeres Ereignis unverkennbar klar, dass es »so nicht weitergehen kann«:

Sebastian, ein zuverlässiger und umsichtiger junger Mann, trägt als Mitarbeiter in einem IT- Unternehmen viel Verantwortung für die innerbetrieblichen Strukturen. Als er nach einer Beförderung erleben musste, wie sein neuer Abteilungsleiter meist grundlos aggressiv und in unbeherrschter Weise mit seinem Team kommuniziert, glaubte Sebastian anfangs, er könne dessen zum Teil unbotmäßigen Auftritte einfach übergehen, weil er seine Projekte bislang gern durchgeführt hatte und sich »an der Sache orientieren« wollte. Eine mutige Aussprache mit dem emotionalen Abteilungsleiter verschlimmerte aber dessen harten Umgangston nur noch. Nach weiteren massiven Wortattacken, die das tägliche Arbeitsklima zunehmend vergifteten, entwickelte Sebastian auch körperliche Symptome. Die entwertende Atmosphäre schlug ihm auf den Magen. Es wurde ihm klar, dass er nicht länger in einer solchen negativen Atmosphäre arbeiten wollte, sosehr ihm sein Arbeitsprojekt auch gefiel. Trotz des Risikos, das ein Stellenwechsel mit sich bringen kann, unternahm Sebastian erste Schritte, sich von seiner langjährigen Arbeitsstelle zu trennen, um sich selbst zu schützen. Er bewarb sich auf andere Stellen, bis es ihm schließlich gelang, einen anderen Wirkungskreis zu finden. Dafür hat er zwar einige Gewohnheiten aufgeben müssen, andererseits ist er erleichtert, dass er ohne unterschwellige Anspannung seinen Arbeitstag gestalten kann. Zwei Kollegen konnten ihn in seine neue Firma begleiten.

Was braucht man im Vorfeld des Trennens?

Eine bewusste Loslösung wird von mehreren dynamischen Elementen begleitet, die Teil der Trennungskompetenz sind. Man braucht

- zunehmende innere Klarheit darüber, dass das bevorstehende Trennen oder Beenden notwendig und unvermeidlich ist, selbst wenn dieses Vorhaben zunächst mit unangenehmen Gefühlen verbunden sein kann,
- eine zunehmende Bereitschaft, das Trennen zu akzeptieren,
- ein Handlungsrepertoire, das geeignet ist, die Bindungen an das zu lockern, wovon man sich trennen möchte,
- den Entschluss und den Willen, den Trennungsprozess aktiv anzugehen und aktiv einzuleiten,
- ein gewisses Maß an Kreativität und Stil, um die Situation des Trennens für sich und die anderen positiv zu gestalten und sie zu einem guten Abschluss zu bringen.

An Finns Geschichte können Sie diese Schritte verfolgen:

Finn ist ein cleverer zehnjähriger Junge, vielseitig interessiert und ein »Hansdampf in allen Gassen«. Er kann aber nicht lange bei einer Sache bleiben, sei es beim Spielen mit Freunden, beim Fahrradfahren oder beim Hausaufgabenmachen. Natürlich lässt er sich auch in der Schule immer wieder leicht ablenken und gerät deshalb mit seinen Leistungen immer mehr ins Hintertreffen. Seine beruflich sehr eingespannten Eltern können ihm nicht viel helfen. Sie erwarten von ihm, dass er sich »eben konzentrieren lernt«, und engagieren einen Nachhilfelehrer für ihn. Aber auch mit ihm hält Finn Verträge und Abmachungen nicht ein *(Anlass)*.

Die besorgten und inzwischen auch ungehaltenen Eltern suchen schließlich ein gutes Internat für ihn aus, damit es mit seiner Schullaufbahn noch etwas werden kann. Nach anfänglichem Widerstand kann Finn murrend einsehen, dass das wohl die einzige Lösung für seine Schwierigkeiten ist, wenn er Abitur machen will, auch wenn er große Angst davor hat, das gewohnte Familienleben zu verlassen *(Akzeptanz)*. Nach einem ersten Testbesuch mit den Eltern im Internat überlegt er schon, was er dort alles erleben kann, was zu Hause gar nicht möglich wäre. Er ist bei dem Gedanken geradezu erleichtert, dass seine Mutter dort ja nicht immer hinter ihm her sein kann. Er freut sich darauf, dass er neue Freunde finden kann, die noch keine feste Meinung über ihn haben *(Planung)*. Schließlich packt er seine Lieblingssachen zusammen, die er ins Internat mitnehmen will *(Aktivität)*. Dass es bei der Abreise von zu Hause jedes Mal beim Abschied dann doch immer wieder für einige Momente Tränen gibt, ist nicht weiter erklärungsbedürftig, sondern entspricht einem ganz normalen Trennungsschmerz.

Wenn sich ein Erwachsener bewusst auf eine kleinere oder größere Trennung vorbereiten will, können noch zahlreiche andere Facetten von Loslösung wirksam werden.

- Wenn ein Gedanke an Trennen aufkommt, ist es am Anfang nützlich, sich damit auseinanderzusetzen, welche Faktoren die bisherige Bindung überhaupt bestimmt haben. Welche Besonderheiten und Qualitäten hatten die Bindungen, von denen man sich lösen will, zum Beispiel: Welche Geborgenheit gaben mir die täglichen Telefonate mit der Mutter und ihr aufmerksames Zuhören, wenn ich ihr meine tragisch verlaufenden Männergeschichten erzählte?
- Bin ich emotional oder eher materiell an das gebunden, wovon ich mich lösen will? Nutzt die jeweilige Bindung meinen Zielen und meinem Fortkommen überhaupt noch? Was hat mir daran gutgetan, was hat mich behindert?
- Auf diese Weise kann man die bindenden Eigenschaften, den

»Klebstoff« der Bindung erkennen und sich genauer klar werden: Wovon trenne ich mich eigentlich? Geht es wirklich um alles oder nichts? Oder muss ich nur eine kleine Veränderung vornehmen und lediglich eine kleine Trennung riskieren? (Zum Beispiel die Mutter eben nicht mehr täglich, sondern vielleicht nur noch einmal in der Woche anrufen.)

- Es braucht natürlich auch Zeit, sich von etwas zu lösen. Deshalb ist es sinnvoll, sich vorzustellen, wie lange ein solcher Trennungsprozess dauern könnte. Dabei spielt es auch eine Rolle, wie lange man mit jemandem in einer Beziehung zusammen gewesen ist. Es kann bis zu einem Drittel der vergangenen Beziehungszeit dauern, bis die Trennung wirklich verarbeitet ist.
- Ein Loslösungsprozess wird umso länger dauern und umso mehr Geduld erfordern, je stärker die vorherige Bindung war, egal ob es sich um einen verlorenen Gegenstand handelt, um einen Umzug in eine andere Stadt, um die Trennung von einer vertrauten Rolle oder von einer Person, die einem mehr oder weniger nahesteht. Manchmal erscheint eine solche Phase sehr langwierig und ähnelt einem Reifungsprozess, bei dem etwas eine gewisse Zeit bebrütet werden muss, bis etwas Neues ausschlüpft und man sich auf den Weg machen kann.
- Ein weiteres unterstützendes Element eines gelingenden Trennungsprozesses kann sein, sich über seine Erwartungen an das Neue Rechenschaft abzulegen und bereits von Anfang an zu überprüfen, ob sich diese Erwartungen auch im Rahmen des Machbaren bewegen (als Enttäuschungsprophylaxe und Zukunftsplanung).

Sie werden sich jetzt vielleicht fragen: Was sollen all diese theoretisch klingenden Überlegungen zum Vorbereiten auf das Trennen? Man muss es doch nur wollen und machen, und damit basta!

Aber Wollen allein ist nicht genug. Viele beschweren sich und jammern darüber, dass sie ja so gerne mit dem Rauchen aufhören würden, weniger fernsehen und stattdessen gerne mehr lesen würden oder sich mehr bewegen wollten, sie aber diese Vorhaben aus unerfindlichen Gründen nie in die Tat umsetzen könnten. Sie brauchen hier nur an die alljährlichen Neujahrsvorsätze zu denken, die sich meistens im Alltag gar nicht durchführen lassen. Wer diese Vorsätze nicht wirklich umsetzt, ist vom Misserfolg frustriert, die Selbstkritik-CD des »Du solltest, du müsstest, du bist nicht richtig« läuft wieder an und alles bleibt beim Alten, weil oft ein kleiner Zwischenschritt vergessen wird: der willentlich vorbereitete Entschluss zum Aufhören.

Dem Wollen muss als nächster konkreter Schritt die Lösung von den Bindungen an das gewohnte Verhalten mit all seinen Fallstricken, Bequemlichkeiten und Unbequemlichkeiten folgen. Diese Fragen können dabei hilfreich sein:

- Was hat das alte Verhalten für mich bedeutet?
- Wofür habe ich es gebraucht?
- Will und kann ich auch wirklich darauf verzichten?

Die Willensabsicht leitet das Trennen nur ein. Die darauf folgenden Handlungsschritte der Loslösung unterstützen dabei, sich eine eigene Choreografie für den Trennungsprozess zu entwerfen, ob er nur kurz und bündig ablaufen soll oder ob er einen längeren Zeitraum einnehmen wird. Nicht zuletzt hängt die Zeitdauer dieser Choreografie des Trennens entscheidend von den Inhalten und der Qualität der vorausgegangenen Bindung ab. Deshalb werde ich Ihnen in diesem Zusammenhang einige inhaltliche Merkmale von Bindungen zeigen, die die Qualität des Aufhörens und Beendens beeinflussen. Es empfiehlt sich, sie bei einer Trennungsabsicht immer mitzuberücksichtigen.

Formen menschlicher Bindungen: Was ist das Besondere an Bindungen?

Menschliche Bindungen haben vielerlei Facetten und sie entstehen aus vielerlei Beweggründen, die alle bei einer Trennungsabsicht unterschieden und beachtet sein wollen. Berücksichtigen Sie dies, können Sie das Gesamtkunstwerk »Trennen« gut und zügig und nicht allzu schmerzhaft für sich und andere bewältigen.

Es gibt materielle, emotionale und soziale, biografische, biologische und psychologische Bindungen.

Materielle Bindungen meinen Besitztümer aller Art, vom kleinsten Gegenstand bis zum größten: Bindungen an ein Haus, an ein gutes Gehalt, an den Unterhalt des Expartners, an einen erworbenen sozialen Status etc.

Wenn sich jemand mit großem finanziellen Risiko oder mit emotionaler Hingabe ein Haus gebaut hat oder es über Generationen hinweg an ihn vererbt wurde, kann man von starken Bindungen ausgehen. Oft sind mit dem Haus auch Bindungen an eine Partnerschaft oder an Verwandte geknüpft, mit denen man diesen Besitz verwaltet oder teilt. Manchmal wird von den Erben auch erwartet, sich damit zu identifizieren, sodass sie sich sogar verpflichtet fühlen können, dort einzuziehen.

Pubertierende Jugendliche oder junge Erwachsene würden sich nur allzu gern oft Hals über Kopf von ihrem doch häufig als einschränkend erlebten Elternhaus trennen, wenn ihnen nur eine Möglichkeit einfiele, wie sie ihren gewohnten Lebensstil ohne die Abhängigkeit von den Eltern finanzieren könnten. Dass dies nicht so leicht möglich ist, ist auch gut so, denn die Jugendlichen würden dadurch die schrittweise Auseinandersetzung mit der elterlichen Autorität um die Ablösung in die Selbstständigkeit vermeiden, die für ihre psychische Entwicklung und Reifung wichtig ist. Sie hätten sonst für ihr späteres Leben nur das Modell einer »fluchtartigen Trennung« zur Verfügung, anstatt eines Modells von Auseinandersetzung und Konfliktlösung um bessere Formen des Zusammenlebens. Was in der Entwicklungsphase der Pubertät an Trennungskonflikten nicht ausgetragen wird, kann sich – wie beschrieben – im Erwachsenenleben sonst in fehlender Trennungskompetenz bemerkbar machen.

Im Berufsleben ist die materielle Bindung an das Gehalt ein starkes Element, das oftmals eine schnelle Kündigung und das Trennen vom Arbeitsplatz verhindert. In manchen Ländern ist es sogar üblich, dass Arbeitnehmer ihre Altersversorgung durch den Kauf von Firmenaktien erwerben müssen und auf diese Weise lebenslang auf Gedeih und Verderb an ihr Unternehmen gebunden bleiben und gar nicht an eine Kündigung denken können, wenn sie nicht große finanzielle Verluste hinnehmen wollen.

Vorabendserien und Telenovelas im Fernsehen, aber auch der Blätterwald der Illustrierten versorgen uns täglich mit rührenden Geschichten darüber, wie man materielle Werte wegen des Verlassens seines sozialen Umfelds verlieren kann, aber dadurch auch andere Werte gewinnt: Wer kennt nicht aus den Medien-Soaps den steinreichen Vater, der seine Tochter enterbt, weil sie sich eigensinnig dem väterlichen Willen nach einem bestimmten Beruf oder Schwiegersohn widersetzt hat! Schon manchem war die Freiheit oder das Liebesglück wichtiger als Prestige oder materieller Besitz.

Kürzlich konnte man lesen, dass die japanische Kaisertochter aus dem Palast ausziehen musste, in einer Zeremonie des quasi Ausgestoßenwerdens öffentlich Abschied von ihrer Familie zu nehmen hatte und auf den Titel »Prinzessin« verzichten musste, weil sie einen Bürgerlichen heiraten wollte, was in Japan mit der sofortigen Trennung von allen Standesprivilegien verbunden ist. Möglicherweise hat sie diese Heirat auch als »Depressionsprophylaxe« vollzogen und hatte dabei ihre unglückliche Schwägerin, die Frau des Thronfolgers, warnend vor Augen, die als modern denkende Frau durch das erzwungene Leben nach der Hofetikette phasenweise an einer schweren Depression erkrankt war.

Emotionale und soziale Bindungen binden uns an Partner, Familie oder Freunde. Wir sind an Heimat, an Städte und Landschaften emotional gebunden. Auch Gegenstände oder Tiere können uns »ans Herz gewachsen« sein.

In der Regel fürchten wir eine Trennung in diesem emotionalen Bereich am meisten, weil wir häufig glauben, im Fall einer Veränderung alles auf einmal verlassen zu müssen oder zu verlieren. Wir können uns oft nicht vorstellen, dass wir uns im Kontext solcher Beziehungen häufig lediglich von einem kleinen störenden oder ineffektiven Detail, einem Verhalten oder einer Erwartung an den anderen trennen müssen, um etwas zu ändern. Wir fürchten stattdessen das große, das totale Unglück: dass wir verlassen werden oder selbst gehen müssen.

Unbedacht hingeworfene Trennungsdrohungen wie »Ich verlasse dich« (wenn einem am anderen etwas nicht gefällt und man sich vielleicht nur von der einen oder anderen unrealistischen Erwartung an den anderen trennen müsste) oder eine wütende Antwort wie: »Dann geh doch, wenn dir das nicht passt« können beim Gegenüber manchmal tief auf eine alte Verletzung oder auf dessen unbewusste Angst vor dem Verlassenwerden aus seiner Kindheit treffen. Das führt vielleicht dazu, dass er die leichtsinnig ausgesprochene Drohung ernst nimmt und wirklich geht. Eine leichtfertig geäußerte totale Trennungsdrohung, die den anderen meist nur zur Änderung eines bestimmten Verhaltens bewegen soll, kann also zur Folge haben, dass das passiert, was man gerade vermeiden wollte: das Ende einer Beziehung.

Soziale Bindungen an mein Umfeld, an mein Stadtviertel und an meine Nachbarschaft, an meinen Arbeitsplatz und meine Kollegen, an die Mitglieder meines Sportklubs, an die Schul- oder Kirchengemeinde etc. bilden einen wichtigen Hintergrund für Beziehungen zwischen Menschen. Um sich von diesen gewohnten Bindungen zu lösen, braucht man Mut, um die daraus entstehenden Unsicherheiten vorübergehend auszuhalten und etwas Neues zu riskieren.

Wer würde nicht gern eine längere Zeit im Ausland leben, wenn er nicht befürchten würde, dort fremd und allein zu sein und die Lebensrhythmen und Gewohnheiten seiner eigenen Kultur zu vermissen – ganz abgesehen von dem beängstigenden Gedanken an den Verlust von engen Freunden oder Verwandten wegen der großen Entfernung. Manchmal hilft einem die Liebe, den Schritt in die Fremde zu gehen, weil man das Wichtigste für sein Leben schon bei sich hat. In den kulturell geprägten Gettos italienischer, chinesischer oder arabischer Viertel in den großen Weltstädten Europas und der USA kann man das Bedürfnis nach dem Beibehalten ethnischer Gewohnheiten der Einwanderer in ihrem Lebensalltag sehen: In San Francisco, New York, Paris oder London geben die Straßen von »Chinatown« oder »Little Italy« dem asiatischen oder italienischen Einwanderer das Gefühl, etwas von seiner gewohnten sozialen Umgebung des Heimatlands um sich zu haben.

Vielleicht waren Sie beruflich bedingt schon einmal zu einem Umzug gezwungen und haben dabei bemerkt, wie schwer es für einen Erwachsenen sein kann, plötzlich seinen alten Lebensgewohnheiten nicht mehr nachgehen zu können und seine gewohnten sozialen Bindungen aufgeben zu müssen: sich im Alltag nach der Arbeit mit Freunden beim Lieblingsitaliener zu verabreden oder auf einen Kaffee in die übliche Bar um die Ecke zu gehen. Oder wie schwer es sein kann, am neuen Ort für sich das richtige Wohnviertel zu finden, in dem man sich in »gewohnter Weise« wohlfühlt, oder wie schwierig es gar ist, neue Freundschaften zu schließen.

Biografische Bindungen an die Heimat, an das »Habitat«, an die Herkunft lassen uns Heimatgefühle empfinden, deren Ursache und Entstehung psychologisch noch nicht ganz geklärt sind. Der Sozialwissenschaftler Hans-Peter Dreitzel nimmt einen Wirkfaktor an, den er »Habitat« nennt (vom lateinischen »habitare« = wohnen), der unsere Erinnerungen und unsere Verbundenheit mit der früh erlebten räumlichen Umgebung und ihren Besonderheiten und unseren psychischen Gewohnheiten damit speichert.[16] Wenn Sie zum Beispiel am Bodensee aufgewachsen sind, werden Sie möglicherweise in einem späteren Lebensabschnitt im norddeutschen Flachland immer Ihre gewohnten Berge vermissen oder vielleicht den Klang eines norddeutschen Dialekts als fremd oder sogar kalt erleben. Wenn Sie umgekehrt an der Nordsee aufgewachsen sind, können Sie sich später durch die Enge eines Tals bedrängt fühlen und sich nach einer unbegrenzten Weite sehnen. Auch die kulinarischen Gewohnheiten der eigenen Region können Ihnen auf längere Sicht ebenfalls sehr fehlen.

Wenn man solche heimatlichen Habitat-Gefühle bei sich zulässt und gelegentlich »feiert«, fällt es leichter, sich bei Bedarf an die jeweiligen fremden Bedingungen anzupassen und der neuen Umgebung vielleicht sogar manches Positive abzugewinnen, statt sich nur unwohl zu fühlen. Ein hilfreicher innerer Satz, der eine »kleine Trennung« im Kontext eines Ortswechsels unterstützt und den Trennungsschmerz mindert, könnte lauten: »Ich liebe die Berge, weil ich von der Herkunft aus Süddeutschland komme« (Habitat-Bewusstheit). »Jetzt lebe ich in Norddeutschland und mache mich mit der Ebene und der Meerlandschaft vertraut« (neue Identifikation). Wenn man sich allerdings über die Anwesenheit und Auswirkung solcher Gefühle im Hintergrund nicht bewusst ist, können diese ein unerklärbares Störmoment entfalten, welches das Alltagsleben in der neuen Umgebung oder in einem auf uns fremd wirkenden Umfeld unterschwellig auf oft verwunderliche Weise beeinflusst.

Biologische Bindungen an die Funktion unseres Körpers, an Schlaf-wach-Rhythmen erinnern uns unweigerlich an unser jeweiliges Lebensalter, an die damit verknüpften Chancen oder Beschränkungen.

Da hilft es auch nicht wirklich weiter, wenn uns die Kosmetikindustrie verspricht, dass sie äußere Anzeichen des Alterungsprozesses mit bestimmten Präparaten zum Verschwinden bringen kann. Die psychischen Folgen des Älterwerdens und ein unweigerlicher Abschied von der knackigen Frische der Jugend können dadurch nicht aufgehoben werden, wie es bereits die Erzählung *Das Bildnis des Dorian Gray* von Oscar Wilde deutlich vor Augen führt.[17]

Junge Frauen, die sich nach Studium, Berufsausbildung und Karriereaufbau erst spät für eine Partnerschaft oder eine Familienplanung entschieden haben, werden plötzlich vom »Ticken der biologischen Uhr« überrascht und daran erinnert, dass die Möglichkeit, eine Familie zu gründen und ein Kind zu bekommen, zeitlich begrenzt ist. Jetzt ist spätestens der Moment gekommen, sich darüber klar zu werden, ob sie ihr Arbeitsleben weiter so exklusiv fortsetzen möchten oder sich von Teilen davon trennen wollen, um auch ihrem Kinderwunsch zu folgen. Mit dem Entschluss zur Familiengründung ist ein kleiner Abschied aus dem vollen Berufsleben für mindestens einen Elternteil verbunden – zumindest in unserem Land, das für junge Familien wenig Entlastung bei der Kinderbetreuung anbietet. Meistens wird die junge Frau als Mutter für eine gewisse Zeit nicht mehr voll berufstätig sein können (und es vielleicht auch nicht wollen) oder sich nach der Babypause mit einer Teilzeitbeschäftigung zufriedengeben müssen.

Bei Bewerbungen auf dem Arbeitsmarkt werden wir in immer mehr Berufszweigen brutal damit konfrontiert, dass wir vielleicht schon mit 40 Jahren aus »Altersgründen« keine adäquate Position für unsere Qualifikation mehr finden können. Diese biologische Altersbegrenzung wird im Berufsleben oft von gravierenden sozialen und emotionalen Problemen begleitet.

Manchmal setzt das zunehmende Alter natürlich auch faktische Grenzen der Belastbarkeit. Körperliche Einschränkungen mahnen, dass man vielleicht nicht mehr bis ins hohe Alter so viele Treppen steigen möchte oder dann nicht mehr aus seinem Haus ausziehen will. Wenn Sie eine Einschränkung erleben müssen, aufgrund eines Unfalls oder einfach verursacht durch »den Zahn der Zeit«, kann es hilfreich sein, sich von seinem Selbstbild zu trennen, dass Sie weiterhin »alles können müssen«. Stattdessen können Sie im Sinne der Technik der kleinen Trennungen beginnen, sich damit zu identifizieren, was Ihnen jeweils möglich ist und was jetzt zu Ihnen passt, zu Beispiel: »Ich fahre jetzt Fahrrad«, anstatt: »Ich kann nicht mehr Motorrad fahren, weil ich nicht mehr genügend Kraft habe.«

Psychologische Bindungen entsprechen dem inneren Festhalten und Verhaftetsein an früheren Erfahrungen und Mustern, insbesondere an früheren Trennungserfahrungen oder früher erlebten Traumatisierungen durch Trennungen.

Dazu gehören auch die Symptome von »komplizierter Trauer«, das heißt von unangemessen lang andauernden (und eventuell neurotischen) Trauerreaktionen[18], oder das Festhalten an den früher gelernten inneren Regeln und Introjekten, die im Unterbewusstsein weiterhin wirken und zu einer generellen Trennungsangst führen können.

Trennen und Trauern

Ein Trauerprozess ist eine natürliche Reaktion auf Verlust. Er durchläuft mehrere Phasen und umfasst mehrere Stationen. Viele Emotionen, alte Schmerzen und Erinnerungen an frühere Trennungen können wiederbelebt werden, für deren Bewältigung Menschen häufig viel Zeit und Unterstützung brauchen. Eine im Hintergrund wirkende »komplizierte Trauer« hat ihren Ursprung häufig darin, dass man entweder das Erleben von Trauer zum Zeitpunkt des Verlustes aus rationalen Gründen unterdrückt hat mit Sätzen wie »Das Leben muss weitergehen« oder dass man sich immer aufs Neue in die Trauer hineinbegibt. Der Grund dafür ist, dass man einen unterschwelligen Zorn auf das Trennungserleben in sich weiter aufrecht erhält oder auch, dass man sich außerordentlich schuldig für einen damals gewagten Trennungsschritt fühlt. »Komplizierte Trauer« und ein der Situation nicht mehr angemessenes Festhalten daran können auch dadurch verursacht werden, dass ein Verlust oder eine Trennung nicht akzeptiert werden und man diese weiterhin bekämpft.

Die »komplizierte Trauer« des Festhaltens kann von störenden Verhaltensmustern begleitet sein, zum Beispiel von einer ständigen, fast fixierten Selbstkritik oder der Angst, die vertrauten vier Wände verlassen zu müssen. Manchmal folgen wir in einer Trauerreaktion auch solchen Gewohnheiten und Überzeugungen, die uns früher einmal Halt gegeben haben, aber in der Gegenwart längst nicht mehr nützlich sind.

Auf diese Weise trauert Angela schon mehr als zwei Jahre. Ihr Freund hatte sie nach einem Urlaub Knall auf Fall nach einer vierjährigen Beziehung verlassen. Scham und Wut und – wie sie es nennt – das Stigma der »verlassenen Frau« peinigen sie. Angela zog sich nach dem Trennungsschock erst einmal zurück, was ihre Freunde anfänglich noch als normal empfanden. Inzwischen scheint sie aber gar nicht mehr aus ihrem Schneckenhaus herauszukommen. Nach und nach wird ihre Wohnung immer ungemütlicher, der Schreibtisch quillt über, und es liegt so viel herum, dass sie kaum mehr Ordnung schaffen kann und schließlich auch niemanden mehr zu sich nach Hause einladen will.

Ihre Freunde sind erleichtert, dass Angela die frühere »Horrorbeziehung« mit Markus endlich hinter sich hat, und sie verstehen gar nicht, dass sie nicht endlich die ehemalige gemeinsame Wohnung nach ihrem eigenen Geschmack für sich renoviert und neu einrichtet. Keiner der Freunde kann sich zudem ihre andauernden depressiven Verstimmungen erklären und inzwischen mögen sie auch ihr fortwährendes Klagen nicht mehr hören. Diese alte Beziehung mit Markus ist doch schon so lange vorbei! Ihren Schmerz hatten alle anfangs verstanden, aber sie sollte doch langsam genug getrauert haben.

Angela hat aber die innere Überzeugung, dass man »selbst daran schuld ist, wenn man verlassen wird«, weil sie sich nicht genügend angestrengt hat. Mit einer Trennung von diesem inneren Glaubenssatz könnte sie anfangen, sich wieder um ihre eigenen Bedürfnisse zu kümmern, sich vielleicht von den alten Sachen zu trennen und sich einer neuen Beziehung zuzuwenden.

Ihr Festhalten an der Trauer über die gescheiterte Partnerschaft hatte aber noch eine tiefere Bedeutung, wie Sie später ausführlich lesen werden.

Was bedeuten verschiedene Bindungsqualitäten für eine Strategie des Trennens?

Unsere gewohnten Trennungsstrategien versagen häufig, weil wir manchmal nicht berücksichtigen, dass die verschiedenen Bindungsinhalte auch jeweils eine besondere Loslösungsstrategie erfordern.

Wenn wir uns aus *materiellen Bindungen* lösen möchten, ist abzuwägen, welche langfristigen Folgen eine Trennung von den Personen oder Umständen haben könnte und welche Alternativen jeweils möglich sind. Eine Loslösung erfolgt bekanntlich selten ohne Einbußen auf der einen oder anderen Seite, sondern hat immer auch ihren »Preis« (siehe Freiheit versus Sicherheit bei einer Partnerwahl aus Liebe).

Manchmal kann es eine Rolle spielen, den richtigen Trennungszeitpunkt zu »erwischen«, damit wir uns ohne allzu großen Verlust von größeren oder kleineren Besitztümern trennen können. Es gibt tragische Beispiele von Menschen, die sich aus emotionalen Beweggründen nicht rechtzeitig von ihrem materiellen Besitz trennen konnten, etwa weil sie zu lange zögerten, das Krisengebiet bei einer heraufziehenden Katastrophe zu verlassen, wie es zum Beispiel bei der Flutkatastrophe in New Orleans geschehen ist.

Vielleicht kennen Sie es aus eigener Erfahrung, dass Sie Ihren lieb gewonnenen alten PKW, der Sie viele Jahre durchs Leben kutschiert hat und der sich inzwischen in einem äußerst bedrohlichen Zustand für Insassen und Umwelt befunden hat, nicht abgeben wollten, weil Sie dessen »nostalgisches Lenkrad« liebten oder die »einmalige Luftfederung« unersetzlich fanden. Und dass Sie sich vehement gegen die notwendig gewordene Verschrottung gewehrt haben und mit absurd klingenden Argumenten gegen ein solches Ansinnen zu Felde gezogen sind? Oder vielleicht sogar mit einem Aufkleber »Bis dass der TÜV uns scheidet« Ihre Bindung an das Vehikel nach außen kundgetan haben?

Wenn wir uns von emotionalen Bindungen lösen, ist es manchmal unvermeidlich, entschlossen abzuwägen, ob wir eine Trennung nur zögernd Schritt für Schritt wagen wollen oder ob wir uns sofort auf die Socken machen. Eine Trennung des »Scheibchenweise«, wie man es von einer »ausschleichenden Behandlung« mit einem Medikament kennt, erscheint uns manchmal einfacher und mit viel weniger Angst verbunden. Dieses Vorgehen kann aber durchaus negative Seiten haben: Wir können dabei Zeit verlieren und ergreifen manchmal kurzfristig bestehende Chancen nicht.

Junge Erwachsene, die sich zu Hause bei den Eltern zwar deshalb wohlfühlen, weil dort alles so viel »einfacher, gemütlicher und preiswerter« ist und sie die Wärme des Vertrauten umgibt, bewältigen einen Auszug und die Trennung von den Eltern häufig nur nach dem schrittweise ausschleichenden Modell. Oft sind erst der Aufbruch ins Studium oder in die Berufstätigkeit ernsthafte Gelegenheiten, sich endgültig selbstständig zu machen.

Sonia hatte sich im ersten Semester ihres Studiums für einen solchen Abschied »peu à peu« entschieden. Sie fuhr immer nur für einige Tage in der Woche in die Universitätsstadt, bezog dort ein provisorisches Zimmer und kam am Wochenende nach Hause zurück, weil sie mit Recht befürchtete, dass ihr Auszug eine schwierige Angelegenheit sein würde, besonders für ihre Mutter. Als sie nach einigen Monaten im Studium Fuß gefasst hatte, wurde ihr Wunsch nach einem eigenen, unabhängigeren Leben, nach einer eigenen Wohnung oder nach einer Wohngemeinschaft immer größer. Langsam und manchmal auch heimlich transportierte sie ihre wichtigsten Besitztümer in die Stadt. Ihre Trennungsabsicht vom Familienalltag am Wochenende teilte sie ihren Eltern erst dann mit, als sie sich am Studienort sicher fühlte und auch einen Platz in einer WG gefunden hatte.

Manchmal werden im Bekanntenkreis Geschichten von schrittweisen Trennungen aus Beziehungen erzählt, die man vielleicht kaum glauben mag, die aber beileibe keine Seltenheit sind.

Margit lebte seit mehr als zehn Jahren mit Dirk in einer manchmal nach außen hin sehr unverbindlich wirkenden Partnerschaft.

Sie hatten es in all der Zeit irgendwie versäumt, gemeinsame Interessen zu pflegen, waren stolz darauf, dass jeder sich die Freiheit nehmen konnte, zu unternehmen, was er wollte. Deshalb waren sie häufig allein ihrer Wege gegangen. Margit war mit diesem Lebensstil schon lange nicht mehr glücklich, zögerte aber immer wieder, mit Dirk über ihre Gefühle von Einsamkeit und Unzufriedenheit zu sprechen, weil sie Angst vor seinen negativen emotionalen Reaktionen auf solche »Beziehungsgespräche« hatte. In ihrer Familie hatte sie gelernt, dass man seine Wünsche nicht offen äußert. Diese innere Regel befolgte sie in ihrer Ehe weiter ungeprüft und löste auch in ihrer Ehekrise den Konflikt auf die ihr altbekannte Weise: Statt mutig mit Dirk zu sprechen und vielleicht dadurch die Chance auf eine Änderung ihres gemeinsamen Lebensstils zu ergreifen oder zusammen über eine mögliche Trennung nachzudenken, zog sie sich nach und nach zuerst innerlich zurück. Dirk war darüber etwas irritiert, sprach sie aber nicht darauf an. Sein Motto lautete: »Probleme sollte man nicht vertiefen.« Auf die gleiche Weise trennte sie sich dann auch äußerlich von ihm. Heimlich suchte sie eine kleine Wohnung für sich und begann sie für sich einzurichten. Erst als sie diesen sicheren Rückzugsort im Hintergrund hatte, hatte sie den Mut, mit ihm zu sprechen. Sie stellte ihn vor die schockierende vollendete Tatsache, dass sie ihn verlassen würde. Erst auf der Basis von geschaffenen Fakten konnte sie sich den folgenden Auseinandersetzungen stellen.

Ein Beispiel für viele: Manche Partner scheinen den inneren Rückzug und die langsame Trennung des anderen gar nicht zu bemerken beziehungsweise verdrängen ihn so, dass sie das Offenbarwerden als erschreckende Überraschung erleben.

In Filmen und Fernsehserien wird oft mit diesem Überraschungsmoment gearbeitet, dass ein unaufmerksamer Partner bei seiner Rückkehr von der Arbeit unerwartet ein leeres Haus ohne seine Partnerin vorfindet und gar nicht begreifen kann, weshalb ihm ein solches Schicksal zustößt, während der Zuschauer die Entwicklung der Katastrophe schon längst geahnt hat und das Ende kommen sah.[19]

Symbolische Loslösungen

Wenn eine offene oder direkte Trennung zu schwierig oder angsteinflößend ist, ist es möglich, für sich selbst eine Loslösung auch symbolisch zu vollziehen und sich im Stillen von einer Person oder von Lebensumständen zu trennen. Manchmal möchte man vielleicht ein Geschenk zurückgeben, weil es zu schmerzvoll wäre, es zu behalten oder es einen zu sehr an den anderen erinnert.

Rosa hatte sich schweren Herzens von ihrem Freund getrennt, weil eine gemeinsame Zukunft mit ihm nicht möglich war. Manchmal war er sehr fürsorglich gewesen und diese Seite an ihm hatte sie sehr gemocht. So hatte er ihr weiche, warme Handschuhe geschenkt, weil sie im Winter immer so kalte Hände hatte. Rosa schickte sie ihm jetzt zurück, weil sie in Zukunft nicht mehr an ihn denken wollte, wenn sie friert. Sie trennte sich auch von einem Foto von ihm, das sie immer bei sich getragen hatte, indem sie es symbolisch bei einem Spaziergang in einen Fluss warf und zusah, wie es von den Wellen davongetragen wurde. Ihren Schmerz über die nicht geglückte Beziehung konnte sie so besser für sich verarbeiten.

Im dritten Teil dieses Buches finden Sie weitere Vorschläge für symbolische Trennungen.

»Von dem, was du erkennen und messen willst,
musst du Abschied nehmen, wenigstens für eine Zeit.«
Friedrich Nietzsche

Teil 2

Geschichten vom Aufhören und Loslassen im Alltag

»Wir können nur zum Ende kommen,
wenn wir anfangen.«
Volksmund

Trennen von **Sachen** und **Überzeugungen**

Als wär's ein Stück von mir

Spätestens wenn ein Umzug vor der Tür steht, kommt es an den Tag: Was hat man nicht alles aufgehoben und angesammelt! Beim Kistenpacken überfallen einen aus jedem Schrank längst vergessene, brauchbare oder auch unbrauchbar gewordene Dinge. Zumindest Letztere können wir jetzt entsorgen, weil wir uns keine Sorgen mehr machen wollen, dass wir sie je noch gebrauchen können. Wenn man mit anderen darüber spricht, erfährt man von allen Seiten großes Mitgefühl, denn fast jeder erinnert sich an einen Umzug und an die endlosen Stunden des Aussortierens und Wegwerfens sowie die verzweifelte Verwunderung darüber, welchen Ballast jeder über die Jahre hin mit sich geführt hat, ohne ihn wirklich zu bemerken.

Dieses Phänomen hat eine lange Vorgeschichte. Der Sammeltrieb ist im Menschen seit der Steinzeit genetisch angelegt und unverändert auf uns weitervererbt worden, weshalb wir uns dafür nicht ausschließlich verantwortlich fühlen müssen. Wenn früher die Jagd, der Wald und das Feld nicht genügend Beute und Ernte hergegeben haben, musste Vorrat für Notzeiten gehortet werden, weil unsere Vorfahren den unberechenbaren Naturgewalten sonst schutzlos ausgeliefert gewesen wären.

Obwohl es inzwischen Kühlschränke, Supermärkte und Kaufhäuser gibt und auch Lieferverbindungen über die ganze Welt verteilt existieren, die uns auch im Winter mit Obst und Gemüse versorgen, scheinen unsere Gene noch nicht entsprechend mutiert zu sein: Wir sammeln weiter. Mancher Vorratsschrank könnte wochenlange Verpflegung garantieren.

Soziologische Untersuchungen liefern weiterhin die Erklärung, dass das Ansammeln auch mit dem übermäßigen Warenangebot der Überflussgesellschaft zu tun hat, dem wir uns mit der eben genannten genetischen Grundausstattung hingeben. Durch die Überversorgung verlieren wir gelegentlich den Blick für das Wesentliche und wirklich Notwendige. Wie bei den Eichhörnchen wird der Vorrat für einen drohenden »harten Winter« überall in der Wohnung »vergraben« und ähnlich wie die Eichhörnchen scheinen wir dann zu vergessen, wo die Beute versteckt ist. Sie taucht oft erst wieder auf, wenn die »Notzeit« bereits verstrichen ist – in unserem Fall bei einem Umzug.

Der Sammeltrieb geht aber nicht nur auf genetische Ursachen zurück, sondern beruht heute mitunter auch auf der Angst, zu kurz zu kommen, oder auf der Überzeugung, alles Neue haben zu müssen. Oftmals sind es von raffinierten Werbeexperten erzeugte Pseudobedürfnisse, die uns drängen, im Wettstreit mit anderen noch ein weiteres Objekt der Multimediawelt zu erwerben, oder den Frauen suggerieren, dass weitere Handtaschen einfach zum Lifestyle gehören.

Von alters her wird das Ansammeln und Vorsorgen eher positiv bewertet. Die bekannte Fabel von La Fontaine *Die Grille und die Ameise* zielt auch in diese Richtung: Die Grille, die den ganzen Sommer ihrer Kunst nachgegangen war und gesungen und gezirpt hatte, leidet zu Beginn des Winters unter großer Hungersnot, da es jetzt weder Würmer noch Fliegen gibt und sie im Sommer keine Zeit zur Vorsorge hatte. Weinend vor Hunger schleicht sie zur Nachbarin Ameise und fleht diese um Nahrung an. Trotz ihres Versprechens, der Ameise diese Schuld im nächsten Sommer zurückzuzahlen, wird sie schroff und moralisierend abgewiesen: »Was hast du denn im Sommer getrieben?« Die Ameise bezichtigt die Grille der Faulheit. Diese antwortet:

»Ich habe musiziert und durch mein Singen habe ich alle Leute Tag und Nacht ergötzt.« Natürlich kann die Ameise darauf nicht anders als mit erneutem Vorwurf und Spott zu reagieren: »Du hast gesungen (und nicht gesammelt) – weißt du was, dann tanze doch jetzt gegen den Hunger.«[1]

Wir müssen gar nicht so weit zurückgehen. Eltern und Großeltern, die Kriege und Nachkriegszeit miterleben mussten, haben aus der Not heraus alles Brauchbare für den Notfall verwahrt, weil sie nie wussten, ob sie es nicht doch noch brauchen würden. Damals war das eine nützliche Vorsorge. Es zeigte gleichzeitig eine höhere Wertschätzung für die Gegenstände an, weil deren Herstellung früher viel schwieriger und aufwendiger war als heute. In manchen Familien wurde dieses Prinzip des Aufhebens von Generation zu Generation bis zum heutigen Tag weitergegeben. Die Notwendigkeit einer umfassenden materiellen Vorsorge ist heute aber nicht mehr gegeben, weil wir fast zu jeder Zeit das Fehlende ergänzen können.

Die Beispielgeschichten dieses Kapitels erzählen von Verhaltensmustern und Erlebnissen, die das Ansammeln begünstigen, und von Lösungen, wie wir durch kleine Trennungen und unterstützt durch ein entsprechendes Trennungsmanagement belastenden Ballast loslassen können. Vielleicht finden Sie manche Ihrer eigenen Gewohnheiten in den Geschichten wieder, auch wenn Ihre geheimen Rumpelkammern und Sammelleidenschaften ganz andere Gegenstände umfassen. Vielleicht können Sie die eine oder andere Anregung aus diesen Beispielen übernehmen:

- In Karls Arsenal von veralteten Zeitschriften, die er wie ein Löwe verteidigt, verbirgt sich ein Wunsch aus seiner Kindheit, der ihm gar nicht mehr präsent war.
- Die Geschichte von Sabines überquellendem Bügelkorb zeigt ihre ganz versteckte Sehnsucht nach Jungbleiben und ihre Angst vor dem Älterwerden.
- Reinhard wird sich mit seinem Motorrad im Arbeitszimmer

seiner Sehnsucht nach Freiheit bewusst und erweckt diese wieder zum Leben.

- Angelas »Jugendmuseum« macht deutlich, dass der nicht vollzogene Abschied von einer früheren Rolle und die nicht gelebte Trauer über die verstorbene Großmutter sich sowohl in einem Gerümpelproblem als auch in einer Trennungsschwierigkeit in den Beziehungen ihres Erwachsenenlebens fortsetzen.
- Alexanders übervoller Schreibtisch wird zum Problem, als seine Heizung tropft. Die Geschichte erzählt davon, wie Papierberge auf seinem Schreibtisch, die ihn heute behindern, ihm früher einmal als hilfreiche Bastion gegen die Willkür seines Vaters dienten und wie er sie heute bewältigen kann.
- Zum Abschluss des Kapitels erzählt die »Geschichte von Omi« von einer noch Jahrzehnte später ausgelösten Reaktion auf ein frühes schicksalhaftes Ereignis.

Nicht nur bei der Trennung von Personen und beim Beenden von Beziehungen oder beim Loslassen von Überzeugungen, sondern auch beim Festhalten an Dingen sind häufig starke Trennungswiderstände am Werk. Sie haben nicht allein mit dem Loslassen von den jeweiligen Gegenstände selbst zu tun, sondern können bewusst oder unbewusst mit inneren Überzeugungen und Mustern verknüpft sein, die sich hinter dem sichtbaren Phänomen des Festhaltens verbergen und deshalb ein »Gerümpelproblem« erzeugen können.

Jeder kennt die Stapel von Papier im Arbeitszimmer, die Anhäufung von Kleidern in den Schränken, die Vorratslager von Kartons, Plastiktüten, alten Möbeln oder anderen noch irgendwie nützlich erscheinenden Dingen, deren beharrlicher Präsenz wir uns manchmal ohnmächtig ausgeliefert fühlen. In einem Moment der Entschlossenheit räumen wir sie dann vielleicht im Ganzen in den Keller als »Vorhölle« für eine spätere Entsorgung irgendwann, wo sie aber leider nichts anderes tun, als weiter herumzustehen und Platz wegzunehmen. Wir befürchten, Wochen dazu zu brauchen, um alles wegzusortieren, oder glauben halbherzig an einen späteren guten Anlass, um uns dieser Sachen nutzbringend zu entledigen, anstatt das Wegwerfen oder Trennen kurz entschlossen in Angriff zu nehmen. Wir glauben, wir müssten geradezu einen Schlachtplan entwickeln und beispielsweise einen ganzen Urlaub dafür opfern, um alles loszuwerden. Das tun wir dann aber doch nicht, verreisen stattdessen lieber und behalten dafür beim nächsten Gang in den Keller oder bei einem Blick auf den Schreibtisch das schon wohlvertraute schlechte Gewissen. »Du bist so unordentlich, aus dir wird nie etwas«! So klingen Mutters beißende Klage oder Vaters Vorwürfe mal wieder in den Ohren, und die Selbstkritik-CD und die alten Introjekte laufen auf Hochtouren.

In den folgenden Geschichten können Sie selbst prüfen, ob das Sich-nicht-trennen-Können von Sachen wirklich nur ein Ordnungs- oder Zeitproblem ist oder auch mit alten Identifikationen zu tun haben kann.

Kaum jemand käme auf den Gedanken, einen abgeblühten Blumenstrauß oder eine verdorrte Pflanze weiter aufzuheben, wenn sie welk geworden sind und nicht gerade von einem geliebten Menschen stammen. Andere unnütz gewordene Dinge heben dagegen viele von uns auf, obwohl ihre Zeit längst abgelaufen ist.

Karl: Die Zeitungsstapel oder: Die Sehnsucht, Professor zu werden

Die Geschichte von Karl zeigt, wie durch Sammeln frühere Wünsche und eine lebendige Kreativität erstickt werden können.

Karl ist in seinem Freundeskreis dafür bekannt, dass er seit Jahren Unmengen von Fachzeitschriften und Zeitungen sammelt, in denen interessante Artikel aus seinem Berufsfeld erscheinen. Er gibt viel Geld dafür aus und blockiert mit diesen Zeitschriften inzwischen immensen Platz in seiner Wohnung, weil immer wieder neues Material hinzukommt. Sein Arbeitszimmer kann man kaum noch betreten. Zudem häufen sich Bücher und Neuerscheinungen zu seinem Fachgebiet an, für deren zeitnahe Lektüre er in seinem anstrengenden Berufsleben überhaupt keine Zeit findet. Wie man sich denken kann, ist ein Teil der Zeitschriften und Bücher deswegen inzwischen längst veraltet. Trotzdem glaubt er fest daran, »irgendwann später lese ich das mal, wenn ich Zeit habe«, und stellt sich dabei gemütliche Winterabende vor.

Mit seiner Partnerin muss er wegen des vielen Papiers und der damit verbundenen Unordnung ständig Streit in Kauf nehmen. Sie sieht die Wohnung »langsam zuwachsen« und ärgert sich über die »Staubfänger«, aber besonders über sein ständiges Klagen darüber, dass er keine Zeit zum Lesen hat. Sie kann das überhaupt nicht verstehen. Inzwischen kennt sie ihn auch gut genug, um zu wissen, dass er diese Artikel nie mehr bearbeiten wird. Wenn der Druck von ihr zu groß wird, verbringt Karl oft viele Stunden damit, die Zeitschriften zu sichten und auszusortieren. Dann schafft er es sogar manchmal, sich doch von einzelnen Artikeln und Ausgaben zu trennen, aber nicht ohne vorher noch einmal hineingeschaut zu haben, was ihn mit leichten Gefühlen von Wehmut, aber seltsamerweise auch mit etwas Stolz erfüllt.

Insgeheim trauert er seinen alten Studienzeiten nach, und ihm ist gar nicht mehr so bewusst, dass er damals jede neue Buchentdeckung mit großer Begeisterung verfolgte. Er verbrachte mit Lust viel Zeit mit dem Stöbern in Buchhandlungen und Antiquariaten und galt bei allen als belesener Freund, den man fast alles fragen konnte und der auf fast alles eine Antwort wusste. Schon als Kind wurde er in der Familie »unser Alleswisser« genannt und er erinnert sich auch noch gut an den bewundernden Satz seines Onkels: »Aus dir wird noch einmal ein großer Gelehrter.« Seit er jedoch im Berufsalltag eingespannt ist, fühlt er sich eingeengt und unter ständigem Zeitdruck. Ganz im Hintergrund nagt ein Schuldgefühl an ihm, dass er »seinen wirklichen Pflichten« nicht nachkommt, wenn er keine Zeit zum Lesen aufbringen kann und der Teufelskreis von Sammeln, Aufheben, inneren Vorwürfen und dem Kauf neuer Zeitungen und Bücher erneut beginnt. Hat der Satz des Onkels damit vielleicht etwas zu tun?

An Karls Geschichte kann man sehen, wie alte Überzeugungen und Selbstbilder jemanden daran hindern können, sich von Dingen zu trennen, die nicht nur nicht mehr zeitgemäß, sondern richtig veraltet sind. »Nichts ist so alt wie eine Zeitung vom Vortag«, sagt eine alte Presseweisheit.

Karl glaubt noch wie früher als Student daran: »Ich bin immer noch auf dem Laufenden, wenn ich Zeitschriften und Bücher kaufe.« Er übersieht dabei, dass er nicht mehr die ausreichende Zeit für dieses Hobby und den »Beruf« des Lesers hat. Unterschwellig denkt er aber auch über sich: »Wenn ich das nicht alles irgendwann lese und kenne, bin ich nichts wert«, und erlebt dies als großen Druck. Sein Selbstwertgefühl hängt im Unterbewussten entscheidend davon ab, ob er sich in der Welt der neuen Veröffentlichungen noch auskennt. Deshalb befürchtet er insgeheim wohl auch: »Wenn ich mich von diesen Büchern und Zeitschriften trenne, gebe ich auch einen wichtigen Teil von mir auf.«

Karl hält an seinem inneren Bild von sich als einem fleißigen Studenten, ja geradezu belesenen Gelehrten fest, wie der Onkel es ihm schon früh vorausgesagt hatte. Als geschätzter Kollege in einem Architekturbüro bräuchte er diese alte Identifikation aber nicht mehr. Wenn er sich von seinen Papierbergen trennen könnte, könnte er auch die Schuldgefühle loswerden, die ihn bei ihrem Anblick in diesem Zusammenhang immer wieder plagen: nämlich, dass er seinen Lese-, Bildungs- und »Lehrverpflichtungen« den Freunden gegenüber nicht mehr nachkommen kann. Wenn er sich von dem alten Papier trennen kann und in einem doppelten Sinne Platz schafft, könnte er Raum für neue Aktivitäten gewinnen: Karl könnte dabei entdecken, was ihn bisher wirklich daran gehindert hat, seine Freizeit angenehm zu gestalten. Er könnte sie genießen, ohne sich die inneren Vorwürfe zu machen, er sei »faul«. Vielleicht würde er sogar feststellen, dass er gar nicht mehr der sorglose Student ist und es auch nicht mehr sein will. Er müsste sich nicht nur von dem Papier, sondern auch von seinem inneren veralteten Selbstbild »Du wirst noch einmal Professor« verabschieden. Auf diese Weise könnte er entdecken, was es heute mit dem neu gewonnenen Platz im Arbeitszimmer und in der gewonnenen Freizeit für ihn und seine sicherlich dann weniger ärgerliche Partnerin zu erleben und zu erledigen gibt.

Das viele Reden über die Fakten hat bisher immer nur zu folgenlosen und unerfreulichen Diskussionen mit ihm geführt. Um erst einmal die Gründe für Karls Verhalten herauszufinden und zur Tat zu schreiten, ist die tätige Mithilfe von Freunden und Partnern gefragt.

Wie könnte man dem Problem zu Leibe rücken?

- Zunächst dem Freund oder Partner (hier Karl) offen zu verstehen geben, wie auffällig es für seine Umgebung ist, dass er Ballast hortet, der keinen aktuellen Zweck mehr erfüllt. Mit ihm besprechen, dass er sich notwendige Informationen jederzeit aus den neuen Medien oder Bibliotheken beschaffen kann.
- Mit ihm herausfinden, was für ihn am Sammeln so wichtig war und ist und welche möglichen Identifikationen bei ihm dahinterstecken können. Mit ihm klären, ob er diese Identifikationen in seinem jetzigen Leben noch erfüllen will und kann.
- Einen Zeitraum mit ihm vereinbaren (vielleicht drei Monate), in dem er die Fachzeitschriften (oder die Kochrezeptjahrgänge, die Reiseberichtshefte etc.) auf ihren heute noch nützlichen Informationsgehalt für sich sichtet und sich vom Rest trennt.
- Wenn die Frist nicht eingehalten werden kann, ein »Übergangsdepot« anlegen, in dem die Berge von Papier und Artikeln für kurze Zeit zwischengelagert werden können. Nach Ablauf dieser Frist werden sie entsorgt.
- Klären, ob er sich durch die räumliche Trennung davon auch innerlich von seinen unbewältigten »Wissensbergen« trennen kann.
- Fragen, was er innerlich bei dieser Aktion erlebt. Vielleicht werden alte Träume lebendig. (»Ich wäre gerne Professor geworden«). Bereitschaft zeigen, diese Träume mit ihm zu besprechen, am besten in Form von Zuhören, was er zu sagen hat (dabei keine Ratschläge erteilen!).

- Zum Abschluss ein kleines Abschiedsritual gestalten, ein kleines Fest mit denen veranstalten, die sich an ihn als den immer belesenen Studenten (oder an den immer mit neuesten Rezepten hantierenden Hobbykoch oder an den von Weltreisen Träumenden) erinnern können und dann vielleicht gemeinsam mit ihm die Papierberge in den Container werfen.

Sabine: Der überquellende Bügelkorb oder: Ein Schrank voller Vergangenheit

Seit einiger Zeit befällt Sabine in ihrem Berufsalltag zunehmend das Gefühl, durch ihre zahlreichen Pflichten nur noch gehetzt zu sein, für Entspannung nicht genügend Zeit zu haben und Privates immer wieder verschieben zu müssen. Das frustriert sie. Dabei lebt sie mit ihrem Partner in einer schönen Wohnung und hat einen zufriedenstellenden Beruf, in dem sie sich manchmal nur etwas zu stark eingespannt fühlt. Sie liest gern, liebt schöne Musik und hat Freude am Dekorieren und daran, sich schön anzuziehen. Oft klagt sie jedoch einfach vor sich hin.

Kürzlich ist ihr aufgefallen – und sie traut sich kaum, es mir zu erzählen –, dass ihr Bügelkorb immer »überquillt« und ihr ein zunehmend schlechtes Gewissen macht. Sie kann sich aber nicht aufraffen, alles auf einmal wegzuarbeiten, sondern zieht abends immer schnell etwas für den nächsten Tag heraus und bügelt gerade nur das, was sie direkt braucht. Wird sie eingeladen, gerät sie kurz vor dem Weggehen in Panik, weil sie sich etwas Attraktives zum Anziehen auswählen möchte, aber fast alles zerknittert im Korb liegt und sie daher kaum eine Möglichkeit hat, ein passendes Outfit auszuprobieren. Aber statt ihren Wäscheberg zu bewältigen, greift sie lieber zu einer Theorie, die keine gute Laune macht: »Ich schaffe das nicht, weil ich eben keine richtige Hausfrau bin.«

Sie hat viel darüber nachgegrübelt und vermutet, dass sich bei diesen inneren Vorwürfen sicherlich im Hintergrund eine alte Überzeugung aus ihrer Familie oder eine strenge innere Stimme aus ihrer Kindheitsfamilie meldet, die sie immer dann an unerledigte Pflichten erinnert, wenn sie sich endlich einmal vergnügen will. Solche Überlegungen erscheinen ihr zwar richtig und könnten vielleicht – wenn sie diese weiterbearbeiten würde – auch entscheidende Veränderungen für sie bewirken, aber »nur für mein Bügelproblem« scheint ihr der Aufwand dafür zu groß. Sie hat keine Lust, sich weiter mit diesen Fragen zu beschäftigen, weil ihr ja dann noch weniger Zeit für sie selbst übrig bleiben könnte. So schiebt sie nicht nur die Wäsche, sondern auch die Lösung eines erkannten Problems vor sich her.

Ob sie denn keinen Schrank hätte, um ihre Sachen aufzubewahren? »Ja, schon, aber der ist so voll, dass gleich wieder alles zerknittert wird, wenn ich etwas frisch gebügelt reinhänge. Und ich finde auch schon gar nichts mehr. Am liebsten gucke ich gar nicht mehr in den Schrank rein.« Es klingt, als handle es sich um eine schwer zu überwindende Plage und nicht nur um ein »leicht zu bewältigendes Bügelproblem«.

Jeder kennt das, insbesondere jede Frau, dass man manchmal sehr lange Kleider aufbewahrt, die man schon längst nicht mehr anzieht, die weder noch richtig passen, noch je wieder in Mode kommen werden. Aber aus den mannigfaltigsten Gründen hebt man sie dennoch auf.

Es gibt inzwischen unzählige Ratgeber zum Entrümpeln oder Aufräumen, die uns vielversprechend versichern, dass wir uns nach der Lektüre und dem Befolgen bestimmter Regeln »ganz einfach« von diesem und jenem Gerümpel trennen könnten. Sabine hat das alles auch schon versucht. Mutlos klagt sie, dass ihr das bisher aber nicht geholfen habe. Erst als sie ihre inneren Gründe aufführt, warum sie alle Kleider aufheben muss, wird ihr Dilemma auch für sie selbst deutlicher.

Manche ihrer Kleidungsstücke sind mit besonderen Lebensabschnitten verbunden, in denen sie sich glücklich gefühlt hat und die in ihr immer wieder eine alte Sehnsucht nach dieser Vergangenheit und nach einem schönen idealisierten Lebensabschnitt wachrufen: der Rock, »wo ich noch so frei und unbeschwert war«, die Bluse, »in der ich meinen Mann kennengelernt habe«, der Gedanke, »vielleicht passe ich in das Kleid ja doch noch mal rein. Ich war so schön schlank. Ich mag mich davon nicht trennen.« Natürlich ist ihr klar, dass sich inzwischen ihre Figur und ihr Alter, vielleicht auch ihr Gewicht, ihr jetziger Stil und auch die Mode längst verändert haben und dass für sie in der Gegenwart ganz andere Dinge im Vordergrund stehen als früher – trotzdem!

Es scheint, als ob sie mit den alten Kleidern ein früheres, glücklicheres Ich beschwören und das Älterwerden irgendwie aufhalten könnte. Die gehorteten Stücke werden unbewusst als Teil dieser früheren Identität betrachtet und stauen sich jetzt im Schrank. Ich schlage Sabine vor, ob sie nicht versuchen wollte, die angenehme Erinnerung daran in einem inneren Selbstbild wie auf einem Foto oder einer Datei platzsparend zu speichern und das materiell Vergangene und Unbrauchbare zu entsorgen, um im Schrank wieder Platz für Aktuelles und Neues zu schaffen. Ganz zögernd beginnt sie daraufhin mit der Einrichtung eines solchen platzsparenden Erinnerungsspeichers.

Alte Sachen beengen nicht nur Ihren Wohnraum, sondern auch Ihre eigene Freiheit. Sie belasten wichtige Augenblicke der Gegenwart mit alten Vorstellungen und mit damit verbundenen Vorwürfen wie: »Du hast noch nicht aufgeräumt«, »Du musst erst noch bügeln«, »Du musst erst noch deinen Schreibtisch aufräumen«, »Du hast immer noch nicht abgenommen«. Diese Anhäufungen »unerledigter Gestalten« stehen in einem weiteren Sinn einem unbelasteten Alltagsleben im Weg. Manchmal machen wir uns die Loslösung von Selbstbildern aus der Vergangenheit noch zusätzlich durch hartnäckige Überzeugungen schwer, die als Ausreden fürs Trennen und Loslassen dienen: »Der Stoff des Kleids ist so schön, vielleicht nähe ich einmal etwas anderes daraus. Meine Mutter hat immer viel genäht.« Oder: »Die Sachen sind noch gut, man kann sie sicher irgendwann mal brauchen.« Aber glauben Sie wirklich, Ihre Tochter würde später Ihre alten Kostüme, in denen Sie wilde Zeiten erlebt haben, irgendwann einmal anziehen wollen?

Altes zu behalten, kann in diesem Zusammenhang als ein unbewusstes Verharren verstanden werden. Manchmal glauben wir, es könnte dabei helfen, die Angst vor den Überraschungen eines unberechenbaren Alltags zu bändigen, die man damit unbewusst zu kontrollieren sucht. Wenn wir aber entdecken, dass mit dem Festhalten an alten Dingen überholte Identifikationen (eine Erinnerung, ein altes Selbstbild, ein früherer Auftrag) verknüpft sind, fällt es vielleicht leichter, sich aktiv dafür zu entscheiden, nur noch einen kleinen symbolischen Teil davon als »Pars pro Toto« für das Ganze zu behalten und nicht alles ungeprüft aufzubewahren. Dann müssen wir nicht mehr unbewusst durch Anhäufungen die alte innere Identifikation stützen und unsere Energie durch die ständige Anwesenheit von »Mahnern« lähmen.

Was können Sie tun, wenn Sie wie Sabine mit einem zu vollen Kleiderschrank kämpfen?

- Ressourcen aus Freundschaften nutzen: sich mit einer Freundin verabreden, die Sie genauer kennt und der das Wegwerfen vielleicht leichter fällt als Ihnen.
- Sich beherzt das eine oder andere Kleidungsstück überziehen und sich der Frage der Freundin stellen, ob es überhaupt noch zu Ihnen passt und bei welcher Gelegenheit Sie es eigentlich noch anziehen können.
- Sich von unrealistischen Gedanken verabschieden, wie dass »ich nur etwas abnehmen müsste«, dann sei es schon wieder richtig. (In hartnäckigen Fällen können Sie das Kleidungsstück ja drei Monate in ein »Übergangsdepot« für die nächste Saison ablegen. Haben Sie dann die gewünschten fünf Kilo nicht abgenommen, ist endgültig Trennen angesagt.)
- Vielleicht erzählen Sie der Freundin das Geheimnis oder die Geschichte, die mit dem einen oder anderen Kleidungsstück verbunden ist, und amüsieren Sie sich noch einmal gemeinsam darüber, bevor Sie es endgültig aussortieren.
- Bei dieser Aktion könnten auch neue Gedanken auftauchen: »Es passt nicht mehr zu mir. Ich bin zu erwachsen für dieses jugendliche Kleid«, oder: »Ich bin inzwischen ein ganz ande-

rer Typ geworden, nicht mehr so verspielt oder nicht mehr so nüchtern«.

- Irgendwann ist dann endgültig der Moment des Entschlusses gekommen, sich von den alten Kleidern und den Ideen, die daran hängen, zu trennen. Dann nicht zögern: Fahren Sie zur Altkleidersammlung oder zum Flohmarkt.
- Sie können auch eine kleine Party oder ein »Social Event« veranstalten, Bekannte und deren Freunde einladen und eine Art Tausch- und Schenkbörse mit den Kleidern veranstalten.
- Vielleicht ist durch das Aussortieren auch Platz geworden, sich neue Fragen zu stellen: Wer bin ich jetzt? Was ist meine Vision für die Zukunft? Worauf möchte ich mich neu einlassen, womit möchte ich mich neu verbinden?

Als Prophylaxe gegen neue »Sammelgefahren« können Sie sich vornehmen, bei einer Neuanschaffung ein oder zwei bereits vorhandene Kleidungsstücke dafür zu »opfern« und zu entsorgen. Ist ein endgültiges Trennen noch von zu vielen Skrupeln begleitet, weil es sich um noch wirklich brauchbare Kleidungsstücke handelt, können Sie sich bei den örtlichen Kirchen und Wohlfahrtsverbänden nach Kleiderkammern erkundigen und Ihre Schätze dort zur Weiterverwertung abgeben. Kirchliche Verbände betreiben Secondhandshops, wo sich Bedürftige für wenig Geld ausstatten können.[2]

Wenn Ihnen solche Entrümpelungsvorhaben zu viel Angst machen oder Sie dabei von lähmender Müdigkeit überfallen werden, können Sie sicher sein, dass im Hintergrund ein versteckter Trennungswiderstand sein Unwesen treibt. Es lohnt sich, diesen näher anzusehen, anstatt sich ständig Vorwürfe zu machen, dass Sie »nicht aufräumen können«.

Aber auch übermäßiges Horten von anderen Dingen wie Zeitungen, Büchern und CDs kann diese Doppelfunktion von Festhalten an einem früheren Lebensalter und an einer früheren Gewohnheit haben, wenn es für diese Dinge eigentlich gar keinen Platz, keine Zeit und kein Interesse mehr im gegenwärtigen Alltag gibt. Wenn ein solches Ansammeln gleichzeitig mit starken

Schuld- und schwachen Selbstwertgefühlen verbunden ist, kann es möglicherweise ratsam sein, psychotherapeutische Hilfe in Anspruch zu nehmen. Im schlimmsten Fall mündet das sonst neben den ständigen Selbstvorwürfen und den Klagen über das Problem in Unglücksgefühlen und depressiven Verstimmungen. Sie wissen dann meist überhaupt nicht, woher das kommt, und die Lebensqualität wird stark eingeschränkt.

Sabine und Karl zeigen an der Oberfläche ein Verhalten, das zunächst nur wie ein materielles praktisches Problem erscheint und häufig auch als solches von den Betroffenen erlebt und leicht abgetan wird: »Ich kann nichts wegwerfen, was noch gut ist. Man könnte es noch einmal brauchen.« Wie wir gesehen haben, enthält dieses Verhalten aber noch einen anderen Aspekt: dass man sich unbewusst auch von etwas Mentalem nicht trennen kann, was durch Identifikationen und Introjekte wie: »Du musst immer auf dem Laufenden sein«, »Du wirst irgendwann noch Professor«, »Du strengst dich nicht genug an«, »Du wirst es nie schaffen«, »Du bist zu faul« weiterhin innere Kämpfe verursacht.

Zur Erinnerung: Als »Introjekte« bezeichnet man innere Regeln, die häufig mit einem starken Gefühl von »Du musst, du darfst nicht« verbunden sind. Oft hörten wir in der Kindheit und Jugend solche Sätze, die mit »Du solltest« beginnen, oder haben sie uns aus der eigenen Erfahrung zusammengezimmert. Manche dieser Gebote sind für die Erziehung sicher einmal sehr hilfreich gewesen und haben für ein ungefährdetes Aufwachsen gesorgt (zum Beispiel »Greif nicht auf die Herdplatte!«), andere Regeln waren damals wohlmeinend aufgestellt, um eine Belohnung in Aussicht zu stellen: »Mach erst mal deine Schularbeiten, dann kannst du spielen gehen«.[3]

In einer Umgebung, in der aber lediglich das Arbeiten als hoher Wert gilt und wo es Zuwendung und Lob nur als Lohn für etwas vorweisbar Geleistetes oder für eine sichtbare Anstrengung gab, kann ein solcher wohlgemeinter Satz bewirken, dass das Kind nicht mehr an unbeschwertes Spielen zu denken wagt. Es hat zu wenig erlebt, dass es einfach nur um seiner selbst willen geliebt wird, sondern lediglich dafür, dass es sich anstrengt und etwas Sinnvolles tut. Sprichwörter wie »Erst die Arbeit, dann das Vergnügen« oder »Was du heute kannst besorgen, das verschiebe nicht auf morgen« unterstützen solch ein Leistungsintrojekt und wirken noch später als trotziger Bremsklotz für eigene Aktivitäten. Als Erwachsene behalten wir dann möglicherweise diese Gewohnheit des Aufschiebens vom eigenen Bedürfnis nach Entspannung bei oder werden durch dieses Leistungsgebot sogar zum Workaholic. Wenn dann ein Vergnügen lockt, erinnern ein voller Wäschekorb, der überfüllte Schrank, die Bücherberge, der überquellende Keller oder die aufgeschobene Steuererklärung daran, was wir vorher noch alles tun müssen, bevor wir uns endlich vergnügen dürfen. Dafür bleibt dann aber oft keine Zeit mehr übrig, weil diese Aufräumaufgaben neben all den Pflichten des Berufslebens und den häuslichen Alltagsverpflichtungen so viel Zeit erfordern, dass man aus der »Tretmühle« nicht mehr herauszukommen glaubt.

Bisweilen können Aufschieben und Verzögern auch nützliche, lustvolle oder sogar kreative Seiten haben. Manchmal steigert sich der Genuss beim Essen, wenn ich mir den besten Bissen bis zum Schluss aufhebe. Manchmal wird das Aufschieben eines angenehmen Ereignisses als Belohnung für eine harte Arbeit in Aussicht gestellt und stachelt die Motivation für das Durchhalten der zu erwartenden Durststrecke an. In der Musik oder im Theater, im Roman oder Film wird eine Phase des Aufschiebens oder Verzögerns bewusst künstlerisch eingesetzt, um die Spannung zu erhöhen und die Aufmerksamkeit des Zuhörers, Zuschauers oder Lesers neu zu fesseln.

Beim Aufschieben im Alltagsleben können wir uns allerdings im Gegensatz zur Genusssteigerung in der Kunst eine Menge unliebsamer Nebenerscheinungen einhandeln: Wer aufschiebt, geht häufig einer notwendig gewordenen Entscheidung oder Arbeit aus dem Weg und erhöht damit den Stress seiner Aufgabe. Oder er ist nicht nur ein Sammler von allerlei nützlichen und unnützen Gegenständen, sondern sogar von unbewältigten Konflikten – sei es aus Unsicherheit oder aus Entscheidungsschwäche –, die ihn doch irgendwann einholen und seine Situation und seine zwischenmenschlichen Beziehungen erst recht schwierig gestalten. Dazu gehören die Nichteinhaltung von Fristen, das nicht rechtzeitige Erscheinen bei der Arbeit oder bei einer Esseneinladung, was zu Schwierigkeiten am Arbeitsplatz oder zur Verärgerung und Irritation von Gastgebern oder Freunden führen kann. Oder man verliert wegen des Ansammelns den Überblick über seine Termine, über seine Habseligkeiten und gerät in ein solches äußeres Ordnungschaos, dass es die Energie für andere Bereiche des Alltags massiv lähmt.

Beim aktiven Umsetzen von »kleinen Trennungen«, sei es beim Entsorgen und Entrümpeln der Kleider, der alten Zeitschriften, der belastenden Gegenstände, sei es beim Verändern von ineffektiven Gewohnheiten, kann vorübergehend die gewohnte innere Balance ins Schwanken kommen: Plötzlich fühlen wir vielleicht einen enormen Energieschub, wenn wir die einzelnen Teile wegtragen, und können unsere Bedürfnisse nach Freizeit spüren. Oder wir werden vielleicht sogar ein bisschen ängstlich angesichts der neu gewonnenen Freiheit oder empfinden sie anfänglich ein wenig als Leere, weil einem durch das gewohnheitsmäßige Aufschieben die eigenen Wünsche immer unklarer geworden sind. Was soll man denn jetzt nur tun, wenn all diese lästigen Pflichten nicht mehr da sind? Dann ist es nützlich, nicht in Panik zu geraten, sondern sich ein bisschen Zeit zu lassen, um sich zu fragen:

- Was brauche ich gerade jetzt? Was würde mir heute für eine oder zwei Stunden Freude machen?
- Was interessiert mich eigentlich noch neben all der Arbeit?
- Wie könnte ich die hinzugewonnene Zeit oder den frei geräumten Platz für mich auf eine erfreuliche Weise nutzen? (Mir endlich eine Ecke einrichten, in der ich meine Malutensilien greifbar liegen lassen kann, wo ich mir einen Lesesessel hinstelle oder wo ich meine Fitnessübungen machen kann, ohne immer erst was wegräumen zu müssen und deshalb gar nicht erst damit anfange.)

Reinhard: Born to be wild oder: Wie kommt das Motorrad ins Arbeitszimmer?

Reinhard ist Ende 30 und wohnt mit seiner Familie in einem kleinen Haus mit zwei Garagen und einem Garten am Stadtrand. Die beiden Autos der dreiköpfigen Familie stehen auf der Straße, denn in den beiden Garagen ist dafür kein Platz mehr. Dort kann man dafür alles finden, was ein Bastlerherz begehrt: angefangene Segelflugmodelle, Werkzeuge aller Art für die kompliziertesten Verrichtungen und für unerwartete Notfälle im Haus, allerlei Ersatzteile für Heim, Auto und Beruf und vieles andere, was man brauchen und nicht brauchen kann. So gibt es eine Werkbank, alte Fahrradreifen und Kleiderhaken, an denen alte Motorradjacken hängen. Die dazugehörigen beiden Motorräder, für die sich Reinhard einen Schuppen ausgebaut hat, befinden sich im ebenerdigen »Arbeitszimmer« gegenüber von Reinhards Schreibtisch. Die meiste freie Zeit verbringt er dort, wienert am Motorrad herum und möbelt es auf. Er verschwindet jeden Samstag und Sonntag in seinem »Arbeitszimmer«, zuerst zum Ärger, später dann zum Gespött seiner Frau und seiner Tochter. Er ist sonst ein liebevoller Vater und Ehemann, der sich um alles kümmert, was im Haus anfällt, aber am Wochenende hat er für die Familie keine Zeit und verzieht sich zu seinen beiden Motorrädern. Er ist schon mindestens 13 Jahre nicht wirklich länger auf Tour gewesen und dennoch hält er sie so in Schuss, dass er jeden Moment für längere Zeit damit losfahren könnte.

Als seine Tochter ihren neuen Freund Kevin einmal mit nach Hause bringt, beginnt dieser sich dafür zu interessieren, was der Rest der Familie nur noch mit Hänseleien oder manchmal auch mit milder Nachsicht betrachtet. Kevin lässt sich die Motorräder zeigen und findet toll, was Reinhard darüber erzählt: dass er früher jedes Wochenende mit seinen Freunden in die Mittelgebirge rausgefahren ist, dass er mit ihnen weite Touren gemacht und mit dem Motorrad Abenteuer in der Natur erlebt hat. Das sei nun leider längst vorbei, die Freunde hätten auch Familie und man hätte halt keine Zeit mehr für so was. Kevin aber ist ganz begeistert und reißt Reinhard aus seiner traurigen Nostalgie. »Mensch, mach das doch wieder, ich gehe für dich ins Internet und dann gucken wir mal, ob es nicht irgendwo eine Motorradgruppe für dich gibt. Es muss doch möglich sein, dass so alte Herren wie du irgendwie mal wieder so einen heißen Ofen fahren und auf Tour gehen«, witzelt er, »du sitzt doch sowieso das ganze Wochenende vor dem Motorrad herum.«

Daran hatte Reinhard noch nie gedacht. Dass er ein »alter Herr« sein soll, gefällt ihm zwar nicht so recht. Aber er stimmt zu. Zusammen mit dem Jungen dreht er wieder längere Runden. Im Internet findet sich tatsächlich eine Gruppe, die – genau wie Reinhard – nur manchmal Zeit und Lust zum Fahren hat. Jetzt ist er ab und zu sonntags mit ihnen unterwegs. Am Anfang ist Kevin sogar häufiger mitgefahren. Reinhard hat seine alte Leidenschaft wiederentdeckt und sie mit einigen Einschränkungen wieder zur Gewohnheit machen können. Manches Wochenende und jedes Jahr zu Pfingsten geht er mit den anderen auf große Tour.

Seine Vorstellung »Das ist nichts mehr für mich« stammt aus der Zeit, als die Tochter noch klein war, die Familienaufgaben viel Zeit erforderten und er keine Unsicherheiten mit dem Motorrad riskieren wollte. Das war damals auch gut so. Später hatte er diese Entscheidung nicht mehr hinterfragt, aber sie galt ungeprüft weiter für ihn. In seiner unbewussten Frustration darüber hatte er »die unnütz gewordene Motorradgarage« mit allen anderen Freizeitutensilien vollgeräumt. Schließlich fiel auch die zweite Garage dieser verdrängenden Sammelwut zum Opfer. Für seine geliebten Motorräder hatte er in seinem Arbeitszimmer sogar einen Ehrenplatz geschaffen. Er ist nicht mehr der »wilde Easy Rider« von früher, hat aber mithilfe von Kevin jenen Teil davon in seinen jetzigen Alltag integrieren können, der ihm damals Freude gemacht hat und ihn jetzt wieder belebt: mit Gleichgesinnten die Freiheit des Fahrens gelassen zu genießen. Alle Familienmitglieder atmen auf, dass Reinhard erheblich besser gelaunt erscheint, und die Gefährte nicht mehr im Arbeitszimmer herumstehen, sondern endlich wieder ihren Platz in der

Garage gefunden haben. Eine der beiden Garagen hat Reinhard für die Motorräder frei geräumt, weil er Platz zum Rangieren braucht. Viel Überflüssiges wurde dabei ganz nebenbei gleich mitentrümpelt.

Reinhard hatte seinen Wunsch, trotz Familie weiter Motorrad zu fahren, in sich verschlossen: einerseits aus Verantwortungsgefühl seiner jungen Familie gegenüber, andererseits aber auch aus Angst, sich mit seinem Hobby bei seinen Freunden, den anderen Familienvätern, lächerlich zu machen. Trotzdem blieb das Motorrad der Mittelpunkt seiner Freizeit, wenn es auch quasi deplatziert in seinem Arbeitszimmer herumstand, als Mahnung an früher und an seine Wünsche. Reinhard musste nicht lange in seiner Vergangenheit kramen oder alte Muster aufarbeiten, um seine Problematik zu lösen. Das Interesse von Kevin hat ihn aufgeweckt, sich an seine alten aufgeschobenen Wünsche zu erinnern und sie auf eine neue Weise wieder zum Leben zu erwecken.

Angela: Das Mädchenzimmer oder: Der Abschied von der Großmutter

Erinnerungs- oder Erbstücke sind fast immer mit mehr oder weniger unbewussten Identifikationen mit Beziehungen verbunden. Bei Umzügen fallen sie einem in die Hände und oft schleppen wir sie unbesehen aus sentimentalen Gründen weiter mit uns herum, ob sie uns nun gefallen oder nicht. Man will damit beispielsweise das Andenken an Tante Else ehren und stellt deshalb die unförmige Vase von ihr weiterhin auf oder verwahrt die alte gesprungene Tasse, aus der man beim Besuch bei der Großmutter immer getrunken hat.

In manchen Familien haben die erwachsenen Kinder, die längst ausgezogen sind und ein eigenes Leben in einer anderen Stadt führen, ihr einstiges Zimmer im Haus der Eltern behalten. Dort haben sie ihre wichtigen »Kinder- und Jugendschätze« zurückgelassen, die sie in ihrem Erwachsenenalltag nicht brauchen können, aber gerne noch bei den Eltern deponieren. Das tröstet die Eltern sogar über das Flüggewerden des Jugendlichen hinweg. Je weiter der Auszug aber zurückliegt, desto mehr erinnert der ungenutzte Raum eher an einen Speicher oder ein Kindheitsmuseum, und die Eltern beginnen irgendwann darüber nachzudenken, wie sie das Zimmer anders nutzen könnten. Immer wieder einmal fordern sie dann den Sohn oder die Tochter auf, endlich auszumisten und alles wegzuschaffen, aber beim nächsten Besuch bei den Eltern fehlt – wie verhext – wieder die Zeit dafür. Die Auflösung des Kinderzimmers wird weiter aufgeschoben.

Angelas Schwierigkeiten bei der Trennung von ihrem Freund kennen wir teilweise schon aus dem ersten Teil: Zwei Jahre nach der Trennung hatte sie immer noch Schwierigkeiten, in der ehemals gemeinsamen Wohnung Platz zu schaffen, um ihre eigenen Sachen neu anzuordnen, das Alte wegzuwerfen und sich neu einzurichten. Zudem wuchsen ihre Regale und der häusliche Schreibtisch unaufhaltsam zu. Im Keller hortete sie Erbstücke ihrer verstorbenen heiß und innig geliebten Großmutter. Diese Möbel wollte sie irgendwann ja auch noch in ihrer Wohnung unterbringen, was sie zusätzlich davon abhielt, sich neue Möbel anzuschaffen.

Die Großmutter hatte in Angelas Kindheit und Jugend immer mit im Elternhaus gelebt und sich um sie gekümmert. Sie war ihre Vertraute und Komplizin in ihren stürmischen Teenagerjahren. Sie hatte all ihre aufregenden Abenteuer und Reisen, das Verliebtsein und die heimlichen Unternehmungen unterstützt und begleitet, von denen die Eltern nichts wissen sollten. Während ihrer Ausbildung war Angela noch oft am Wochenende zu ihr nach Hause gefahren. Kurz nach dem Ende von Angelas Berufsausbildung verstarb die geliebte Oma. Angela hatte ihr Mädchenzimmer zu Hause einfach so verlassen, wie es damals gewesen war, und in den folgenden 18 Jahren hatte sie daran nichts geändert. Alles, was ihr einmal »heilig« gewesen war, unzählige Erinnerungsstücke füllten Schubladen und Regale: Kino- und Eintrittskarten in Museen mit dem ersten Freund, nostalgische Fahrkarten von ihren ersten Reisen, die Liebesbriefchen aus der

Schule, die Kindertagebücher und die Fotoalben, die sie mit der Oma oft betrachtet hatte.

Inzwischen kam sie selbst nur noch selten zu Besuch nach Hause zu den Eltern. Sie hatte viel zu viel beruflich zu tun. Sie vermisste in ihrer eigenen Wohnung auch nichts aus ihrem »Jugendmuseum«, sah aber auch weiter keine Veranlassung, dort auszuräumen. Wahrscheinlich wäre es noch weitere Jahrzehnte da liegen geblieben, wenn ihre Eltern nicht unmissverständlich erklärt hätten, dass sie das Haus umbauen wollten und das ehemalige Kinderzimmer der inzwischen 39-jährigen Tochter dafür endlich geräumt werden müsste.

Ein Wochenende zum Entrümpeln wurde abgesprochen, aber ein einziges Wochenende reichte gar nicht aus, um das Zimmer von den Erinnerungsstücken frei zu räumen. Beim Öffnen der Kisten und Kasten fiel Angela so vieles in die Hände, was Erinnerungen an ihre Jugendzeit wachrief. Sie bemerkte, wie sehr ihr das Verständnis der Großmutter in ihrem jetzigen Leben fehlte. Da fand sie Zeichnungen, die ihr die Großmutter verbessert hatte, Fotos, die sie mit ihr zusammen eingeklebt hatte, und Bücher, über die sie mit ihr gesprochen hatte.

Nach all den Jahren spürte Angela zum ersten Mal ihre Trauer darüber, dass sie ihre innigste Vertraute verloren hatte. Aber sie begriff auch, dass diese Teenie-Zeit schon lange vorbei ist. Die späte Trauer um das Vergangene, das Aufräumen und Sich-Trennen von den alten Sachen halfen ihr dabei, sich nur einige wichtige Erinnerungsstücke – ein paar Fotos, Briefe und eine Tasse – herauszusuchen und aufzuheben und den Rest wirklich wegzuwerfen. Als sie alles aus dem Haus in den Container trug, spürte sie, dass sie erst jetzt wirklich ihren Auszug aus dem Elternhaus und von ihrer Jugend vollzogen hatte. Mit dem Abschied vom Mädchenzimmer trennte sie sich auch von der Kinderrolle, die sie schon lange nicht mehr ausfüllte, die sie aber offensichtlich die ganze Zeit daran gehindert hatte, sich mehr um sich selbst zu kümmern. Mit dem Schwung der neu gewonnenen Energie räumte sie auch ihren Keller in ihrer Stadtwohnung mit den vielen Erbstücken ihrer Mutter auf.

Nach dem »Auszug« aus dem Elternhaus wurde Angela klar: Omas Standuhr würde sie nie mehr brauchen und aufstellen, genauso wenig die Stühle, die sie hatte neu beziehen lassen wollen. Plötzlich ging alles wie von selbst. Sie brachte die alten Möbelstücke zu einem Händler. Sie stellte gleichzeitig fest, dass sie auch die Möbel aus ihrer verflossenen Partnerschaft nicht mehr behalten wollte: die Couch, die Regale, alles passte schon lange nicht mehr zu ihr. Nachdem sie den Sperrmüll bestellt und einiges ausgemistet hatte, kam ihr der Gedanke, diese ehemals gemeinsame Wohnung überhaupt aufzugeben und sich selbst etwas Neues zu suchen, was zu ihrem gegenwärtigen Leben passt.

Wie hatte sie nur so lange dort ausharren können? Sie verstand es selbst nicht mehr. Die Wohnungssuche und den Umzug in eine neue Wohnung brachte sie mit viel Schwung über die Bühne. Ihre Freunde waren sehr erleichtert. Angela war wieder die Alte, eine aufgeschlossene, energische Frau, die sie in der Freizeit und auch am Arbeitsplatz so gemocht und deren Energie sie über lange Zeit vermisst hatten. Die Auflösung ihres Kinderzimmers, die anfangs lediglich wie eine gründliche Entrümpelungsaktion ausgesehen hatte, hatte eine Lawine ins Rollen gebracht.

Wenn man um etwas trauern kann, was verloren ist, schafft man Platz für Neues. Die verspätete Trennung vom Mädchenzimmer beendete auch ein anderes Verhaltensmuster. Angela hatte ähnlich wie zu Hause mit der Großmutter auch nach der Beendigung ihrer Beziehung mit dem Freund weiter ihre Rolle konserviert, die im Zusammenhang mit dieser Wohnung stand, und auch dort ein »Museum« errichtet, in dem sie eine Existenz als »verlassene Frau« führte.

Der von den Eltern ausgelöste Druck, ihr Jugendzimmer zu räumen, half ihr zunächst dabei, bei den Eltern auszuziehen. Danach konnte sie sich mithilfe der befreiten Energie erlauben, auch endlich innerlich wie äußerlich aus der längst beendeten Partnerschaft »auszuziehen«. Sie fühlte sich nicht mehr verlassen, sondern selbstständig. Obwohl sie in ihrem Beruf immer eine sehr verantwortungsvolle Tätigkeit ausgeübt hatte, schien es, als hätte sie für ihr privates Leben diese Wendung zur Selbstverantwortung erst jetzt vollzogen.

Angela fühlt sich jetzt wohl in ihrer neuen Wohnung. Sie unternimmt wieder mehr, lernt Menschen und andere Männer kennen und hat sich in einem ganz modernen und eigenwilligen Stil neu eingerichtet. Ihrer Großmutter würde das sicher gefallen.

Was das Trennen von Sachen so schwer machen kann

Wenn man sich von Gegenständen nicht trennen kann und sich eine Entsorgung von überflüssigen Dingen wie alten Zeitungen, Büchern, Garagenmüll, Kleidern oder Erinnerungsstücken nicht allein durch die Überwindung der inneren Trägheit, von Unlustgefühlen und mithilfe eines kleinen Kraftaufwandes unproblematisch bewerkstelligen lässt, ist der Verdacht begründet, dass ein tiefer gehendes Problem als nur eine Sammelleidenschaft oder eine Schwierigkeit vorliegt, regelmäßig seine Sachen aufzuräumen. Eine solche »Trennungshemmung« kann nicht nur mit alten Mustern zu tun haben, sondern, wie man an den Beispielgeschichten sieht, auch mit unerledigten Gestalten,[4] die sich durch ein Gerümpelproblem immer wieder in den Vordergrund drängen.

In der Geschichte von Karl wirkt die geheime Kindersehnsucht, die der Onkel geweckt hat: »Ich könnte ja Professor werden«. Sabines »Kleiderstau« erzählt von ihrem Wunsch, jung zu bleiben und das Älterwerden zu negieren. In Angelas »Jugendmuseum« hat sich ihre unerledigte Trauer über die für sie viel zu früh verstorbene Großmutter verborgen: »Ich habe eigentlich keine richtige Vertraute mehr.« Reinhards überfüllte Garagen haben sein Freiheitsgefühl nicht ganz ersticken können. Er hat sich sein Motorrad als »Hausaltar« aufbewahrt, der ihn an seine alten Träume erinnert. Mithilfe von Kevins Neugier konnte er diesen »zugeräumten« Wunsch wieder aktivieren, als die Familie nicht mehr so viel Aufmerksamkeit von ihm verlangte.

In den meisten von uns schlummern solche unerledigten Gestalten. In Schubladen, auf Schreibtischen, in Rumpelkammern, Schränken, Speichern oder Kellern horten wir vielerlei, was wir nur deshalb aufheben (und dann häufig vergessen), weil wir denken: »Irgendwann werde ich mich damit beschäftigen.« Oder weil wir uns immer noch daran gebunden fühlen, ohne recht zu wissen, warum.

Vielleicht können Sie die Beispielgeschichten dazu anregen, Ihre Aufmerksamkeit und Selbstbeobachtung bewusst darauf zu richten, welche Vorstellungen Sie mit diesen gehorteten Dingen verbinden und welche alten Überzeugungen, verdrängten Verluste oder unterdrückten Wünsche sich in der Gegenwart durch das Ansammeln dieser Sachen materialisieren. Geleitet von dieser Selbstanalyse und mit der Überprüfung des jeweiligen Kontextes können Sie sich dann mit einer »kleineren Trennung« erst einmal probehalber von alten inneren Skripten trennen. Und wenn dann die aktuellen Bedürfnisse zum Vorschein kommen, endlich auch von dem alten Gerümpel.

Es gibt eine extreme, ungesunde Form von Sammeln, der man mit Selbstanalyse und Disziplin häufig nicht beikommt. Die Wohnungen von »Messies« zeichnen sich durch das Überhandnehmen von sinnlosem Ansammeln von Gegenständen aller Art aus, was zu einem unaufhaltsamen und belastenden »Zumüllen« nicht nur einzelner Bereiche, sondern des gesamten Wohnraums führen kann, dem sich die Betroffenen hilflos ausgeliefert fühlen. Davon handelt die nächste Geschichte.

Alexander: Die tropfende Heizung oder: Wenn das die anderen sehen …

Ein Freund, der nie Leute zu sich nach Hause einlud und die meiste Zeit bei seiner Freundin wohnte, rief mich eines Tages an und fragte, ob ich jemanden kenne, der ihm dabei helfen könne, eine tropfende Heizung in seinem Arbeitszimmer zu reparieren. Ich war etwas irritiert. Meine Stärke ist eher das Zuhören und Menschen dabei zu unterstützen, Lösungen für seelische Probleme oder berufliche Herausforderungen zu finden. Das hatte er bereits zuvor manchmal in Anspruch genommen. Eine Agentur für Handwerker war ich bislang allerdings nicht und verwies ihn zum Beheben des Defektes deshalb auf seinen Vermieter und die Gelben Seiten. Na ja, da habe er ein Problem: In seiner Wohnung lagere er überall Papiere und Zeitschriften, die er irgendwann mal lesen wollte und man müsse sich regelrecht einen Weg durch diese überall aufgetürmten Papierberge hindurch in sein Arbeitszimmer bahnen. Allein wie sein Schreibtisch schon aussähe, da könnte man das Branchenbuch auch gar nicht finden. Diesen Anblick wolle er seinem Vermieter und schon gar nicht einem wildfremden Handwerker zumuten, auch weil er sich sehr schäme, dieses Chaos nicht eindämmen zu können.

Seine Not war groß, auch die seines Geständnisses, dass er unter seiner Unordnung extrem litt. Es war spürbar, wie sehr er sich hatte überwinden müssen, mir davon zu erzählen. Hier musste schnell Erste Hilfe geleistet werden. Ich bot ihm an, mit ihm in die Wohnung zu gehen und ihm zu helfen, das Arbeitszimmer etwas zu lichten. Unter dem Druck der aktuellen Gefahr für das gesamte Haus wegen einer tropfenden Heizung ließ er sich überreden, meine Hilfe anzunehmen. Er hatte nicht übertrieben. Dort herrschte wirklich ein Chaos, und wir räumten das Notwendigste zur Seite. Er war geradezu erleichtert, als ich ihm sagte, dass es viele Menschen gibt, die sich mit dieser Ordnungsproblematik herumschlagen müssen und dass er eine Selbsthilfegruppe aufsuchen sollte, die es zur Thematik des übermäßigen Ansammelns in jeder größeren Stadt gibt. Einen Handwerker haben wir dann auch noch für ihn gefunden.

Ich schlug Alexander vor, mit mir die Geschichte seines überfüllten Schreibtischs zu ergründen und zu überlegen, seit wann er damit zu kämpfen hat. Dabei kam eine berührende Schilderung zutage:

Alexander ist mit einem sehr dominanten und bestimmenden Vater aufgewachsen, der sich in alle seine Schulangelegenheiten einmischte, ihn zum Lernen antrieb und ständig an ihm herummäkelte. Er verlangte zudem von seinen Kindern große Aufmerksamkeit für das Familienleben. Alles musste gemeinsam erledigt werden und abends sollte die Familie beim Fernsehen zusammensitzen. Die einzige Ausflucht für ihn waren Schularbeiten. Gute Leistungen waren großgeschrieben beim Vater. So entwickelte Alexander bald eine List, um dem Familiendruck zu entkommen. Er breitete viele Papiere, Hefte und Bücher auf seinem Schreibtisch aus und klagte, dass er noch so viel für die Schule zu arbeiten hätte. Es war faszinierend, wie ihm diese Ausrede half. Er hatte plötzlich seine Ruhe. Manchmal las er heimlich ein Buch und schob es schnell unter die Papierberge, wenn jemand in sein Zimmer kam. Die Stapel ließ er einfach tagelang liegen, weil sie zeigten, dass er noch nicht fertig war. Leider verselbstständigte sich aber dieser Schutzwall von Papier. Es wurde schwer, den Überblick zu behalten und manches ließ sich nur noch schwer wiederfinden.

Alexander bemerkte verwundert, dass er, selbst nachdem er von zu Hause ausgezogen war, dieses Verbarrikadieren am Schreibtisch beibehalten hatte, obwohl keiner mehr hinter ihm her war. Die kreative Lösung war zur Fixierung geworden. Auch am Arbeitsplatz quoll der Schreibtisch über von nicht erledigten Dingen. Er stellte fest, dass er sich damit wie früher vor dem Vater offenbar auch vor dem Chef und immer neuen Aufträgen zu schützen suchte.

Die Schilderung bewegte Alexander sehr. Er wollte erst einmal einen eigenen Aufräumversuch starten. Ob er mich denn um Hilfe fragen dürfte, wenn es nicht gelingen wollte? Wir haben dann im kleinsten Freundeskreis einige Wochen später mit ihm zusammen weiter ausgeräumt. Er hat sich nach dem ersten Erfolg, einen freien Schreibtisch zu Hause zu haben, dagegen entschieden, eine Messie-Selbsterfahrungsgruppe aufzusuchen, und will in einer Einzelberatung seine Erlebnisse mit dem Vater bearbeiten, damit er auch am Arbeitsplatz nachhaltig seinen Widerstand gegen Anforderungen seines Vorgesetzten aufgeben kann. Er muss lernen, sich mit den Aufträgen seines Chefs auseinanderzusetzen und mit ihm darüber verhandeln, welche Aufgaben von ihm zeitlich zu bewältigen sind und welche nicht. Für seinen privaten Bereich hat er mit seiner Freundin abgesprochen, dass sie ihn mindestens einmal in der Woche besuchen darf und er dadurch angespornt wird, freiwillig für etwas freiere Arbeitsflächen und Tische zu sorgen. So kann er trainieren, als Erwachsener zu entscheiden, ob er sich lieber zurückziehen will oder gerne mit ihr oder anderen zusammen sein möchte, anstatt sich hinter Papierbergen oder aus Scham vor seinem Chaos zu verstecken. Ich wünsche ihm, dass es ihm gelingt.

Ohne gleich ein typischer Messie zu sein, kennen viele das Phänomen des überquellenden Schreibtischs von sich selbst. Papiere und Briefe, die man beantworten soll, sammeln sich an. Anklagend fordern sie, endlich bearbeitet zu werden. Immer wieder legt man noch etwas anderes dazu und tröstet sich damit, das alles am Wochenende zu erledigen. Da scheint die Sonne und es wird wieder nichts. Wenn es dann irgendwann nicht mehr aufgeschoben werden kann, muss erst einmal damit begonnen werden, den Schreibtisch frei zu räumen, die Unterlagen zu suchen, um Platz für die beabsichtigten Vorgänge zu haben. Dabei werden vielleicht wieder neue Häufchen sortiert oder wird im besten Fall sogar rigoros alles Unnötige entsorgt. Die freie Tischplatte macht froh, man nimmt sich vor, ab jetzt immer alles gleich zu erledigen, aber von Zeit zu Zeit gelingt es nicht. Der Teufelskreis beginnt von Neuem.

Vor einigen Jahren entdeckte eine Organisationsberaterin das Problem des unordentlichen Büros als eine lukrative Einnahmequelle. Sie trat in den Medien auf und zeigte, wie man effektiv den immer mehr werdenden Materialien und Papieren auf einem Schreibtisch durch ein durchdachtes Ordnungsprinzip und durch die Reduzierung auf das Notwendige zu Leibe rücken kann. Sie zeigte beeindruckende Proben ihrer Entrümpelungskünste. Für ein Lehrbuch zum Thema »Ordnung im Büro« ermittelte sie dabei, welche Zeit es braucht, ein aufbewahrtes Blatt Papier wieder und wieder in die Hand zu nehmen, anstatt es möglichst bereits beim ersten Mal zu bearbeiten und danach zu entsorgen, sei es in einer notwendigen Ablage oder im Papierkorb, in unserem Sinne also, sich davon zu trennen.[5] Durch die Aussicht auf die Zeitersparnis, wenn man nicht ansammelt, sondern sich gleich damit beschäftigt, soll die Motivation für Letzteres entstehen.

Inzwischen kann man leibhaftige Ordnungshelfer und -berater für Schreibtischorganisation und viele andere Arten von »Clearing« stundenweise buchen und zu sich nach Hause oder an den Arbeitsplatz bestellen, wenn man mit der Bewältigung des Gerümpelproblems nicht in Eigeninitiative vorankommt. Das sichtbare Ordnungsproblem kann dadurch schneller bewältigt werden. Und das kann Betroffene vielleicht dazu bewegen, sich auch mit dessen Hintergründen zu beschäftigen, damit die Aktion keine Eintagsfliege bleibt.

Sollten Sie selbst wiederholt bei sich Tendenzen feststellen, dass Sie der Dynamik von wahllosem Ansammeln und einer zunehmenden Kraftlosigkeit beim Ordnunghalten und Entrümpeln nicht mehr Herr werden und Sie dies mit Scham erfüllt, sodass Sie zum Beispiel niemanden mehr in Ihre Wohnung lassen, sollten Sie unbedingt professionelle Hilfe in Anspruch nehmen. Machen Sie es dann so, wie ich es Alexander geraten habe: Suchen Sie eine Selbsthilfegruppe zum Thema »Messie« auf, finden Sie möglichst von dort aus einen Therapeuten oder eine Therapeutin und begeben Sie sich in Behandlung. Dort können Sie dann besprechen, ob Sie mit etwas Unterstützung selbst noch den Hebel umlegen können oder ob Sie das Problem mithilfe einer längen Beratung in den Griff bekommen können.

Vielleicht haben Sie schon beim Lesen der bisherigen Geschichten einige Anhaltspunkte dafür gefunden, wie Sie sich selbst auf die Spur kommen können, falls Sie ein Problem mit dem Aufräumen haben. Hier folgen noch weitere Vorschläge für Ihren Alltag:

- Stellen Sie sich vor, alles, was Sie in Ihrer Wohnung oder an Ihrem Entrümpelungsproblem stört, wäre plötzlich wie von Zauberhand verschwunden (aussortiert, weggeworfen oder entsorgt). Fragen Sie sich dann:

- Welche Gefühle habe ich, wenn ich mir dieses Bild vorstelle? Bin ich erleichtert? Spüre ich eine Leere und Unruhe? Habe ich ein schlechtes Gewissen gegenüber Freunden, die liebevoll meine Fröschesammlung durch Tassen, Tonfiguren oder Plüschtiere vergrößert haben, sodass ich nur noch Frösche sehe und mich nicht traue, diese Gaben einfach zu entsorgen?
- Wie könnte ich mit diesen Schuldgefühlen umgehen (Gespräch mit einer Freundin oder einem Freund, mit dem Partner)?
- Was wäre mein größter (oder ältester oder unsinnigster) Wunsch, den ich mir erfüllen würde, wenn endlich alles aufgeräumt wäre? Wenn ich beim Entrümpeln zum Beispiel die alten Noten gefunden habe, könnte ich darüber nachdenken, Klavierstunden zu nehmen.
- Habe ich Lust und Zeit, diesen Wunsch in meinen gegenwärtigen Alltag mit aufzunehmen?
- Gibt es Möglichkeiten, in meinem Umfeld Unterstützung dafür zu finden, diesen Wunsch zu verfolgen? (Freunde fragen, ins Internet gehen, im Branchenverzeichnis blättern und die Energie darauf richten, eine gute Klavierlehrerin zu finden, statt sich auf das ständige Aufräumen zu konzentrieren.)
- Und schließlich: Nehmen Sie sich einen bestimmten Zeitraum vor, treffen Sie die Vorbereitungen für den Entrümpelungseinsatz und fangen Sie an!

Ich möchte Ihnen zum Abschluss des Kapitels über das Trennen von Sachen die »Geschichte von Omi« erzählen, an der man sehen kann, wie es im Extremfall durch frühe schicksalhafte Verknüpfungen zu einer Messie-Pathologie kommen kann.

Die Geschichte von Omi oder: Die Trümmerfrau

In meinem Stadtviertel begegnete man vor zehn Jahren fast täglich einer freundlichen, gut und gern 70 Jahre alten Frau, die täglich mit ihrem Einkaufstrolley unterwegs war und alles mögliche Brauchbare darin herumtransportierte. In der Nachbarschaft nannte man sie liebevoll »die Omi«. Sie war unermüdlich unterwegs und es kam einem so vor, als wenn sie auf Beutezüge ginge. Wenn man mit ihr ins Gespräch kam und fragte, was sie tut, antwortete sie, sie sei »einkaufen« gewesen. Zu ihren Gewohnheiten gehörte es auch, in einem kleinen Theatercafé einzukehren, wo ihr die Wirtin meistens eine Tasse Tee oder etwas zu Essen spendierte.

Manchmal war Omi in der Stimmung, ein bisschen von sich zu erzählen. Sie war »als Fräulein« zu Beginn des Krieges verlobt gewesen und hatte sich, wie es damals üblich war, auf Hochzeit und späteres Familienleben mit ihrem Verlobten, einem Schuster, eingestellt. Von ihrer Familie wurde sie angehalten, sich ein bisschen für Bildung zu interessieren. Sie spielte deshalb häufig als Statistin im Theater, was ihr auch viel Spaß machte. Leider fiel der Verlobte im Krieg. Dies erschütterte sie sehr und warf ihren gesamten Lebensplan um. Das Unglück wurde noch größer, als ihre Familie gegen Ende des Krieges ausgebombt wurde und mehr als drei Viertel der Stadt in Trümmern lagen.

Zunächst half es, den Schrecken der Zerstörung und des Verlustes damit zu verdrängen, dass die damals etwa 20-jährige »Omi« mit den anderen Frauen ihrer Generation tatkräftig das Wegräumen der Trümmer und den Wiederaufbau der Stadt in Angriff nahm. Als »Trümmerfrau« zog sie täglich durch die Stadt, um noch irgendetwas Brauchbares zu finden, womit man sich behelfen konnte, um notdürftig die zusammengezimmerten Unterkünfte auszustatten und womit man weiterleben konnte. Auch die Trauer über den Verlust des Verlobten und die vereitelten Zukunftspläne wurden dadurch erträglicher und sogar verdrängt. Sowohl das Elternhaus als auch ihr Traum von einer Familie waren durch den Krieg verloren, und Omi musste als »Fräulein« arbeiten gehen, obwohl sie »nichts gelernt« hatte. Im Theater war sie durch ihre Statistenrollen und ihren Humor beliebt und konnte dort eine Stelle als Garderobenfrau bekommen. Im Theatercafé konnte Omi die schönsten Tratsch- und die interessantesten Klatschgeschichten aus der damaligen Szene erzählen: über die Verrücktheiten der Diven und Helden, über die Hochnäsigkeit der Besucher. Ihr Gemüt war voll von ihrem rheinischen Humor, sie traf immer den Nagel auf den Kopf und konnte wunderbar erzählen. Ihr Alltag war ausgefüllt, die fehlende Familie vergessen.

Als sie aber ins Rentenalter kam und das Theater deshalb verlassen sollte, war sie entsetzt: »Was soll ich denn den ganzen Tag machen, ich habe doch niemanden!« Im Theatercafé hatte man Mitgefühl mit ihr und Verständnis und für einige Zeit konnte sie dort noch als Toilettenfrau weiter täglich zur Arbeit gehen und ihre Geschichten erzählen. Aber dann schaltete sich der Personalrat ein und meinte, man könne die alte Dame doch keine solche Arbeit machen lassen, sie habe »ihre Rente schon lange ehrlich verdient«. Omi verkraftete diese gut gemeinte Kündigung nicht. Für sie war es, als ob sie erneut ausgebombt würde.

Wie automatisch nahm sie ihre alte Gewohnheit wieder auf, mit der sie damals den Schmerz über den Verlust des Verlobten und des Elternhauses, der Zerstörung der Nachbarschaft und ihres Stadtviertels überwunden hatte. Sie zog durch die Straßen und sammelte auf. Was immer sie fand, lud sie in ihren Trolley und transportierte es in ihre Wohnung.

Das Ganze nahm eine dramatische Wendung, als eines Tages ihr Vermieter in das Theatercafé kam, um sie zu suchen. Die Mitbewohner des Hauses hatten sich über einen durchdringenden muffeligen Gestank beschwert, der aus ihrer Wohnung käme, und ihn gerufen. Da Omi die Tür nicht öffnete, versuchte er zunächst, es mit der Hilfe der Wirtin zu erreichen. Aber auch deren Zureden half nicht. Die Wirtin solle allein wiederkommen. Erst am Abend öffnete Omi ihr dann die Tür. Es zeigte sich ein unbeschreibliches Bild: Die gesamte Wohnung war vom Boden bis zur Decke fein säuberlich angefüllt mit alten Plastiktüten voller Altkleider, leeren Waschmittelkartons und Hausrat aller Art, der schon jahrelang hier lagern musste. Es führte wie in einem Iglu nur noch ein ganz schmaler Pfad in jedes Zimmer, auch die Wände des Flurs waren bis oben hin vollgestellt. Es gab lediglich eine kleine freie Ecke, in der Omis Bett stand. Sie hatte es wie eine Höhle verhängt und vor Blicken geschützt.

Von der humorvollen alten Dame war nichts mehr zu erkennen. Sie saß verschreckt und ängstlich in ihrem »Trümmerfeld«.

Die endgültige Kündigung und Trennung aus dem Arbeitsleben hatte ihr altes Trauma des Heimatloswerdens wieder reaktiviert und sie hatte ihre damalige Bewältigungsstrategie wieder aufgenommen: hinauszugehen und aufzusammeln, was sie für nützlich hielt. Die Suche nach Brauchbarem ließ den Schmerz über den Verlust in den Hintergrund treten.

Omi wurde in ein Heim eingewiesen. Sie hatte zwar in letzter Zeit manchmal ein bisschen wunderlich gewirkt mit ihrem Trolley, ihrer zunehmenden Ungeselligkeit und dem vor sich Hinmurmeln, aber niemand im Viertel hatte vermutet, dass sich dahinter das alte unbewältigte Trauma Raum verschafft hatte.

»Dem Glücklichen schlägt keine Stunde.«
Sprichwort

Trennen und der Umgang mit Zeit

Anders als in den Ländern Südamerikas und Südeuropas, wo Pünktlichkeit im Alltag nicht so wichtig genommen wird und wo das Zeit-Haben und Zeit-Lassen viel größere Bedeutung haben, wird hierzulande auf mehreren Ebenen sehr viel Wert darauf gelegt. Pünktlich sein gilt als bürgerliche Tugend. Zu spät zu kommen hat dagegen oft sogar eine fast unmoralische Qualität, die den zu spät Kommenden leicht ins Unrecht setzt. Unverhohlene oder provozierende Blicke auf die Uhr oder spitze Nachfragen ahnden häufig dieses »Vergehen«, und fast jeder hat aus diesem Grund ein Repertoire an gesellschaftstauglichen Ausreden für den Ernstfall.

Ganz anders geht man zum Beispiel in Afrika mit Pünktlichkeit um, wo verabredet werden kann, sich im Zeitraum einer Woche zu treffen. Der Spielraum wirklichen Eintreffens ist großzügig bemessen: Wann immer der Gast oder Besucher kommt in dieser Woche, er ist willkommen. Es ist nicht selten, dass man sich zwar tagelang innerlich auf den Besuch einstellt und diesen erwartet, aber dabei seine eigenen Ziele nicht aus dem Auge verliert und seinen Beschäftigungen nachgeht.[6] Ein Stamm in Botswana hat für dieses Phänomen sogar einen eigenen Begriff: »Nomatatas«.[7]

Der Wissenschaftler Karlheinz A. Geissler hat viel über das Phänomen Zeit nachgedacht und viele populäre Bücher darüber veröffentlicht. Er berichtet davon, wie er bei seinem ersten Lehrauftrag in Brasilien die vorherrschende »Zeitdehnung« als sehr befremdlich und sogar fast als kränkend erlebte. Seine Vorlesungen, die um 15.00 Uhr beginnen sollten, zogen sich häufig über Stunden hin, weil die meisten seiner Studenten eine bis zwei Stunden später im Hörsaal erschienen. Anfänglich war er verärgert über diese Verzögerungen. Er musste aber mühselig lernen, dass dieses Verhalten keine eklatante Unhöflichkeit darstellte, sondern einfach nur den Stil und die Wirklichkeit seines großflächigen Gastlandes im Umgang mit Zeit widerspiegelte. Man nimmt durch ein Späterkommen dort zwar in Kauf, etwas nicht mitzubekommen, kann sich aber in der Gemeinschaft (hier der studentischen Gemeinschaft) immer darüber informieren, was geschehen ist, weil immer irgendjemand da ist, der einen über das Notwendige und Versäumte aufklären kann.[8]

Pünktlichkeit und die damit erwartete Anpassung an feste Zeitintervalle stellen in Kulturen, in denen fast alles auf einen reibungslosen zeitlichen Ablauf abgestellt ist, eine Forderung dar, die immenses Druckpotenzial enthält.

Im jeweiligen Zeitmanagement des einzelnen Menschen kann man bei näherem Hinsehen unter anderem versteckte Trennungsangst oder sogar den Unwillen entdecken, sich zu trennen.

Das werden Sie gut kennen: Sie haben im Bekanntenkreis Freunde, die eigentlich immer zu spät zu Terminen kommen. Widerwillig haben Sie sich inzwischen auf ihr Verhalten eingerichtet, weil sie es doch immer wieder schaffen, pünktliche Verabredungen durch gewohnheitsmäßiges Späterkommen zu »boykottieren«. Wenn Sie kreativ sind und gelassen genug damit umgehen können, beginnen Sie einfach alle Termine »virtuell« eine viertel bis halbe Stunde früher anzusetzen. So erhöhen Sie die Chance, mit den chronisch Verspäteten vielleicht doch noch rechtzeitig ins Kino oder zu einem gemeinsamen Essen aufbrechen zu können.

Im chronischen Zu-spät-Kommen liegen Beweggründe verborgen, die mit unserem Thema des Trennens zu tun haben. So kann im Später-Kommen die Hoffnung schlummern, dass der andere schon am Treffpunkt auf einen wartet, wenn man selbst eintrifft, damit man sich nicht möglicher unbewusster Angst vor dem Allein- oder dem Verlassensein aussetzen muss.

Sonia: »Warum gehen denn die Uhren so schnell?«

Sonia machte ihre sämtlichen Freunde und Bekannten verrückt: Sie traf bei all ihren Verabredungen regelmäßig zu spät ein. Alle Freunde wussten das. Sie haben sich darauf eingerichtet und nehmen es murrend in Kauf, weil sie so herrlich charmant beteuern konnte, sie bemühe sich ja so, pünktlich zu sein, wüsste aber nicht, weshalb es ihr einfach immer wieder misslingt. Manchmal schämte sie sich so sehr über ihre Untugend, dass sie sich gar nicht mehr verabreden mochte. In einer Beratungsstunde fragte ich sie einmal tiefsinnig, ob sie denn eigentlich »zu lange bleibe« oder »zu spät weggehe«. Sie antwortete: »Das ist doch dasselbe! Oder? Nein, ich glaube, ich bleibe zu lange. Bevor ich gehen muss, finde ich immer noch dies und das, was ich noch schnell tun könnte: die Blumen gießen, einen kurzen Anruf erledigen, etwas anderes anziehen, und manchmal kommt mir auch plötzlich der Gedanke, dass ich jetzt viel lieber zu Hause bleiben möchte. Erst nach all diesen Verzögerungen sehe ich: ›Jetzt bin ich schon wieder zu spät dran.‹ Meistens passiert dann sowieso noch etwas Unerwartetes: Mein Partner kommt früher nach Hause und redet noch mit mir, mein Auto ist zugeparkt, es ist Stau oder ich finde keinen Parkplatz. Es ist wie verhext, und dann ist es eh aussichtslos, noch zu versuchen, rechtzeitig da zu sein.«

Alles Training, alle Tricks wie zum Beispiel vorgestellte Uhren hatten sich als vergebliche Liebesmüh erwiesen. Um sich zum eigentlich gewünschten Zeitpunkt treffen zu können, verlegten die Freunde heimlich den Zeitpunkt der Verabredung nach vorn, sodass Sonia immer noch im Glauben war, zu spät zu sein. Als sie ihr den Trick verrieten, war sie wütend, dass sie ihr nicht zutrauten, ihr Problem selbst lösen zu können.

Während des Studiums konnte Sonja ihr Zeitproblem noch halbwegs managen, aber am Arbeitsplatz geriet sie deshalb mehr und mehr in Schwierigkeiten. Sie entschied sich deshalb dafür, dem Thema Unpünktlichkeit mithilfe eines therapeutischen Coachings auf den Grund zu gehen. Hatte sie bislang von sich immer geglaubt, sie habe Angst, sich zu binden, so stellte sie nunmehr fest, dass in dem »Zu-lange-Bleiben« und dem damit verbundenen Zu-spät-Kommen eine tiefe Angst vor Trennung und Verlassensein liegt, die allein schon durch den Gedanken daran ausgelöst werden kann, dass sie am Ziel warten müsste und keiner für sie da wäre.

In Sonias Geschichte findet sich ein traumatisch erlebter Anlass für ihre Trennungsangst, der ihr nicht bewusst war und den sie in einem anderen Zusammenhang aufdecken konnte (siehe Kapitel »›Habitat‹ oder: Trennen von äußerer und innerer Heimat«).

Häufiges Zu-spät-Kommen kann ein unbewusstes Bedürfnis enthalten, bei einem Treffen als jemand Besonderes begrüßt zu werden und nicht in der Menge der anderen unbemerkt unterzugehen.

Hier komme ich auf Karl zurück: Sein besonderer Umgang mit Zeit ist in seinem privaten Leben von diesem Bedürfnis geprägt. Wer ihn einlädt, weiß, dass er es sich nicht nehmen lassen wird, als Letzter zu erscheinen und sein spätes Erscheinen mit den charmantesten kleinen Auftritten zu garnieren, sei es in Form von Rezitationen, von besonderem Outfit oder von kreativen Mitbringseln. Der Applaus und manchmal auch der Ärger der Gastgeber sind ihm meistens gewiss, auch deshalb, weil er meistens inständig erwartet wird, damit man endlich mit dem Essen beginnen kann.

Die Dynamik des Sich-nicht-trennen-Könnens und des Zu-lange-Bleibens äußert sich nicht immer so indirekt wie bei Sonia oder Karl im Zu-spät-Kommen. Es kann sich auch darin bemerkbar machen, dass man sich auf Partys oder bei anderen Einladungen regelmäßig als Letzter verabschiedet und das im Freundes- und Familienkreis schon lange auffällt.

Obwohl es in der »Spaßgesellschaft« ein ganz alltägliches Phänomen ist, möglichst alles voll erleben zu wollen, kann auch ein

Zu-lange-Bleiben mit dem Thema Trennen zu tun haben. Zum Beispiel warten manche unbewusst darauf, dass das »wirklich Aufregende« später noch geschehen wird, das sie auf keinen Fall versäumen wollen. Durch die anhaltende Erwartung auf das, was noch kommen *könnte*, wird gleichzeitig die Trennungs-Angst davor kontrolliert, dass man sich von den anderen als getrennt erleben müsste, beispielsweise von denen, die noch länger auf einem Fest bleiben. Dies zeigt Stefans Verhalten in der folgenden Geschichte.

Stefan: »Jetzt hast du endlich Zeit für mich«

Stefan ist mit vielen Geschwistern aufgewachsen. Es hatte sich in seiner Herkunftsfamilie immer für ihn gelohnt, abzuwarten, bis seine Geschwister ihren eigenen Interessen nachgingen, damit er dann selbst ganz allein und ungestört Zeit mit der Mutter verbringen konnte. Dafür harrte er häufig geduldig am Küchentisch aus, bis alle ihrer Wege gegangen waren.

Seine Erfahrung aus der Kindheitsfamilie, dass das »Wichtigste« meistens erst dann kommt, wenn alle anderen schon weg sind, hat sich in Stefans Verhalten bis in sein erwachsenes Partygängertum hinein fortgesetzt. Er bricht bei Einladungen erst dann auf, wenn sich die meisten anderen Gäste bereits verabschiedet haben, was mit seiner Partnerin schon häufig zu langen Diskussionen und zu Streit geführt hat. Nadine begleitet ihn nur noch ungern, weil am Ende vieler Feiern neben all den zweifelsohne interessanten Gästen auch diejenigen übrig bleiben, die dem Alkohol kräftig zugesprochen haben, mit denen sie sich nicht gerade gern unterhalten will. Außerdem wird sie müde, wenn sie immer so lange auf Stefan warten muss, damit sie endlich gemeinsam die Party verlassen können. Genau darauf legt er aber besonders viel Wert, denn er will sich ja auch nicht als zurückgelassen erleben. Auch am Arbeitsplatz bleibt Stefan häufig so lange, bis zuletzt kaum jemand mehr da ist und er sich mit seinem arbeitssüchtigen Vorgesetzten auf den Heimweg machen kann. Das führt natürlich zu weiteren Unstimmigkeiten zu Hause. Stefan kann es selbst überhaupt nicht verstehen, weshalb er dieses Verhalten trotz bester Vorsätze aus eigener Kraft nicht abstellen kann.

- Wenn Sie solche oder ähnliche Konflikte wie Stefan, Sonia oder Karl in Ihrem Alltag beobachten, kann eine Aussprache über dieses Verhaltensmuster mit den sich Beklagenden oder mit einem engen Freund häufig weiterhelfen und erste Vermutungen über die Hintergründe des Problems zum Vorschein bringen.
- Sie können sich auch überlegen, ob sich in Ihrer Geschichte ein Hinweis dafür findet, wie es einmal nützlich gewesen ist, lange auf etwas Wichtiges zu warten, etwa auf die ungeteilte Aufmerksamkeit der Mutter oder auf die Heimkehr des Vaters. Vielleicht könnte dieses alte Muster unter anderem mitverantwortlich für Ihr heutiges, letztlich unzweckmäßig gewordenes Verhalten sein.
- Dann können Sie schrittweise überprüfen, ob es sich heute in Ihrer Freizeit oder bei Ihrer Arbeit immer noch wirklich lohnt, so lange auf einen »richtigen Moment« zu warten, oder ob es nicht sinnvoller ist, lieber gleich mit der Person eine eigene Verabredung zu treffen, mit der Sie gerne allein und ungestört zusammen sein möchten.

Ein anderes bekanntes Szenario des Zu-lange-Bleibens ist folgendes Geschehen: Sie sitzen im Kino, der Film beginnt Sie langsam zu langweilen oder gar ärgerlich zu machen. Sie denken daran, was Sie stattdessen Angenehmeres tun könnten, und bleiben dennoch sitzen bis zum bitteren Ende. Später sagen Sie vielleicht zu Ihrer Begleitung, dass man doch besser früher hätte aus dem Film herausgehen sollen. Ihr Partner stimmt zu, aber beim nächsten Mal harren Sie wieder bis zum Schluss aus in Erwartung eines Besseren.

Wenn Sie fragen, weshalb sich viele immer wieder auf diese Weise verhalten, hören Sie Antworten wie: »Na ja, man sitzt halt schon einmal da, dann hofft man, es wird sich bessern. Man wartet, ob sie sich vielleicht ›doch noch kriegen‹ und dann will man ja auch nicht stören und nicht peinlich auffallen oder den anderen im Bild herumlaufen, wenn man rausgeht.«

Offenbar fällt es gelangweilten Theaterbesuchern leichter, den Ort des Geschehens hinter sich zu lassen: Die Pause ermöglicht manchmal einen unbemerkten Aufbruch ohne Peinlichkeit. Wenn einen die Aufführung zudem vor den Kopf stößt, ist es geradezu ein Ritual in der Zuschauerszene, mit Nachdruck protestierend oder Türen schlagend den Saal zu verlassen. Die Zuschauer bekunden so laut ihr Missfallen, manchmal leider auch unangemessen gegenüber den Schauspielern, und werden als empörte Mitspieler quasi selbst Teil des Theatergeschehens. Offensichtliches dramatisches Trennen steht hier im Gegensatz zum heimlichen Davonschleichen und Beenden.

Für das Phänomen des Zu-spät-Kommens aufgrund eines zu langen Verbleibens gibt es die vielfältigsten Gründe, die auch mit unserem Thema der Trennungen und insbesondere dem Vermeiden von Trennen zu tun haben:

- Man bricht zu spät zu einem Treffen oder Meeting auf, weil man nicht mitberechnet, wie viel Zeit man für den Weg dorthin braucht.
- Man denkt nicht daran, dass man zwischen verschiedenen Terminen noch zusätzliche Zeit benötigt.
- Man macht sich nicht klar, wie lange man für bestimmte Tätigkeiten benötigt. Man verharmlost sie oder empfindet sie als nebensächlich: »Ach, das mach ich noch schnell vor dem Meeting.« Man braucht aber doch immer wieder länger als eingeplant, was in der Einhaltung der anderen Termine zu erheblichen Schwierigkeiten führt. Ein gewohnheitsmäßiger »Zu-spät-Kommer« äußerte mir gegenüber einmal in einem Moment tiefer Erkenntnis, es sei doch eigentlich kränkend für einen Menschen, zur Überwindung von räumlichen Entfernungen überhaupt Zeit zu brauchen. Vielleicht hatte er Einsteins Relativitätstheorie doch etwas zu wörtlich verstanden …

- Alle solche nicht weiter beachteten kleinen Zwischenfälle und Unterbrechungen können sich bis zum Ende des Tages summieren und schneeballartig viele weitere Verspätungen nach sich ziehen.

Wenn Sie solche Verspätungen bei sich kennen, fragen Sie sich auch, ob Sie vielleicht einem insgeheimen Leistungsintrojekt folgen wie: »Ich muss immer schnell sein«, »So eine kleine Aufgabe muss doch schnell zu erledigen sein« oder »Ich schaffe das alles mit links«. Wenn dies der Fall ist, überprüfen Sie, um welches Muster es sich bei Ihnen handelt.

Verabschieden Sie sich von Ihren »Antreiber-Überzeugungen« und beginnen Sie damit, Ihrer Planung und Ihren Arbeiten einen angemessenen Zeitraum zuzugestehen. Dann haben Sie plötzlich viel mehr Zeit.

»There must be fifty ways
to leave your lover.«
Paul Simon

Trennen in Beziehungen

Beim Stichwort Trennen denkt man in der Regel unwillkürlich an das Ende von Beziehungen. Die Angst vor dem Verlassenwerden und die Angst vor der Trennung aus einer Beziehung stehen in der Angstskala an einer der obersten Stellen.

In meiner psychotherapeutischen Praxis suchen mich deshalb sehr häufig Menschen auf, die über Schwierigkeiten in ihren Beziehungen klagen. Sie wollen für sich eigentlich häufig nur eine neue Lösung finden, mit deren Hilfe sie lernen können, mit der jeweiligen Konfliktsituation mit dem Partner umzugehen. Meistens aber sind die Ratsuchenden voller Angst, dass sie sich aus ihrer Partnerschaft endgültig trennen müssen. Sie nehmen fälschlich an, dass eine Veränderung ihres eigenen Verhaltens, eine offene Äußerung ihrer Wünsche oder ihrer Ansprüche an den Partner zwangsläufig dazu führen würde, dass sie von ihm verlassen werden oder dass sie selbst einen Schlussstrich unter die vergangene gemeinsame Zeit ziehen müssen. Meine Frage an sie ist meistens, weshalb sie denn so sicher davon ausgehen, dass sie einen endgültigen Trennungsschritt in Erwägung ziehen müssen. Darauf folgt häufig eine Kaskade von vielfältigen Klagen über den Partner, hauptsächlich, dass er ihre Erwartungen enttäusche. Andere geben an, nicht zu wissen, »was eigentlich los« ist, aber dass sie sich unwohl und einsam fühlen in ihrer Beziehung.

Da erzählte mir zum Beispiel jemand, dass er aus lauter Angst vor dem möglichen Ende seiner Partnerschaft über lange Zeit ein abwertendes Verhalten durch den anderen in Kauf genommen hatte. Aus Angst vor dem Verlassenwerden hatte er mit seiner Partnerin niemals über die dauernden Kränkungen gesprochen. Statt ein offenes Konfliktgespräch zu führen, stellte er insgeheim die gesamte Beziehung infrage.

Vielleicht beobachtet man manchmal bei sich, dass man fast automatisch immer wieder nach den gleichen dysfunktionalen Verhaltensmustern handelt, die die Harmonie der Partnerschaft stören, zu unnötigem Streit führen oder gar nicht zur jeweiligen Situation passen. Man fühlt sich eigenen Reaktionen machtlos ausgeliefert und hat keine Vorstellung davon, wie man es anders machen könnte.

Dass die früher gelernten Verhaltensmuster und lange zurückliegenden Erlebnisse immer noch in die gegenwärtige Situation von Beziehungsgestaltung hineinwirken, kann mit vielerlei Gründen zu tun haben:

Vielleicht waren in der Kindheit nicht genügend Sicherheit und Zuwendung gegeben, die das Erwachsenwerden fürsorglich und strukturierend begleitet haben (Beziehungsmuster). Vielleicht haben Traumata, der schicksalhafte frühe Verlust von Bezugspersonen durch Scheidung oder Tod oder sogar Gewalterfahrungen die Entwicklung der Seele so beeinträchtigt und verletzt, dass sie sich im Erwachsenenleben immer wieder unbewusst ähnliche Situationen sucht, um doch noch einmal die damals ersehnte Liebe zu bekommen. Manche Erwartungen an das Gegenüber bekommen dann unangemessene Qualitäten, die man selbst gar nicht mehr als solche bemerkt. Das macht es dem Partner schwer, darauf angemessen zu reagieren. Unlösbar erscheinende Konflikte können die Folge sein.

Die Klagen der Ratsuchenden klingen ähnlich:

- »Er macht immer nur, was er will, und kümmert sich nicht mit um den Haushalt.«
- »Nie hat sie Zeit für mich, ihre Freundinnen sind ihr wichtiger als ich, und immer ist sie unterwegs.«

- »Er nimmt mich einfach nicht in den Arm.«
- »Ständig telefoniert sie, wenn ich nach Hause komme, und es ist ganz unwichtig, ob ich da bin oder nicht.«
- »Er hört mir nicht richtig zu.«
- »Ich habe den Draht zu ihr verloren, wir leben nur noch nebeneinanderher.«

Andererseits können ganz konkrete Ereignisse die Menschen in eine Beratung führen: zum Beispiel ein aufgeflogener Seitensprung oder eine wie aus heiterem Himmel kommende Aufkündigung der gemeinsamen Lebensführung, die wilde Turbulenzen erzeugen.

Es ist eine bekannte Tatsache, dass man sich bei der Partnersuche häufig ein Gegenüber wählt, mit dem man entweder das eigene Erleben durch neue Aspekte, Denk- und Verhaltensmuster bereichern möchte oder weil man glaubt, dass man das aus seiner Sozialisation Gewohnte oder dort Gewünschte jetzt bei jemandem findet, der unser Denken und Fühlen und unsere Lebensweise durch seine Zuwendung bestätigt.

In diesem Kapitel möchte ich an verschiedenen Beispielgeschichten einige »klassische« Situationen und Konstellationen aus Beziehungen beschreiben, mit denen Sie als Leser möglicherweise schon selbst in Berührung gekommen sind oder die Sie so oder ähnlich in Ihrer Umgebung bei Freunden oder Bekannten festgestellt haben. Wenn Sie diese Beispielgeschichten aufmerksam lesen und sich ein wenig Zeit zum Beobachten Ihres eigenen Verhaltens nehmen, können Sie die eine oder andere Anregung finden, wie Sie selbst einen Konflikt angehen können, ohne dass Sie gleich Ihre gesamte Beziehung infrage stellen müssen.

Natürlich kann es sein, dass die Umsetzung der Vorschläge allein nicht ausreicht. Sie sollten dann im Einzelfall zusätzlich professionelle Hilfe aufsuchen. In diesem Sinn möchte ich Sie zu einem Streifzug durch die folgenden Beziehungsgeschichten einladen:

- Carolas Geschichte erzählt von der sich ausweitenden Suche nach einem perfekten Märchenprinzen, auf den sie ihren eigenen Wunsch nach Perfektion richtet. Sie zeigt außerdem, wie ihr durch mehr Wertschätzung sich selbst und dem anderen gegenüber doch noch eine Beziehung gelingen könnte.

- Die Geschichte von Claudia erzählt von der weitverbreiteten Beziehungsfalle, die wegen der unausgesprochenen Erwartungen und Wünsche an den Partner immer wieder zuschnappt. Claudia denkt ständig über Trennung nach, weil sie enttäuscht darüber ist, dass ihr Partner ihr ihre Wünsche nicht direkt von den Augen abliest.
- In den Fallvignetten von Birgit und Katja sowie Paul wird eine wichtige Trennungsthematik angesprochen, die bei längeren Beziehungen oder Ehen von Bedeutung ist: eine »Auszeit« zu nehmen oder vorübergehende Trennungen zu riskieren, wenn die Beziehung eine Erneuerung oder eine Wende benötigt.
- Die Geschichten von Lars und Melanie sowie von Florian und Lena berichten vom sogenannten Nesthockersyndrom und davon, wie das zu lange Festhalten an der Kind-Rolle gegenüber den Eltern und der zu späte Auszug aus dem »Hotel Mama« häufig bis in das Erwachsenenleben hinein die Übernahme von Verantwortung behindern können. Die Beispiele zeigen, dass die täglichen Partnerbeziehungen im Hier und Jetzt davon massiv überschattet werden können.
- In der Geschichte von Ulrike und Ralf lesen Sie von den Reaktionen der anderen Generation: wie Eltern mit ihrem Wunsch umgehen, dass ihr Sohn endlich selbstständig werden soll.
- Und Julias Geschichte schließlich zeigt, welche Mühe sie damit hat, dass ihre Eltern sie nicht ausziehen lassen wollen.

Das späte Ende einer unausgesprochenen Erwartung

Einleitend möchte ich Ihnen die rührende Geschichte eines alten Ehepaares erzählen, das lange Jahre in Harmonie und gegenseitiger Rücksichtnahme zusammengelebt hat.

Eines Morgens, als die Sonne friedlich auf den Frühstückstisch scheint, bekommt Helma plötzlich rote Wangen, und Friedrich, ihr Mann, sieht, dass sie etwas Wichtiges auf dem Herzen hat, was sie ihm heute sagen möchte. Wie immer hat er fürsorglich das Frühstücksbrötchen aufgeschnitten und reicht ihr die obere Hälfte mit dem schon rituellen Satz: »Weil du es doch so gerne isst, meine Liebe.« Helma gibt sich einen Ruck, sieht ihn an und stottert: »Ich wollte dir schon lange etwas sagen.«

Er: »Nur heraus damit.«

Sie: »Ich möchte heute gerne die untere Hälfte des Brötchens.«

Er, verdutzt: »Aber Helma, es macht mir gar nichts aus, dir die obere Hälfte zu geben. Du hast sie doch immer schon so gerne gewollt.«

Sie: »Nein, ich mag die untere, feste Hälfte lieber. Ich wollte dir die Freude lassen, mir die obere Hälfte zu geben, und dachte, dass du gerne die untere isst.«

Schweigen breitet sich zwischen den beiden aus. Friedrich ist irritiert. »Aber, aber, ... ich dachte immer, diese obere, knusprige Hälfte ist die bessere. Ich wollte dir immer nur das Beste gönnen. Ich hätte gerne auch manchmal die obere Seite des frischen Mohnbrötchens gegessen.«

Beide sehen sich verwundert an und plötzlich müssen sie schallend lachen. 40 Jahre haben sie im besten Glauben gehandelt, zu wissen, was der andere gerne isst, und sie haben nie darüber gesprochen. Helma hat ihre Angst vor einem Konflikt überwunden, weil sie sich von einer alten Gewohnheit in ihrer Ehe trennen wollte.

Dies ist nur ein kleines alltägliches Beispiel. Helma und Friedrich fragen sich, was sie denn noch alles über all die Jahre in ihrem Leben als selbstverständlich vom anderen angenommen und daran festgehalten haben und welche unausgesprochenen Erwartungen an den anderen sie peinigen. Die humorvoll ausgegangene »Brötchengeschichte« macht ihnen Mut, auf einem langen Spaziergang über andere Themen und Gewohnheiten ihres vergangenen Beziehungslebens zu sprechen, die sie vielleicht gleich auch noch beenden könnten, anstatt es still zu schlucken, ihren Groll nicht auszusprechen und heimliche Trennungsfantasien zu pflegen. (Dabei wäre ich gerne Mäuschen gewesen!)

Schwerwiegende Missverständnisse und massive Beziehungskonflikte haben oft gerade in den einfach erscheinenden Unterlassungen ihren Ursprung. Sie teilen dem anderen zum Beispiel Ihre Wünsche und Bedürfnisse nicht mit, interpretieren aber dessen Verhalten, ohne bei ihm nachzufragen oder richten Erwartungen an ihn, von denen er leider nichts ahnt, aber auf deren Erfüllung Sie selbst zunehmend verbittert warten. Damit kann man eine unerträgliche Atmosphäre erzeugen. Der andere reagiert auf die unerklärliche Stimmung mit Unverständnis oder Aggression.[9] Sie können sich gar nicht vorstellen, dass Sie selbst für diesen Zustand mitverantwortlich sind und etwas zur Entspannung der Situation beitragen können: indem Sie aufhören, nur stumm und vorwurfsvoll darauf zu beharren, dass der andere Ihre Wünsche doch endlich erahnen und sehen müsste, wie es damals in der Familie vielleicht schon die Mutter oder der Vater nicht taten. Anders als damals haben Sie und Ihr erwachsener Partner aber heute die Möglichkeit und die Chance, Gespräche zu führen und einen Weg zueinander zu finden, statt frustriert auseinandergehen zu müssen.

Wie es zum Festhalten an alten Beziehungsmustern und Trennungsunwillen kommen kann

Carola: »Wenn nur einer käme und mich mitnähme« oder: Die vergebliche Suche nach dem Märchenprinzen

Wenn Carola sich verliebt, dann verliebt sie sich immer über beide Ohren, mit ganz großer Aufregung und dem unbändigen Wunsch, mit dem erwählten Mann sofort eine Familie zu gründen und mit ihm endlich all die glücklichen romantischen Dinge zu erleben, von denen sie seit Kindertagen träumt. Bislang hat sie allerdings meistens die enttäuschende Erfahrung gemacht, dass der jeweils gefundene »Märchenprinz« sie entweder nicht besonders gut behandelte oder dass sie selbst häufig dafür gesorgt hatte, dass sich der »Auserwählte« durch ein ihr gar nicht so richtig bewusstes Verhalten von ihr bedrängt oder sogar verletzt fühlte und sich innerlich zurückzog. Wenn Carola ihn dann nicht bald »verstieß«, ergriff er meist von selbst mehr oder weniger schnell die Flucht nach einer zunächst sehr intensiven Phase des Zusammenseins.

Es war auffällig an Carolas Männerfreundschaften, dass es bereits am Anfang der Beziehung zu sehr dramatischen Szenen und Auseinandersetzungen kam. Carola fühlte sich sehr unglücklich darüber und sah sich als Opfer der Umstände. Ihr Selbstwertgefühl schwand mehr und mehr. Durch die sich wiederholenden und sich ähnelnden Misserfolge bei der Partnersuche war sie sowohl zunehmend frustriert als auch alarmiert worden. Sie beschloss, sich Hilfe zu suchen, und meldete sich in einer Coachinggruppe für Partnerschaftskonflikte an, als sie gerade wieder einmal unter einem ihrer ganz »großen Liebeskummer« litt. Nach kurzer Zeit schon bekam sie ein Feedback. Die Männer und Frauen der Gruppe waren ganz erstaunt darüber, dass Carola als kompetente und beliebte Krankengymnastin so gut für das Wohlergehen ihrer Patienten und so schlecht für sich selbst und ein eigenes befriedigendes Leben mit einem Partner sorgen konnte.

Ein Blick auf die Beziehungsmuster im Elternhaus brachte Licht in ihre privaten Verstrickungen. Carola ist trotz ihres Alters von 35 Jahren immer noch intensiv mit ihrer Herkunftsfamilie verbunden, und zwar auf eine für sie unangenehme Weise: Ihre Schwestern zerren an ihr herum, geben giftige Kommentare über ihre Lebensführung ab und wissen immer alles besser. Auch die Eltern, die früher ein sehr strenges, aber gleichzeitig willkürliches Regiment geführt hatten, mischen sich nach wie vor mit negativen Kommentaren und Besserwisserei in das Leben ihrer inzwischen erwachsenen Tochter ein.

Da sie sich nicht von den Einmischungen der Eltern und Schwestern abgrenzen kann, hat sich Carola einen Arbeitsplatz und eine Wohnung möglichst weit weg von zu Hause gesucht.

Doch die äußere Entfernung hat für eine innere Entfernung von der Familie immer noch nicht ausgereicht. Wenn sie einen Mann kennenlernt, begutachtet sie ihn vor allem mit den Maßstäben ihrer Eltern: Ob er aus gutem Hause kommt? Ob er eine Familie auch wirklich ernähren kann? Ob er ihr ein gutes Leben bieten kann? Ob er auch langfristig erfolgreich in seinem Beruf sein wird? Und so weiter.

Bislang – wen wundert es – war keiner für die Eltern gut genug. Wenn sie ihnen von einem Mann erzählte, was sie erstaunlicherweise immer wieder tat, machte besonders der Vater kritische Bemerkungen über den neuen Freund. Carola konnte sich dann selbst kaum zurückhalten, es dem Vater gleichzutun, und traktierte den Freund schließlich trotz ihrer Verliebtheitsgefühle mit allerlei Szenen und harter Kritik, womit sie ihn natürlich schnell vergraulte. Ihre ursprünglichen Erwartungen und eigenen Wünsche an den Mann waren ihr dann nicht mehr bewusst.

Während sie darüber klagt, fällt ihr verwundert auf, dass sie sich nicht nur den Männern, sondern auch ihren Freundinnen gegenüber so verhält. Manchmal geschieht es aber auch umgekehrt: Sie wählt sich einen Mann aus, der sich ihr gegenüber so negativ und kritisch verhält, wie sie es von ihren Eltern gewohnt ist, dass sie schließlich nach einer Weile selbst die Beziehung zu ihm beenden muss. Beide Varianten hatten aber bisher zur Folge, dass es für eine Partnerschaft kein Happy End geben konnte oder mit ihren Freundinnen ständige Konflikte anstanden.

Diesmal wünscht sie sich, dass es anders ausgehen sollte. Carola hat sich erneut verliebt. Sie schwebt auf Wolke sieben und berichtet davon mit Worten, die ganz neu klingen. Sie will lernen, endlich den Verhaltensmustern auf die Spur zu kommen, die sie bislang gehindert haben, eine dauerhafte Beziehung zu führen. Sie hat einen Mann getroffen, der ihr wirklich gefällt und der gut mit ihr umgeht. Sie möchte auf keinen Fall, dass er in die altbekannte Mühle ihrer Abwertungen und ihrer Kritik gerät und ihr deswegen möglicherweise auch wieder »davonlaufen« könnte. Verschmitzt erzählt sie, dass sie schon ein wenig von ihren alten Prinzipien abgewichen sei. Er sei zwar kein so makelloser attraktiver Prinz, wie sie das immer gefordert habe. Doch sie sei überaus erstaunt, wie liebevoll er mit ihr umginge. Das sei sie gar nicht gewöhnt und deshalb würde sie ihn gerne dieses Mal länger als sonst »behalten«. Dafür würde sie in Kauf nehmen, dass sie auch an sich selbst etwas verändern müsse. Sie fragt in der Coachinggruppe nach Unterstützung und will wissen, wie es denn die anderen machen, für »anhaltendes Glück in der Liebe« zu sorgen.

Ihr fällt auf, dass sie von sich und von ihren Freunden erwartet, stets fehlerlos und perfekt zu sein, obwohl sie in ihrem Beruf anderen Menschen dabei hilft, sich von Verletzungen zu erholen oder mit körperlichen Mängeln besser fertig zu werden. Außerdem nimmt sie im Umgang mit anderen für sich in Anspruch, dass sie jederzeit und ungefiltert alle ihre Gefühle und negativen Emotionen äußern kann. Damit zerstört sie zu früh die notwendigen positiven Illusionen einer beginnenden Zuneigung oder Liebe. Ein Partner »muss Offenheit schon aushalten, sonst taugt er nichts«. Besonders diese Überzeugung hat bisher viele Probleme erzeugt.

Für ein Kind ist es ein ganz selbstverständlicher Wunsch, dass es von den Eltern jederzeit geliebt wird – wie auch immer es sich gerade benimmt. Ein Erwachsener dagegen muss die Konsequenzen für sein jeweiliges Verhalten oder Fehlverhalten in Kauf nehmen und mit einer möglichen Ablehnung oder scharfen Reaktion der anderen auf Angriffe rechnen. Das ist Carola neu.

Sie kann erkennen, dass sie mit ihren Wünschen an ihre Partner eine ungestillte Sehnsucht nach Geborgenheit bei verständnisvollen Eltern wiederbelebt. Sie hat bei ihren ehemaligen Freunden oft eher nach der verständnisvollen Mutter gesucht, die es für sie nicht gegeben hatte, statt nach einem gleichberechtigten Gegenüber. Verloren in der lauten und oft schrillen Theaterwelt ihrer Eltern, die beide Schauspieler waren, hatte sich Carola kein Gehör für ihre Nöte und Bedürfnisse verschaffen können. Heute »inszeniert« sie Liebestragödien ähnlich wie in Theaterstücken, wenn sie einen Freund gefunden hat. Sie hatte bislang keine Vorstellung davon, welche Auswirkungen solche theatralischen Szenen auf den anderen haben könnten.

Wenn man im täglichen Leben jemanden häufig abwertet oder hart kritisiert, gibt es meistens keine so schnellen und unkomplizierten Versöhnungen wie auf der Bühne. Der andere kann wütend reagieren, sich gekränkt zurückziehen oder sich sogar abwenden. Carola muss sich deshalb darüber klar werden, was sie als erwachsene Frau von einem Mann erwartet. Dazu wird sie aber ihre idealisierenden Vorstellungen vom Märchenprinzen opfern müssen, damit sie die alltäglichen Beziehungsprobleme in der Realität bewältigen kann. Die Hinwendung zur Realität im Hier und Jetzt kann mithilfe von vielen »kleinen Trennungen« erreicht werden, auch wenn diese zuerst unbequem erscheinen und schmerzhaft sein mögen.

Wovon muss sich Carola trennen?

- Sie muss ihre Vorstellung davon aufgeben, dass sich eine Beziehung mit einem Mann wie ein Hollywoodfilm oder Theaterstück gestalten lässt.
- Sie muss sich mit dem Gedanken vertraut machen, dass ein Mann nur gelegentlich ein Märchenprinz sein kann. Alle Männer (und Frauen) sind Menschen mit einer eigenen Geschichte, mit eigenen Ansichten, Wünschen und auch mit Fehlern. (Umgekehrt sind auch Frauen nur manchmal »Prinzessinnen«!) Will Carola also wirklich einen Prinzen heiraten oder nicht doch lieber einen richtigen Mann?
- Carola muss sich auch von der Sehnsucht verabschieden, dass sie von allen jederzeit uneingeschränkt »weiter geliebt wird«, unabhängig davon, wie sie sich selbst verhält (zum Beispiel ungerecht, verletzend oder kritisch), und sie muss sich bewusst machen, dass ein negatives eigenes Verhalten immer Konsequenzen für das Verhältnis zum anderen mit sich zieht – anders, als sie es früher zu Hause bei sich erlebt hat.
- Wenn sie eine gelingende Partnerschaft eingehen will, muss sie sich von den Überresten ihres inneren kleinen Mädchens lösen, das mit dem Fuß aufstampft, wenn es seinen Willen

nicht bekommt (und früher letztendlich dann doch verwöhnt wurde, damit es endlich Ruhe gab).

- Carola muss Mut fassen, sich von der Einmischung ihrer Eltern in ihre Männerbeziehungen frei zu machen. Sie könnte aufhören, ihren Eltern immer wieder Gelegenheiten zu bieten, sich in ihr Leben einzumischen, wenn sie ihnen den Freund quasi zur Begutachtung vorstellt und die Erlaubnis bekommen möchte, dass sie mit ihm zusammenleben darf.
- Carola hat sich vorgenommen, mithilfe ihrer Beziehungsgruppe innere Abgrenzungen zu versuchen. Sie weiß jetzt, dass ihre Beziehungsprobleme nicht nur mit der Dynamik ihrer Familie, sich überall einzumischen, zu tun haben, sondern dass sie sich selbst von ihren inneren Beziehungsmustern lösen muss, die sie in der Familie gelernt hat.

Claudia: »Warum sieht er denn nicht, was ich brauche?«

Claudia, die sich gerade mit ihrem Mann nach einer länger andauernden Beziehungskrise wieder einigermaßen zusammengerauft hat, kommt aufgelöst in die Praxis und verkündet völlig außer Atem, sie müsse sich jetzt wohl doch von Wolfgang trennen, es ginge einfach nicht mehr anders. »Er nimmt einfach weiterhin keine Rücksicht auf mich, kümmert sich nie um den Haushalt und zeigt überhaupt kein Interesse an gemeinsamer Verantwortung dafür, obwohl wir alles schon tausendmal besprochen haben.«

Ihre Vorwürfe klingen mir schon wohlbekannt und sind in den zurückliegenden Beratungsgesprächen immer wieder diskutiert worden. Aber alle Lösungsmöglichkeiten, die wir gemeinsam erarbeitet haben, scheinen im Moment vergessen. Sie stöhnt: »Ich habe genug, dass wir auf diese Weise nebeneinanderher leben. Ich habe keine Lust, seine Sprachlosigkeit weiter zu ertragen und auszuhalten, dass er sich einfach nicht ändern will. Ich habe doch schon so viel an mir geändert in der letzten Zeit und er gar nichts«, beklagt sie sich trotzig. Eine totale und sofortige Beendigung der Beziehung erscheint ihr als einzige Lösung für ihre gegenwärtige Frustration.

Als sie sich nach dem ersten Gefühlssturm einigermaßen beruhigt hat, frage ich Claudia, wie sie denn plötzlich zu diesem schwerwiegenden Entschluss gekommen sei. »Ach, er hat schon wieder vergessen, dass er donnerstags einkaufen und auch die Kinder übernehmen muss, weil ich nachmittags meinen Kurs habe. Ich kann ihm doch nicht immer alles vorsagen und ihm alles hinterhertragen wie den Kindern.« Sie ist voller ungeduldiger Wut. Nach über zehn Jahren, die sie schon mit ihm lebt, sollte er inzwischen doch endlich ihre Wünsche kennen und sollte von allein bemerken, was alles für den Haushalt und die Familie zu tun ist, ohne dass sie ihn immer wieder erinnern muss. Weil sie das jetzt endgültig nicht mehr hinnehmen kann, will sie die Beziehung beenden. Ich bitte sie, damit noch etwas zu warten und jetzt erst einmal mit mir zu überlegen, ob nicht nur einige »kleine Trennungen« ausreichen könnten, um ihre Situation zu entspannen, um ihre Unzufriedenheit zu überwinden und möglicherweise andere Lösungen zu finden. Nein, sie habe »die ewigen Diskussionen mit ihm satt«. Sie will spüren, dass er an sie denkt und sie unterstützt, erst dann sei sie zu einem weiteren Zusammenleben mit ihm und vielleicht auch wieder zu Zärtlichkeiten bereit.

Auf meine Frage, ob sie ihm ihre Wünsche schon einmal so deutlich mitgeteilt hätte, wie sie es gerade bei mir tut, antwortet sie zunächst zögerlich und dann plötzlich wütend: »Ich habe es schon so oft angedeutet! Wenn ich jedes Mal ausdrücklich sagen muss, was ich will und er es nicht von alleine merkt, dann ist doch die ganze Beziehung nichts wert. Dann trenne ich mich lieber.«

Sie scheint nichts mehr bewegen zu wollen. Das ist ein endgültiger, verzweifelter Satz, den ich in meinen Beratungen und Therapien schon oft gehört habe und den Sie vielleicht auch schon einmal gedacht oder gesagt haben.

Claudia wünscht sich, einfach wortlos verstanden zu werden. Sie bemerkt gar nicht, dass sie Wolfgang nicht informiert hat, was sie von ihm im Alltag alles erwartet, sondern kleidet ihre Bedürfnisse in eine nonverbale Vorwurfshaltung, die er offenbar nicht entziffern kann. Wie sich herausstellt, tauschen die beiden inzwischen nur noch wenig Verbales miteinander aus. Sie nörgelt lediglich viel an ihm herum, er versteht ihre Nörgeleien nicht und zieht sich zurück.

Natürlich trägt auch Wolfgang selbst ohne bewusstes Wissen und mit einer gewissen Bequemlichkeit zu dem Konflikt bei. Er ist als jüngstes Geschwister von Mutter und seinen Schwestern immer verwöhnt worden. Zum Beispiel haben sie ihm unaufgefordert alles »hinterhergeräumt«. Er kann sich wahrscheinlich gar nicht vorstellen, dass man von ihm in der eigenen Familie auch ein solches fürsorgliches Verhalten erwarten könnte.

Die »Sprechhemmung« und die unausgesprochenen Erwartungen aneinander lassen den Konflikt zwischen Claudia und Wolfgang weiterschwelen. Es sieht von außen betrachtet allerdings so aus, als könnte sich das Klima zwischen ihnen deutlich bessern, wenn sie sich verbal direkter verständigen und aufhören, das Verhalten des anderen mit Vorwürfen zu kommentieren.

Claudia bringt aus ihrer Familiengeschichte ein anderes Denkmuster mit: Sie glaubt, dass eine Ehe dramatisch enden wird, wenn der andere nicht einfühlsam auf einen eingeht. So hat sie es in ihrer Herkunftsfamilie erlebt. Der Vater ging seiner eigenen Wege, die Mutter zog sich frustriert in sich selbst und den Haushalt zurück, sprach kaum und trennte sich schließlich unangekündigt.

Claudia scheint inzwischen selbst in diesen Teufelskreis zu geraten. Sie empfindet im Vorgriff auf die Zukunft bereits jetzt Schmerz darüber, wie es sein würde, wenn sie nicht mehr mit Wolfgang leben wird. So wendet sie sich lieber ihren negativen Visionen von der Zukunft zu, statt das Machbare im Augenblick anzupacken. Erst in unserem Gespräch wird ihr klar, dass sie es vielleicht einmal damit versuchen könnte, ihre eigenen Beziehungsgewohnheiten und ihre unausgesprochenen Erwartungen zu überprüfen und die Wirkung ihres Verhaltens auf Wolfgang zu betrachten. Wir besprechen, dass sich Claudia darüber klar wird, was sie von ihrem Partner erwartet, und sich überlegt, welche einzelnen »kleinen Trennungen« von ihren bisherigen Gewohnheiten sie nach dieser Phase selbst einleiten möchte, bevor sie die mit Angst belastete endgültige Beendigung ihres Ehe- und Familienlebens riskiert.

Sie könnte auf ihn zugehen und das Gespräch suchen, getreu dem Motto: »Sprechenden Menschen kann geholfen werden.« Dann kann man immer noch sehen, ob sich daraus etwas Positives für beide entwickelt, denn »irgendwie« lieben sie sich ja doch noch.

Solche und ähnliche Frustrationen, verursacht von unausgesprochenen Bedürfnissen und Erwartungen, erleben Männer und Frauen ab und zu in ihren Partnerschaften. Deshalb möchte ich auch Ihnen folgende Aufgaben für die »kleinen Trennungen« vorschlagen, die Claudia zu bewältigen hat, wenn Sie sich vielleicht in einer vergleichbaren Situation befinden. Lesen Sie die Lösungsvorschläge mit dem Blick darauf, was Sie selbst für sich gebrauchen können:

- Claudia sollte sich davon lösen, dass sie ihrem Partner genau vorschreiben kann, auf welche Weise er sie lieben soll. Sie könnte ihm mitteilen, was sie gerne haben möchte, vielleicht tut er es dann manchmal ihr zuliebe.
- Sie könnte ihr (trotziges) Schweigen über ihre eigenen Gefühle beenden und beginnen, mit ihm darüber zu sprechen. Damit ist natürlich das Risiko verbunden, möglicherweise nicht für alle Themen und nicht jederzeit auf offene Ohren zu treffen. Dies enthält aber auch die Chance, dass sich ein neues Verständnis zwischen ihnen entwickeln kann.
- Trennen müsste sie sich dann nur noch von ihrem Wunsch, dass der andere von selbst bemerken wird, was wirklich mit ihr los ist und was sie braucht, wenn er sie wirklich liebt, anstatt ihre Ehe oder die Beziehung aufzukündigen.
- Sie könnte auch lernen, ihre Wünsche auf eine Art zu äußern, die sowohl Wolfgang als auch ihre Freunde besser verstehen und dadurch leichter auf sie eingehen können. Sie könnte beispielsweise sagen: »Ich möchte, dass du am Sonntag Zeit für

mich hast«, statt brummend in der Ecke zu sitzen und zu registrieren, dass ihr Partner sich mit Freunden zum Sport verabredet, und darüber tagelang aus Enttäuschung mürrisch zu ihm zu sein.

Zu Anfang eines solchen Prozesses der Krisenbewältigung können Sie, statt wie gewohnt in Frustrationen zu verharren, sich über den anderen zu ärgern und sich mehr und mehr zu verschließen, einmal für eine Zeit lang eine Phase der »Selbstbeobachtung und Selbstanalyse« einblenden (siehe: Kapitel »Wie lernt man mehr Trennungskompetenz«) und sich mit Ihren eigenen Erwartungen an eine Partnerschaft auseinandersetzen. Danach können Sie erste kleinere Schritte unternehmen, um etwas zu verändern und auf den anderen zuzugehen.

- Werden Sie sich über Ihre Erwartungen und Ansprüche an den Partner klar und überprüfen Sie diese darauf, ob sie zu Ihrem gegenwärtigen Zusammenleben passen oder ob es vielleicht Erwartungen sind, die auf Wünsche aus Ihrer Kindheit zurückgehen. (»Wenn Mama mir das Kuscheltier kauft, ohne dass ich es ihr sage, dann liebt sie mich.«) Danach könnten Sie Ihre Forderungen besser an die Situation des Erwachsenenlebens anpassen.
- Trennen Sie sich von der Vorstellung, »dass der andere auf der Welt ist, um Ihre Wünsche zu erfüllen«, wie es Fritz Perls im Vorwort zu seinem ersten Buch *Grundlagen der Gestalttherapie* provozierend ausgedrückt hat: »Ich bin nicht auf der Welt, um deine Erwartungen zu erfüllen, und du bist nicht auf der Welt, um meine Erwartungen zu erfüllen.«[10]

In den unerfüllbaren Wünschen, der andere müsse uns an den Augen ablesen, was mit uns los ist, ist meist ein früheres Erleben eines Defizits an Aufmerksamkeit durch die Bezugspersonen enthalten.

Trennen als Salz lebendiger Beziehungen

Es gibt Situationen, in denen alle Beteiligten der Meinung sind: »So geht es nicht weiter.« Die Frage nach der »großen Trennung« steht im Raum, aber keiner spricht sie aus. Gesprochen wird in der Situation überhaupt wenig, was schon ein Teil des Problems ist, denn eigentlich gibt es ja gar kein Problem: Bisher lief doch alles gut. Man mag sich. Man versteht sich doch eigentlich oft schon, ohne viele Worte zu wechseln, man pflegt seine Gewohnheiten, »the same procedure as every year«, wie Sie es vielleicht aus der jährlichen Kultsendung *Dinner For One* zu Silvester kennen.

Irgendetwas ist nicht mehr so, wie es sonst war. Anders als früher kennt man schon alles, weiß, was kommt und was kommen wird, weiß, wie der andere sich verhält, was er nicht mag und was er erhofft. Man ist auch etwas älter geworden, was man kaum bemerkt, denn dasselbe ist ja auch mit den Menschen unserer Umgebung geschehen. Doch eine Frage taucht langsam, aber stetig am Horizont auf: Ist das schon alles gewesen?

In dem scheinbar so in sich ruhenden, stabilen Beziehungsgeflecht treibt der unaufhaltsame Virus »Zeit« sein Unwesen. Der hart erkämpfte Wohlstand und die Harmonie in der Beziehung werden einfach dadurch »angefressen«, dass sich nichts wesentlich Neues mehr ereignet. Aber der Mensch strebt stets innerlich nach Wachstum, nach Entfaltung der vielfältigen Seiten seiner Persönlichkeit und deswegen auch nach neuer Erfahrung. Dafür müsste er mitunter zeitweise das warme Zuhause verlassen, um neue Erfahrungen mit nach Hause zu bringen. Oft geben äußere, scheinbar nichtige Anlässe den entscheidenden Anstoß für das Neue: verlockende Angebote zur beruflichen Veränderung, der Auszug der flügge gewordenen Kinder aus dem Elternhaus oder eine fast beiläufig und unbedacht eingegangene Liebesbeziehung, die den Alltagstrott versüßen und über die »Midlife-Crisis« hinweghelfen sollen.

Da toben plötzlich heftige Stürme am häuslichen Herd. Die Beteiligten rätseln, wie es zu diesen Beziehungsszenarien oder zu dieser Trennungskrise kommen konnte. Eigentlich zum Vorteil einer möglichen gemeinsamen weiteren Zukunft sind damit neue Möglichkeiten für die Partnerschaft aufgebrochen, deren positive Auswirkungen die Betroffenen aber für sich selbst und für ihr bisheriges Beziehungsleben im Moment des Unwetters kaum erkennen können.

In meiner therapeutischen Praxis habe ich es vielfach erlebt, dass vor allem Paare in diesem Moment überstürzt und manchmal mit äußerster Härte reagieren. Überrumpelt oder verletzt, vollziehen sie schnell eine Trennung. Mit atemberaubender Geschwindigkeit zerfällt ihr über Jahre aufgebautes soziales Beziehungsgebäude und scheint in ein Nichts zu stürzen. Panik bricht aus. Verlustängste werden aktiviert, die Hilfe der Freunde und häufig zu voreilig die der Anwälte wird mobilisiert. Erst dadurch entsteht ein oft nicht mehr zu reparierender Schaden. Aber manchmal ist auch das Ende einer Beziehung oder der Umgang damit schon längst spürbar. Man hat zu lange gewartet, um darüber zu sprechen oder rechtzeitig Konsequenzen zu ziehen. Das Gewitter ist in einem solchen Fall eher der Implosionsknall einer leer gewordenen Partnerschaft.

Viel häufiger scheint es jedoch ein deutliches, vielleicht zu lang überhörtes Signal dafür zu sein, dass man nicht weiter im Gewohnten stehen bleiben kann, sondern sich mit dem Fluss der Zeit bewegen muss und entsprechend notwendige Veränderungen rechtzeitig aktiv zu vollziehen sind.

Die meisten Menschen vergessen, dass im Kern einer jeden Liebe auch ihr eigenes Erlöschen liegen kann. Deshalb muss sie in regelmäßigen Abständen wie eine Batterie durch neue Erfahrungen und Veränderungen »aufgeladen« werden. Psychologen erklären dies so: Liebe ist ein energetisch-seelisches Vermögen, das die Differenzen zwischen zwei Personen, vor allem zwischen Mann und Frau, zumindest phasenweise zu überbrücken hilft. Biologen würden sagen, um die Fortpflanzung zu sichern.

Doch letztlich kann man diese Dynamik so beschreiben: In der Phase der Verliebtheit sehen wir im anderen manche Eigenschaften, die zwar auch im Rahmen unseres eigenen seelischen Vermögens liegen, die wir aber noch nicht selber ausdrücken und leben können oder wollen. Durch unsere Verliebtheit haben wir Anteil an neuen Erfahrungen, die durch den anderen und durch die Beziehung zu ihm in unser Leben kommen und so durch den täglichen Austausch der Verliebten und später Liebenden mit der Zeit zum selbstverständlichen Anteil des eigenen sozialen und später persönlichen Selbst werden. Die erste heiße Phase der Verliebtheit und später auch die sich vielleicht daraus ergebende Liebe nehmen im Lauf der Zeit in ihrer Intensität des Anfangs ganz von selbst ab, allein durch ihre tägliche Verwirklichung und den gemeinschaftlichen Austausch. Sie beginnt mehr und mehr anderen Qualitäten zu weichen wie Verlässlichkeit, Verbundenheit, Vertrauen oder Treue. Das Fremde und Neue des anderen ist zur Gewohnheit und sogar zum Teil von uns selbst geworden und erscheint dadurch für uns selbst auch zunehmend uninteressanter und alltäglich. Es fehlt die Differenz, die uns neugierig auf den anderen macht.

Liebe erneuert sich nur und vor allem dann, wenn wir in uns selbst und im anderen andere unrealisierte Seiten seiner Person entdecken. Das bedeutet in unserem Kontext, dass auch wir unbekannte Seiten in uns entdecken und dafür oft neue Anregungen von außen brauchen. Solche Trennungs- und Erneuerungskrisen tauchen in einer Beziehung naturgemäß immer wieder auf. Glücklich ist der, der diese Tücke der Natur in Sachen Liebe kennt und dem es gelingt, sie immer wieder durch die Neuentdeckung des eigenen Selbst zu meistern.

Zur Lösung dieser jeder längeren Beziehung innewohnenden Trennungs- und Änderungsdynamik schlage ich das Konzept der »Beziehungswende« durch eine fein dosierte Trennung innerhalb der Beziehungen vor. Sie kennen das vielleicht: Beim Segeln gibt es die Manöver »Wende« oder »Halse«, die mit geringerem oder höherem Risiko eine Richtungsänderung des Schiffes bewirken. Während dieses Vorgangs gibt es einen heiklen Moment beim Wechsel des Windeinfalls, in dem das Schiff auch kentern kann oder aber, als sei nichts gewesen, in einer neuen Richtung weiterfährt. In Beziehungen wird die Notwendigkeit einer meist schon lange nötigen Richtungsänderung meist ebenfalls durch äußere Umstände (Sturm) herangetragen.

Trennen auf Zeit: Wenden oder Beenden

Birgit: »Was hat mich denn erwischt?«

Birgit ist 45 Jahre, ihr Ehemann 50. Sie sind seit 22 Jahren verheiratet und leben seit vielen Jahren mit ihren beiden Kindern von 15 und 18 Jahren in finanzieller Sicherheit und Harmonie. Er ist leitender Angestellter mit einem guten Einkommen, Birgit ist Juristin, hat aber ihren erlernten Beruf nach dem Examen wegen der Familiengründung nie ausgeübt.

Mit Ausnahme von manchem Frust und kleineren depressiven Verstimmungen am Vormittag, wenn alle das Haus verlassen hatten, war für Birgit »alles in Ordnung«, wenn man sie fragte. Sie kümmerte sich liebevoll um das Haus, dachte sich immer etwas Neues zum Essen aus, lud Gäste ein. Ihr Mann verschwand meist bis in den späteren Abend in seine Arbeit. Für Birgit war er immer mehr abwesend, ohne dass es Anzeichen dafür gegeben hätte, dass er irgendeiner geheimen Liebschaft nachging. Der Beruf hatte ihn richtig »aufgefressen«. Er hatte sich fast hundertprozentig damit identifiziert. Für Nähe und Sex blieb dann auch keine Zeit mehr. Manchmal gab es explosionsartigen Krach mit den Kindern. Vor allem die Tochter konfrontierte den Vater zusehends damit, dass er »workaholisch und familienunfähig« sei.

Birgit fand keine Erklärung dafür, wie es ihr dann passieren konnte, dass sie sich Hals über Kopf in ihren Tennislehrer verliebte. Ihre Tochter musste sie dazu unbewusst inspiriert haben: Sie stürzte sich nach Birgits Meinung viel zu jung verführerisch in die Arme von jungen Männern und erzählte der Mutter von ihren Erlebnissen.

Birgit erzählte: »Ich habe wirklich den Verstand verloren, fühle mich aber mindestens so jung wie meine Tochter. Wir verstehen uns ausgezeichnet, wir haben uns sogar irgendwie gegen meinen Mann verschworen, der von unseren Eskapaden nichts wissen darf.« Eine wirkliche Gefahr für die Kontinuität ihres Familienlebens konnte sie sich zu diesem Zeitpunkt überhaupt nicht vorstellen.

In einer solch aufgeheizten und für den Zusammenhalt einer partnerschaftlichen oder ehelichen Beziehung in der Tat gefährlichen Situation empfiehlt sich folgendes Vorgehen:

- Schütten Sie nicht das Kind mit dem Bade aus. Warten Sie, bis der erste Gefühlssturm vorüber ist. Trennen können Sie sich später immer noch.
- Machen Sie eine erste Schätzung, welche grundlegenden Alternativen Sie in einer solchen Konstellation haben. Führen Sie sich deren jeweilige Vor- und Nachteile für Ihr Leben vor Augen.
- Klären Sie für sich, welche Entwicklungspotenziale Sie in Ihrer bisherigen Beziehung noch sehen und ob und wie Sie diese gegebenenfalls neu mobilisieren können.
- Verschaffen Sie sich allein oder zusammen mit dem Partner Klarheit darüber, was Sie verändern wollen und wovon Sie sich vielleicht sogar trennen wollen oder müssen.

Für eine bewusst gestaltete Trennungskrise kann man verschiedene Trennungsprofile anwenden:

- *Trennung innerhalb der gemeinsamen Wohnung*
  Die Partner bleiben in der gemeinsamen Wohnung/im gemeinsamen Haus. Sie verändern ihre Räume und deren mögliche Nutzung. Richten Sie sich ein eigenes Zimmer oder vorübergehend getrennte Schlafzimmer ein, nehmen Sie eine andere Aufteilung des Wohnzimmers oder der persönlichen individuellen Bereiche vor. Führen Sie beispielsweise die Regel ein, an der Tür anzuklopfen, wenn man den anderen dort aufsucht.
- *Zeitlich begrenzte Trennung*
  Die Partner bleiben grundsätzlich weiterhin in der gemeinsamen Wohnung wohnen. Einer oder beide verbringen ge-

trennt eine festgelegte Zeit, etwa ein Wochenende, eine Woche, maximal einen Monat außerhalb der Wohnung. Die Partner bleiben währenddessen in engem kommunikativen Kontakt und versuchen ihre Bedürfnisse und Erwartungen miteinander abzustimmen. Die Zukunftsvision ist, zusammenzubleiben und für beide mehr Freiraum zu gewinnen.

- *Trennung auf Probe*

  Ein Partner verlässt mit einem Teil seiner Habe die Wohnung oder zieht auch ganz aus. Beide reduzieren den kommunikativen Kontakt auf einen zeitlich weiter gefassten Rhythmus, treffen jedoch verbindliche Absprachen mit dem anderen über die sozial und zeitlich relevanten Punkte (Finanzen, Absprachen zur Kinderbetreuung, Familienfeste, gemeinsame Einladungen etc.). Die Zukunft der Beziehung ist zwar ungewiss, aber deren Fortführung ist noch nicht ausgeschlossen. Die Probetrennung kann mehrere Monate dauern, bevor eine im Voraus terminlich vereinbarte gemeinsame Aussprache und Reflexion dieser Trennungserfahrung erfolgen.

- *Vorläufige Trennung*

  Mindestens ein Partner trennt sich räumlich mit der erklärten Absicht, die gemeinsame Beziehung in absehbarer Zeit endgültig und nach Absprache auch im sozialgesetzlichen und juristischen Sinn aufzulösen. Die zeitliche Dauer dieser Phase kann im Voraus besprochen und vereinbart werden, vor allem dann, wenn die Hoffnungen bei beiden Partnern nicht völlig erloschen sind, dass die Beziehung vielleicht auf eine andere Weise fortgesetzt werden kann. Ein ernsthafter Trennungsbeschluss steht zwar im Raum, kann aber leichter revidiert werden, solange all die sozialrechtlichen Trennungsprozeduren noch nicht eingeleitet sind.

Die oben beschriebenen Trennungsmodi geben natürlich nur eine ungefähre Richtung vor, sie können einander überlappen oder sich gegenseitig ablösen. Entscheidend für das Gelingen eines mehr oder weniger friedlichen und deeskalierenden Trennungsgeschehens ist es, dass sich die betreffenden Partner Klarheit darüber verschaffen, welche Trennungsart für ihre Beziehung im Moment am besten ist.

Paul und Katja: Trennung auf Probe oder: »Mir ist alles zu langweilig«

Katja ist eine lebendige junge Frau, die neben einer frischen Ausstrahlung über all das verfügt, wofür ihre Freundinnen sie beneiden: Ihr Mann hat einen interessanten Beruf, der es allerdings mit sich bringt, dass er häufiger länger abwesend sein muss. Ihre kleine Tochter ist aus dem Gröbsten heraus und sie selbst kann stundenweise ihrem Beruf nachgehen, wo sie viele Menschen trifft. Alles erscheint gut organisiert und dennoch ist Katja mehr und mehr unruhig, unzufrieden und findet ihr Leben immer langweiliger. Sie vermisst den abwesenden Ehemann, sie sehnt sich nach »romantischer Liebe«, aber die Arbeit mit der Tochter und die Planung des Alltags mit dem ständigen Organisieren seiner Abwesenheit hat irgendwie ihren Ehealltag ausgehöhlt und auch ihre »Liebe reduziert«, wie sie sagt. Ein klärendes Gespräch mit Paul hatte sie immer resigniert hinausgezögert.

Auf einer Party bei einer Freundin begegnet sie einem Mann, der sie sehr umwirbt und ihr den Hof macht. Katja genießt diese Aufmerksamkeit und gerät in einen Verliebtheitszustand, weil dieser junge, unabhängige Mann in der Lage ist, ihre Träume von einem romantischen »Lover« zu erfüllen. Sie beginnt eine heimliche Affäre mit ihm und träumt von der großen Liebe. Als sie in gefühlsmäßige Turbulenzen gerät, entscheidet sie sich, ihrem Mann davon zu erzählen und damit am besten gleich der »langweiligen Ehe« ein Ende zu setzen.

Es gibt viel Hin und Her. Paul ist »stinksauer«, weil er doch alles tut, um seiner Frau und sich ein gutes Leben zu ermöglichen, und nichts an seinen Arbeitsbedingungen ändern kann. Außerdem ist der »junge Schnösel« ja wohl kein ernsthaft in Betracht zu ziehender Partner. Er bemerkt, wie sehr er Katja liebt, und weiß, dass er sie dem »Kerl« auf keinen Fall überlassen wird. Er will aber nicht weiterhin durch ihre Treffen mit dem »Typen« verletzt werden, die ihm nicht verborgen bleiben, und will sich nicht bei jedem Läuten des Telefons vorstellen, dass sich dieser »Knabe« wieder meldet. Außerdem bemerkt er, wenn Katja lügt oder Ausreden sucht.

Auch hier »kann es so nicht weitergehen«. Paul denkt nicht an Trennung, aber er will Änderungen nicht im Weg stehen und schlägt Katja vor – nachdem für die Tochter eine gemeinsame Lösung gefunden war –, sich für eine Weile zu trennen, wenn sie das möchte, damit Abstand gewonnen werden kann und man überlegen kann, was werden soll. Paul zieht vorübergehend in ein kleines Apartment eines Freundes, damit die kleine Tochter nicht allzu viele Veränderungen in Kauf nehmen muss.

Jetzt muss Katja überlegen. Will sie eine neue Familie, will sie ohne Kind und ohne Paul weiterleben? In diesem Prozess entdeckt sie, dass es in dieser Krise nicht darum gehen kann, von dem einen Mann in die romantischen Arme eines anderen zu sinken. An der Zerrissenheit ihrer Gefühle spürt sie, dass sie mit Paul noch sehr verbunden ist. Sie würde sich um sich selbst und ihre Bedürfnisse kümmern müssen und lernen, ihre Lebensbedingungen zu akzeptieren.

Später erzählt sie: »Ich habe Höhen und Tiefen erlebt und schwer an mir gearbeitet in dieser Zeit. Manchmal war es nur schrecklich. Ich habe ein halbes Jahr von meinem Mann getrennt gelebt und letztlich herausgefunden, dass wir uns lieben und weiter zusammenleben können, wenn wir beginnen, auf alte Vorstellungen zu verzichten, und beide Veränderungen in unserem Verhalten vornehmen. Die Trennung von meinem Lover hat wehgetan. Manchmal denke ich noch an ihn. Für unsere Familie war diese Trennung auf Zeit ganz wichtig.«

Verzögerte Trennung aus dem Elternhaus und Aufbruch ins unabhängige Erwachsenenleben

Lebens- und Beziehungsstile sind einem ständigen Wandel unterworfen und existieren in großer Vielfalt nebeneinander. Junge Leute leben in Zweck-Wohngemeinschaften wie schon vor 30

Jahren ihre Eltern. Andere Gleichaltrige stylen in Eigentumswohnungen ihr Umfeld als Single oder auch als in getrennten Wohnungen zusammenlebendes Paar, für die sich der soziologische Begriff »living-apart-together« prägte. Wieder andere wohnen, obwohl sie bereits länger berufstätig sind, weiterhin bei »Mama und Papa« und überlassen den Hauptteil der Verantwortung für ihre Lebensführung ihren Eltern.

Jeder bleibt in Bezug auf seine Eltern ein Leben lang Sohn oder Tochter. Allerdings hat man im Laufe seines Erwachsenwerdens die Wahl und die Aufgabe, sich aus den Beschränkungen zu lösen, die die Kind-Rolle mit sich bringt. Die ersten Schritte zu einer geglückten Ablösung unternimmt der Jugendliche in der Regel in der Pubertät, deren Zeitpunkt sich immer weiter nach hinten zu verschieben scheint. Mancher versucht mehr oder weniger am Elternhaus festzuhalten, um damit dem geforderten Erwachsensein zeitweise zu entkommen und sich dadurch manchmal um die Verantwortung herumzumogeln, erwachsen handeln zu müssen.

Verbleibt man zu lange in der Sohn- oder Tochterrolle, kann man häufig nicht lernen, sein Leben als Erwachsener selbstständig zu regeln, weil man im Hintergrund immer auf die Hilfe der Eltern hofft.

In der Geschichte von Angela und ihrem Mädchenzimmer haben Sie diese Dynamik bereits kennengelernt. Was zunächst so aussah, als habe Angela nur die Schwierigkeit zu bewältigen, sich von ihren Erinnerungsstücken zu trennen, entpuppte sich auch als inneres Festhalten an ihrer Rolle als Kind und als Enkelin. Das machte es ihr schwer, ihr Erwachsenenleben so in die Hand zu nehmen, dass es ihrer beruflichen Stellung, ihrem Alter und ihren Bedürfnissen entsprach. Erst durch die Belebung und die Bearbeitung ihrer verdrängten Trauer um den Tod der Großmutter und die Trauer um die verlorene Beziehung zu ihrer wichtigsten Vertrauensperson in der längst vergangenen Kinderzeit konnte sie in ihrem Alltag Platz für neue Erfahrungen schaffen.

Ein zu langes Verbleiben in der abhängigen Sohn- oder Tochterrolle hat aber auch noch andere Ursachen. Familiäre Bindungsformen sind einerseits entspannter und vielfältiger geworden als noch vor 20 Jahren, weil das Verhältnis zwischen Eltern und Kindern eher freundschaftlich und demokratisch vonstattengeht. Andererseits werden strukturgebende Bindungen durch materielle Verwöhnung ersetzt, während die emotionale Beziehung in den Familien häufig zu kurz kommt. Die Kinder fordern materielle Versorgung oft über die Jugendzeit hinaus, die die Eltern, wenn auch manchmal frustriert, weiter leisten. Gleichzeitig ist es dadurch aber auch schwieriger geworden, sich von ihnen abzugrenzen und Nein zu sagen. Bereits erwachsene Söhne und Töchter bleiben länger als früher im Elternhaus, sie wohnen dort im günstigsten Fall in Einliegerwohnungen, meistens jedoch im selben Haus, ohne dass sich die Eltern-Kind-Beziehung grundlegend verändert hat.[11]

In den zahlreichen Studien, die seit den 90er-Jahren zum sogenannten Nesthockersyndrom erschienen, zeigte es sich, dass es insbesondere die jungen Männer sind, die heute sehr viel später aus dem Elternhaus ausziehen als früher. Sie nehmen oft bis in ihre späten Zwanziger- oder Dreißigerjahre noch das Elternhaus in Anspruch, wo sie sowohl in ökonomischer Hinsicht als auch im Rahmen einer bequemen Alltagsversorgung viele Vorteile genießen. Eine vergleichende Studie, die das Bundesfamilienministerium im Frühjahr 2005 durchführte, kommt zu dem Ergebnis, dass junge Männer in Deutschland im Vergleich zu ihren europäischen Geschlechtsgenossen besonders hartnäckige »Nesthocker« seien und aufgrund der Entlastung durch Mutters opferbereite Haushaltsführung und Fürsorge sich intensiv auf Beruf und Karriere hin orientieren können. Mutter kocht und bügelt für den erwachsenen Sohn, weil er doch so viel zu tun hat: mit dem Sport, dem Beruf und manchmal auch mit den Freundinnen. Hat man im Trubel seiner eigenen Berufstätigkeit keine Zeit gefunden, sich selbst zu versorgen, kommt man halt noch einmal schnell in der Küche bei Mama zum Abend- oder Mittagessen vorbei oder zu einem kleinen Plausch, wenn man sich einsam fühlt.

Dass der Studie zufolge der zu Hause gebliebene Sohn außerdem meist nur einen geringfügigen Teil seines Verdienstes in die

Haushaltskasse abgeben muss, verringert erst recht seine Motivation, einen eigenen Hausstand zu gründen. Er kann mit der Unterstützung der Eltern seinen Lebensstandard deshalb sehr hoch halten, was die Betroffenen freimütig als wichtigen Grund für ihren langen Verbleib im Elternhaus angeben.[12]

Der Begriff »Nesthocker« stammt aus der Verhaltensbiologie und bezeichnet dort ein Tierjunges, das aufgrund von Entwicklungsdefiziten zu lange im Nest verharrt und zögert, es in angemessener Zeit zu verlassen. Dieser Begriff hat sich inzwischen nicht nur in den Gesellschaftswissenschaften, sondern auch in der Alltagssprache als Bezeichnung für junge Erwachsene etabliert, die das Elternhaus erst spät verlassen, obwohl sie bereits beruflich Fuß gefasst haben und es meist keine zwingenden Gründe mehr für ein Verbleiben im Elternhaus gibt. Hiermit sind allerdings nicht die zu Hause wohnenden jungen Leute gemeint, die aufgrund wirtschaftlicher Rahmenbedingungen wie inzwischen immer länger andauernder und teurer werdender Ausbildungszeiten, eklatantem Wohnungsmangel an Studienorten oder durch einen fehlenden Ausbildungsplatz weiterhin von den Eltern finanziell abhängig sind. Solche Gründe mögen allerdings eine Haltung vorbereiten, auch nach dem Abschluss der Ausbildung die »Dienstleistungen« des elterlichen Haushaltes weiter in Anspruch zu nehmen.

Durch eine »all-inclusive Versorgung« unterstützt meist die Mutter die Tendenz der Söhne, sich versorgen zu lassen, und stärkt die Neigung des Sprösslings, keine eigene Verantwortung für seinen privaten Alltag zu übernehmen. Sie nährt seine Erwartung, dass er vom lästigen Alltag entlastet wird. Spätere potenzielle Partnerinnen werden sich dann mit dieser Versorgungshaltung herumschlagen müssen, obwohl sie selbst schon längst nicht mehr allzu motiviert sind, in ihren Partnerschaften eine bemutternde Versorgerrolle unwidersprochen zu übernehmen.

Die Entwicklungspsychologie beschreibt den Typus des »sekundären« Nesthockers Mensch als eher unselbstständig und mit einer generellen Lebensangst belastet, die durch eine verzögerte Reifeentwicklung verursacht werde. Wenn Nesthocker dann endlich irgendwann in eine eigene Wohnung aufbrechen, geschieht das meist erst im Zusammenhang mit einer Partnerschaft. Wie Studien berichten, ziehen sie in der Regel sofort mit der Partnerin zusammen, was die gelernte Abhängigkeit unreflektiert fortsetzt. Hier darf man fragen, ob die versorgende Atmosphäre im warmen Nest des Elternhauses diese ängstliche Haltung zur Welt nicht ihrerseits unterstützt hat oder diese sogar durch die Tatsache hervorgerufen wird, dass die Unannehmlichkeiten der schnöden Alltagsbelastungen ferngehalten werden und der junge Erwachsene sich neben der zeitlichen und materiellen Entlastung bei jedem Problem elterlichen Schutz holen kann.[13]

Von dem »Nesthockersyndrom« sind vor allem deshalb mehr die Söhne betroffen, weil sie zu Hause mehr Freiheiten genießen als Töchter. Diese haben in der vergleichbaren Situation mehr unter den Einmischungen und Repressalien der Eltern zu leiden als Söhne, wie die oben genannte Studie herausfand. Folgerichtig dachten nur wenige der für die Studie befragten jungen Männer über eine eigene Familiengründung nach oder über eine Vereinbarkeit von eigener Haushaltsführung, Familie und Beruf. Die Forscher ermittelten, dass lange Ausbildungszeiten, finanzielle Bequemlichkeit und ein Unwille, sich mit Fragen von Unterhaltsregelung und familiärer Arbeitsteilung zu beschäftigen, ebenfalls zu dem zunehmend später werdenden Auszug aus dem Elternhaus beitragen.[14] Die Symptome sind in der Öffentlichkeit präsent. Man lächelt nicht mehr nur über die zu Hause gebliebenen Söhne, wie früher über das »Muttersöhnchen«, sondern vermarktet das Phänomen des Nesthockers bereits. Die Industrie für Spaßartikel hat eine Nische dafür gefunden: So gibt es Tassen, Papierservietten und auch Fußmatten mit der Aufschrift »Hotel Mama« – ein weiterer inzwischen geläufiger Alltagsbegriff, der diese Lebensweise kommentiert.

Schwierig wird die Situation für die sich zu Hause insgesamt meist sehr wohlfühlenden Söhne erst dann, wenn eine festere Freundin im Alltag mehr und mehr Raum beansprucht und das gewohnte Nesthocken stört. Die Eltern, besonders die Mutter, fühlen sich durch ihre häufigen und nicht immer konfliktfreien Besuche oft zunehmend in ihrer elterlichen Intimsphäre gestört. Bei den zu Hause wohnenden Töchtern scheint sich der Vater durch »den zweiten Mann im Haus« gestört zu fühlen, der von Tochter und Ehefrau plötzlich mit mehr Aufmerksamkeit bedacht wird als er. Die Eltern ahnen, dass auch für sie bald ein neuer und kinderfreier Lebensabschnitt beginnen wird.

Die Geschichte von Lars und Melanie zeigt den geglückten, wenn auch späten Auszug von Lars aus seinem Elternhaus. Ohne Melanies großes Engagement, ihn davon zu überzeugen, mit ihr zu leben, und ohne ihre bereits in früheren Beziehungen schon erworbene Trennungskompetenz wäre es vielleicht nicht so bald so weit gekommen.

Lars und Melanie: Der Auszug aus dem Hotel Mama oder: Nesthockers endlich geglückter Abflug

Lars ist Mitte 30, war lange Zeit Single und hatte aus Bequemlichkeit, wegen des als belastend empfundenen Berufsstresses im Alltag und schließlich einfach aus alter Gewohnheit seine Rolle als guter Sohn seiner Eltern beibehalten. Er konnte damit seine Angst vor einer zu engen Bindung zu einer Frau vermeiden und irgendwo neben seinem harten Berufsleben noch Kind bleiben. Das hieß, dass er nach der Arbeit immer erst einmal bei seinen Eltern vorbeifuhr, sich dort entspannte, das für ihn zubereitete Abendessen einnahm, die frisch gebügelte Wäsche einpackte und seine schmutzigen Sachen bei der Mutter zurückließ. Danach fuhr er in seine eigene Wohnung um die Ecke und verbrachte dort seinen restlichen Feierabend. Der Service im »Hotel Mama« war nach seinem anstrengenden Arbeitstag ganz praktisch, und Lars blieb bei dieser Gewohnheit, weil das Ganze bequem und vertraut war. Er vermisste eine feste Beziehung zu einer Frau nur selten. Es genügte ihm, ab und zu zu flirten oder gelegentlich mit einer Frau auszugehen. Darum wurde es nie etwas Ernstes. Die Eltern hatten ihn ja auch immer gerne bei sich zu Hause, und er blieb »frei« und ledig.

Sein Flirt mit Melanie aber brachte zum ersten Mal Unruhe in sein gut organisiertes Timing zwischen Arbeitsplatz, regelmäßigem Sport und Golf, dem Elternhaus und den Treffen mit seinen Freunden. Melanie war eine quirlige, sozial aufgeschlossene Frau, die durch ihren Humor und ihre Aufgewecktheit, aber auch durch ihre feine Rücksichtnahme die Freunde von Lars beeindruckte. Sie hatte sich, bevor sie Lars kennenlernte, von einem Mann getrennt, mit dem sie längere Zeit zusammengelebt hatte, und war in gewisser Weise beziehungserfahren: Sie stellte daher keine allzu überzogenen Erwartungen an einen gemeinsamen Alltag mit einem Partner, wollte aber mit Lars eine feste Beziehung haben. Sie wusste, dass es im Zusammenleben immer wieder einmal Rückzug geben würde und dass jeder auch seine eigenen Interessen verfolgen muss. Was sie aber zwischen Lars und seinen Eltern beobachtete, das war zu viel für ihr Verständnis: Für sie beide blieb selten Zeit übrig, zu zweit allein essen zu gehen oder sich allein zu verabreden, weil sich die Freizeit von Lars weiterhin überwiegend bei den Eltern abspielte. Sie begann ärgerlich zu werden und insgeheim darüber nachzudenken, ob Lars nicht etwa »zurückgeblieben« sei. Ihre eigenen Eltern mischten sich zwar auch noch ab und zu mit gutgemeinten Ratschlägen in ihr Leben ein und gaben ihre elterlichen pädagogischen Kommentare ab. Aber im Alltag von Lars besetzte dessen Mutter immer noch ein Terrain, das eigentlich – wie sie fand – ihr gehört.

Lars hatte immer viel zu wenig Zeit für Melanie. Sie wollte das nicht länger dulden, andererseits wollte sie sich von ihm nicht trennen und ging beeindruckend systematisch vor:

- Zunächst fragte sie sich, ob Lars' Verhalten etwas damit zu tun haben könnte, dass sie für ihn nicht ausreichend anziehend ist. Sie entschied aber selbstbewusst, dass dies nicht der ausschlaggebende Grund für sein Verhalten sein konnte.
- Dann erkämpfte sie sich Schritt für Schritt die einzelnen Lebensbereiche, die ihr Freund den Eltern in seiner alten Familienrolle als Sohn überlassen hatte.

- Sie sorgte schrittweise dafür, dass sie gemeinsame Mahlzeiten einnahmen, dass ihre Sonntage auch häufiger ohne Eltern verbracht wurden, und sie raffte sich sogar auf, gemeinsam mit ihm Sport in der Freizeit zu treiben.
- Statt sich zu beklagen und zu nörgeln, was durchaus verständlich gewesen wäre, hatte sie sich entschieden, mit ihm eine neue Beziehungskultur zu entwickeln, anstatt ihm weiter zu erlauben, seine Sohnrolle beizubehalten oder dieses »Sohnverhalten« manchmal sogar ihr gegenüber unverblümt an den Tag zu legen und sie für all die Bereiche verantwortlich zu machen, die sonst die Mutter widerspruchslos übernommen hatte. Das wollte sie auf keinen Fall durchgehen lassen.

Das ging natürlich nicht ohne Auseinandersetzung. Vor allem die Mutter beklagte sich vorwurfsvoll bei ihrem Sohn, dass er gar keine Zeit mehr für sie habe. Lars pendelte mit schlechtem Gewissen zwischen Melanie, deren Ansprüche er wirklich langsam einsehen konnte, und seiner Mutter, die sich ja immer so gut um ihn gekümmert hatte, hin und her. Irgendwann mischte sich sein bester Freund ein und sagte ihm klipp und klar, ob er eigentlich wisse, was für einen »Schatz« (Melanie) er habe, den er mit seinen albernen »Sohn-Allüren« aufs Spiel setze. Jetzt musste er sich auch derbe Sprüche von den Freunden wie zum Beispiel »Mamasöhnchen« anhören. Mit etwas Abstand konnte er sehen, dass er sich nicht wirklich aus dem Nest bewegt hatte, sondern bequem alle Fürsorge aufgesaugt hatte. Melanie hänselte ihn manchmal, wenn er allzu großväterlich in seinem Sessel hinter der Zeitung verschwand und brachte ihn auf Trab. Zu den Besuchen bei den Eltern begleitete sie ihn jetzt manchmal, auch wenn die Mutter immer nur stichelte und ihre Besuche nicht besonders schätzte. Leicht war das für alle nicht.

Melanie und Lars haben sich inzwischen eine eigene gemeinsame Wohnung gesucht und Möbel angeschafft. Für Lars ist es noch ein Abenteuer, denn Melanie ist die erste Frau, mit der er es wagt, richtig zusammenzuleben. Er ahnt, dass er Glück gehabt hat. Er hat eine Frau gefunden, die bereits genügend Trennungskompetenz aus ihrem bisherigen Leben mitbrachte. Melanie hat für ihn zeitweilig eine »Aufmunterungsfunktion« übernommen und ihn zur Trennung aus der Sohnesrolle und zur Selbstständigkeit motiviert. Ihr fiel es deshalb leichter, weil sie sich selbst schon früh von den Ansprüchen ihrer Familie hatte lösen können und ihrer eigenen Mutter immer wieder Grenzen gesetzt hatte, wenn diese sich in ihr Leben einmischen wollte.

Man könnte fast sagen: Lars hat sich von Melanie anstecken lassen, ein Leben als erwachsener Mann zu beginnen und endlich die Ablösung aus der gemütlichen Sohnesrolle zu wagen. Daran, dass ihm die Trennung plötzlich nicht mehr unmöglich erschien, erkannte er, dass er aus Gewohnheit und wahrscheinlich aus einer gewissen unreflektierten Bequemlichkeit heraus seine Rolle so lange ausgelebt hat. Lars unternimmt inzwischen mit Melanie Urlaube, sie gestalten ihre Freizeit häufig zusammen, haben sowohl einen eigenen als auch einen gemeinsamen Freundeskreis. Es sieht ganz danach aus, als habe es auch nur einer energischen Hand und eines Anreizes bedurft, damit Lars sich auf den Weg aus dem Elternhaus machen konnte, selbst wenn er auch diese Entscheidung aus Bequemlichkeit an eine Frau delegiert hat.

- Melanie wird eine Zeit lang sehr wachsam sein müssen, dass Lars nicht weiterhin von ihr erwartet, dass sie im Zusammenleben immer die Initiative ergreifen muss und für alle Aktivitäten und Versorgungsleistungen zuständig wird, wie es die Mutter war. Sie wird darauf achten müssen, dass seine Bequemlichkeit nicht ihren eigenen Freiraum einschränkt.
- Die Konflikte, die Lars mit seinen Eltern wegen seiner späten Ablösung durchstehen muss und die er seit seiner Pubertät vor sich hergeschoben hat, machen ihm noch immer sehr zu schaffen. Manchmal hadert er mit der Unruhe, die Melanie in sein Leben gebracht hat. Er wird selbst noch viele kleine Trennungen vornehmen müssen, sich zum Beispiel davon verabschieden, dass seine Wünsche immer im Mittelpunkt stehen, dass er in Haushaltsdingen von anderen weiter entlastet wird und dass er sich bei Konflikten einfach zurückziehen kann.

Es ist nachzuvollziehen und ganz normal, dass Kinder manchmal auch noch als Erwachsene in Krisenzeiten zu Hause Schutz suchen. Erklärungsbedürftig wird jedoch ein solches Verhalten, wenn dieser Schutz in nahezu allen Situationen aufgesucht wird, die vom Sohn oder der Tochter eine Anstrengung erfordern, die einen Übergang in eine andere soziale Rolle bedeuten und eher als Vermeidungsverhalten oder Bequemlichkeit gedeutet werden können.

Geschichten von verspäteter Ablösung von den Eltern scheint es weltweit zu geben. Hollywood hat vor kurzem im Film »Zum Ausziehen verführt« das Thema des »Nesthockers« auf humorvolle Weise aufgenommen. Der familiäre Hintergrund des männlichen Protagonisten wird dort ganz ähnlich aufgezeichnet wie in unserer Beispielgeschichte. Die nicht gerade hoffnungsvolle Feststellung, dass die jungen Männer mehr und mehr »Mamasöhne« bleiben und immer weniger feste Partnerschaften mit Frauen eingehen wollen, wird dort ironisch karikiert: Ein sportlicher Mittdreißiger, Schwarm aller jungen Frauen seiner Stadt, haust in diesem Film immer noch in seinem unveränderten Kinderzimmer bei den Eltern. Mama bügelt seine Wäsche, verpflegt ihn, hält sein Zimmer sauber, während der Sohn das süße Leben eines großen charmanten Jungen führt. Anders aber als in der Realität des Alltags und in den Fallgeschichten haben die Eltern in diesem Film von ihrer ausufernden Versorgerrolle gegenüber dem unselbstständigen Sohn mehr als genug. Im Land der unbegrenzten Möglichkeiten gibt es für alles eine Lösung: Paula, eine attraktive junge Frau, ist beruflich als Coach darauf spezialisiert, im Auftrag von Eltern die »überreifen« Söhne aus dem Nest zu locken und sie durch Verführung endlich zum Auszug zu bewegen. Sie vermietet ihre Künste gegen ein deftiges Honorar.

Dass Hollywoodfilme in der Regel enden wie Märchen, kann man natürlich auch hier erwarten: Der selbstständigkeitsunwillige Sohn verliebt sich in die schöne Paula und sie sich auch in ihn. So bleibt es nicht aus, dass ihr heimtückisches Geheimnis als »Miet-Schwiegertochter« auffliegt. Aber die amerikanische

Filmwelt lässt den Zuschauer nicht allein mit seinen Träumen von der heilen Beziehungswelt. Nach vielerlei Trubel kommt es zum Happy End und der große Junge, der lieber mit seinen Freunden zum Sport geht, als sich um seine Hemden, sein Essen und seinen Alltag zu kümmern, bequemt sich, Mutters Rockzipfel loszulassen und Paula in die fremde und unbequeme Welt der Erwachsenen nachzufolgen. Was auf Paula nach dem vorläufigen Film-Happy-End im realen Alltag an Abgrenzungskonflikten noch zukommt, wird nicht gezeigt. Man kann sich gut vorstellen, dass das sicherlich eine harte Herausforderung wäre.

In unserer Geschichte von Lars und Melanie war die »Verführung zum Ausziehen« nur mit kleineren Dramen und vielen »kleinen Trennungen« und ohne allzu große Komplikationen vonstattengegangen, sodass man annehmen kann, dass Lars Geschmack am Flüggewerden bekommen hat. »Fliegen lernen« wird er jetzt mit eigener Anstrengung lernen, und Melanie wird auf ihre eigenen Versorgungsbedürfnisse achten müssen.

Das Phänomen einer überstarken Bindung eines jungen Erwachsenen ans Elternhaus spielt auch in der folgenden Geschichte von Lenas und Florians Partnerschaft eine Rolle. Lena ist es bisher nicht gelungen, Florian davon zu überzeugen, dass sein Leben mit ihr jetzt in der Gegenwart und nicht zu Hause als Sohn bei den Eltern spielt und er sich mit ihr als Partnerin auseinandersetzen soll.

Lena und Florian: »Was hat er nur?« Oder: Wenn ein Fisch und ein Vogel sich ineinander verlieben, wo sollen sie leben?

Lena und Florian haben sich gegen Ende ihres Studiums kennengelernt und trafen sich häufiger im Mensa-Café.

Wegen ihrer Schlagfertigkeit, ihres Charmes und auch wegen ihres anziehenden Äußeren ist Lena nicht zu übersehen. Sie wird ziemlich umschwärmt, was sie nicht besonders zu interessieren scheint. Den Komplimenten ihrer Kommilitonen gegenüber verhält sie sich eher cool und abweisend. Irgendwie gefallen ihr die »Vertreter« ihrer Fakultät nicht besonders. Wer sie allerdings reizt, ist ein Student, der durch ein gewisses zur Schau getragenes Desinteresse auffällt, mit dem er seine Mitstudentinnen zu beobachten scheint. Sie geht auf ihn zu, um mit ihm humorvolle Kommentare über die anderen auszutauschen und sich mit ihm gemeinsam herrlich darüber zu amüsieren. Am Anfang sind die Treffen mit ihm wie ein spritziges Feuerwerk, mit klugen Gedanken und unterschwellig heißem Flirt. Es dauert nicht lange, bis die beiden eine ernstere Beziehung beginnen. Lena, die sich von Florian auch ein bisschen »mehr Tiefe« erwartet hat, ist zunehmend darauf erpicht, ihn häufiger zu treffen, um mit ihm diese wunderbar leichte Art von witziger Kommunikation weiter fortzusetzen und mit ihm ihre spärlich bemessene Freizeit vor dem Examen zu verbringen.

Doch trotz ihrer angenehmen Begegnungen am Anfang entwickelt sich die Beziehung nach und nach seltsam distanziert. Florian zieht sich immer mehr zurück, verbarrikadiert sich hinter seinen Prüfungsvorbereitungen und verhält sich ausgesprochen ungesellig, vor allem im Bezug auf Besuche bei gemeinsamen Freunden oder auch bei Lenas Familie. Insbesondere irritiert es sie, dass Florian an den freien Wochenenden fast immer seine Eltern besucht, anstatt mit ihr diese kostbare Zeit zu verbringen. Hat sie sich doch so ein Muttersöhnchen ausgewählt?

Sie packt den Stier bei den Hörnern. Ähnlich wie Melanie nimmt sie es auf sich, den Anfang zu machen und Florian bei seinen Elternbesuchen zu begleiten. Sie traut ihren Augen nicht: Kaum ist Florian zu Hause, verwandelt er sich in einen sanften, zuvorkommenden angepassten Sohn. Die jugendlich wirkenden Eltern verwickeln ihn in Gespräche, die voller Fürsorge und Wertschätzung für ihn sind, und Lena sitzt verloren am Tisch, weil niemand sich mit ihr befasst.

Lena kocht vor Wut. Als sie später einen Besuch in ihrer eigenen Familie vorschlägt, gerät auch das zum Desaster. Florian streitet intellektuell und aktiv mit allen männlichen Mitgliedern der Familie, besonders mit Lenas Brüdern. Bald hat sie kein Interesse mehr daran, dass er sie zu ihrer Familie oder zu Freunden begleitet, weil sie danach nur streiten. Für gemeinsame Urlaube findet Florian keine Zeit: Er muss viel arbeiten oder – wie Lena es despektierlich nennt – »die Mutter hüten«. Sie bemerkt schließlich, dass sie immer weniger Spaß und immer mehr Kummer mit ihm hat. Sie haben bereits endlose »Beziehungsgespräche« geführt, unter anderem darüber:

Warum er sich ihr gegenüber nicht mehr öffnen würde? Warum er sich immer mehr zurückziehen müsse? Weshalb er immer alles kritisieren müsse? Energisch konfrontiert sie ihn: Sie bräuchte mehr Zeit mit ihm. Er hört sich alles aufmerksam an, manchmal gibt er ihr auch recht mit ihrer Kritik. Aber diese Gespräche haben einen noch stärkeren Rückzug in seine Arbeit zur Folge.

Ihre Brüder und Freundinnen verstehen nicht so ganz, warum sie sich nicht schon lange von ihm getrennt hat. Auch sie selbst findet das langsam erklärungsbedürftig.

All ihre Versuche, Florian mittels »Einsicht« oder durch Zärtlichkeiten näher an sich zu binden oder an ein gemeinsames Beziehungsleben zu gewöhnen, schlagen fehl – anders, als es bei Melanie der Fall war. Die guten Ratschläge von Freundinnen und Vertrauten verpuffen im Leeren. Lena wird zunehmend frustriert. Offenbar wirkt weiterhin eine gewisse Anziehung zwischen ihnen, aber irgendetwas scheint mit ihrer »Chemie« nicht zu stimmen, kann sie aber auch nicht auseinandergehen lassen.

In den vorherigen Beziehungsgeschichten haben Sie schon gelesen, wie unangemessene Erwartungen, der andere könne die eigenen Bedürfnisse erraten, oder unerfüllte Wünsche aus der Vergangenheit, die man jetzt an den Partner richtet, zu Stolpersteinen für eine gute Beziehung werden können.

Doch bei Lena gab es noch eine andere Ursache für das zunehmende Partnerschaftsdesaster: Sie hatte ihrer Meinung nach alles versucht und auch selbst »hart an sich gearbeitet«. Als wir in einem Beratungsgespräch die unterschiedlichen Herkunftsgeschichten und Familienstile von Lena und Florian miteinander verglichen, wurde schnell deutlich, wo es zwischen den beiden Berührungspunkte gibt und wo beide möglicherweise die sozialen Gewohnheiten des anderen einfach nicht verstehen können und sich deswegen gegenseitig ständig unbewusst brüskierten. Dies brachte eine neue Sicht in die Angelegenheit:

Lena ist in einer Familie aufgewachsen, in der »ein offenes Haus« zelebriert wurde, in der ihre beiden älteren Brüder Freunde und Freundinnen mit nach Hause bringen, die Mutter und der Stiefvater ein intensives soziales Leben führen und wo viel gesprochen und kritisiert, gefeiert und gekocht wird. Fast jeder, der kam, fühlte sich dort spontan wohl. Lenas leiblicher Vater hatte bereits früh nach ihrer Geburt die Familie verlassen. Sie war regelmäßig als kleines Mädchen mit neugierigen Augen in Begleitung der beiden Brüder in die Hauptstadt gereist, um ein Wochenende beim Vater und dessen neuer Familie zu verbringen. Die Mutter hatte bald einen neuen Partner gefunden und es gab viel Bewegung und Trubel in der Familie. Die Schattenseite dieses Lebens war, dass Lena glaubte, sie müsse sich immer ganz besonders anstrengen, um Aufmerksamkeit zu bekommen. War das zunächst die Aufmerksamkeit von den älteren Brüdern, dann vom Vater an den Besuchswochenenden oder von der Familie, damit sie das Gefühl bekam, als einziges Mädchen dort gehört zu werden, so wurde das Verhalten später zu einer allgemeinen Haltung. Sie bemühte sich immer, »besonders klug oder besonders witzig zu sein«. Manchmal hatte sie von all der Anstrengung genug und hätte sich am liebsten nur zurückgelehnt. Aber sie fürchtete, dass man sie dann nicht wertschätzen würde. Das war natürlich nicht der Fall, denn ihre Freunde mochten sie so, wie sie war.

Florian dagegen war in einem kleineren Ort und in engen Verhältnissen groß geworden. Seine Eltern verhielten sich eher distanziert zu ihrem sozialen Umfeld und konzentrierten das Familienleben sehr auf ihn. Der Vater war überbeschäftigt und es blieb nicht viel Zeit für den Sohn und seine Frau übrig. Als Florian heranwuchs, wurde er der Begleiter der Mutter bei allen kulturellen Anlässen. Unternehmungen mit Kommilitonen gab es kaum. Wenn er mit seiner Mutter zusammen war, galt ihre Aufmerksamkeit ausschließlich ihm und seiner Meinung. In Kontakten mit Gleichaltrigen im Studium zeigte sich auch bald, dass er mit denen »gar nichts Richtiges anfangen konnte« und er eher die Nähe von älteren Studenten oder auch sogenannten Erwachsenen suchte.

So trafen zwei Welten aufeinander, von denen Lena und Florian sich gegenseitig angezogen fühlten: Florian von Lenas Lebendigkeit und Lena von der scheinbaren Ruhe und der Konzentration, die von Florian ausgeht. Über die Verschiedenheit dieser Welten hatten sich die beiden nie ausgetauscht, sondern jeder begann, sich in Krisenzeiten vom anderen missverstanden und verlassen zu fühlen. Florian erwartete, dass sich alle Aufmerksamkeit auf ihn richte, und lehnte deshalb die üblichen sozialen Kontakte, Freunde, Feten, Urlaube und all das ab, was altersgemäß für junge Erwachsene von Bedeutung ist, weil er dann nicht Lenas volle Aufmerksamkeit bekommen würde. Sie wünschte im Zusammensein mit ihm, dass sie beide als Paar in ein soziales Netz eingebunden wären und auch mit anderen Spaß und Freude hätten, wenn er endlich einmal Zeit für sie hatte.

Viele Menschen bedenken häufig nicht, dass verschieden erlebte Familienstile eine Verständigung in Beziehungen zwar einerseits bereichern, andererseits aber auch massiv stören können, wenn sie sich darüber nicht bewusst sind und sich nicht ausreichend davon lösen können. Sie suchen Fehler für Missverständnisse stattdessen beim anderen oder bei sich, die »Selbstkritik-CD« läuft wieder an und sie quälen sich mit all den selbstkritischen Betrachtungen, die sie in Krisenzeiten schon immer über sich angestellt haben.

Nützlich für eine Konfliktbewältigung kann es in einem solchen Fall sein, einmal über sein eigenes »prägendes soziales Training« nachzudenken, welches die wichtigsten Beziehungen in der Herkunftsfamilie bestimmt hat.

Lena entdeckt dabei, dass sie viel Trubel braucht, aber auch, dass sie sich sehr leicht kritisiert fühlt, wenn man sie nicht beachtet. Sie stellt fest, dass sie sich immer sehr anstrengt, um Aufmerksamkeit zu bekommen, und dass diese Anstrengung manchmal auf andere »bedrohlich« wirken kann. Sie erkennt aber auch, dass eine positive soziale Atmosphäre ein notwendiger Hintergrund für sie ist, auf den sie nicht verzichten möchte. Wenn ihr ein solcher Hintergrund fehlt, reagiert sie mürrisch oder frustriert und wird unglücklich.

Was könnten Lena und Florian oder Menschen in ähnlichen Situationen tun?

- Lena könnte Florian einladen, mit ihr zusammen darüber nachzudenken und sich gegenseitig zu erzählen, was jeder von beiden in seinem bisherigen Leben als angenehme soziale Situationen erlebt hat. Sie könnten sich zunächst selbst Fragen beantworten wie: Was gefällt mir? Was mag ich überhaupt nicht? Dann könnten sie dem anderen mitteilen: Was gefällt mir an deiner Art bei Sozialkontakten, was ist mir fremd? Bin ich bereit, das Experiment einzugehen, mich quasi in diesem mir fremden »Beziehungsland« von dir (mit deiner Hilfe) neugierig umzusehen?
  Florian und Lena hatten mit ihren gemeinsamen Unternehmungen meist nicht so viel Erfolg, weil sie einfach vorausgesetzt hatten, ähnliche Bedürfnisse zu haben. Das tun viele Paare am Anfang ihrer Beziehung.
- Beide könnten sich ihre jeweiligen Unterschiede bewusst machen und beschließen, dass sie in Zukunft darauf verzichten, diese abwertend zu kommentieren. Häufig setzt man gedankenlos Abwertungen ein wie: »Mein Gott, hast du oberflächliche Freundinnen!«, oder: »Warum musst du immer im Mittelpunkt stehen?« Wenn einem selbst solche Verhaltensweisen des anderen fremd sind oder man sich insgeheim sogar wünscht, manchmal selbst gern so zu sein, reagiert man leicht aggressiv dem anderen gegenüber.
- Wenn Sie Ihre eigene Beziehung weiter erhalten wollen, könnten Sie mit Ihrem Partner verabreden, dass Sie einmal versuchsweise jeweils eine Woche in Ihrem eigenen Stil zusammenleben (ohne negative Kommentare und Abwertungen zu machen) und Sie sich dann eine Woche lang im gewohnten Beziehungsstil des anderen versuchen.

- Nach Ablauf dieses Experiments können Sie sich fragen, was Ihnen an diesem Experiment gefallen hat, was Ihnen dabei schwergefallen ist und ob Sie dadurch etwas mehr Verständnis füreinander entwickelt haben. Vielleicht ergeben sich daraus interessante Gespräche und neue Blickwinkel.
- Es ist aber trotz aller Bemühungen nicht auszuschließen, dass man schließlich auch entdeckt, dass die verschiedenen Grunderfahrungen und das Festhalten daran ein unüberwindbares Hindernis bilden. Man muss sich deshalb vielleicht entscheiden, wie und ob man diese Unterschiede gezielt und gegebenenfalls mit fachlicher Hilfe gemeinsam bewältigen möchte oder von welchen eigenen Verhaltensmustern man sich trennen muss.

Zurück zu Lena und Florian:

Sie haben ein gemeinsames Gespräch über ihre sozialen Vorlieben geführt und das Experiment gewagt, je eine Woche dem Lebensstil des anderen zu folgen, weil es ihnen ernst war mit ihrer Beziehung. Lena ist nach dieser Experimentierphase, der Florian zunächst oberflächlich knurrend, innerlich aber ziemlich interessiert und aufgeregt gefolgt war, für sich zu ganz wichtigen Einsichten gekommen:

Unverzichtbar für ihr weiteres Leben ist es für sie, nicht nur mit Florian, sondern auch zusammen mit Freunden, mit ihrer Familie und in ihrem sozialen Netz zu leben. Ihr ist in dieser Woche deutlich geworden, dass sie sich immer extrem anstrengte, um seine Aufmerksamkeit zu gewinnen, und letztlich schnell an ihrem Selbstwert zweifelte, wenn sie irgendwo nur »dabeisaß und sich niemand an sie wandte«. Sie bekam Zugang zu vielen Erinnerungen von sich als dem kleinen Mädchen, das Wochenende für Wochenende am Flughafen an der Hand der großen Brüder hinter ihnen hergezockelt war, um den Vater zu besuchen. Sie hatte sich dabei immer als störend empfunden. Früh hatte sie offenbar gelernt, immer reizend zu sein und anderen zu gefallen. Als ihr das bewusst wurde, wurde sie traurig darüber und irgendwo auch wütend: Sie hatte keine Lust mehr, sich weiter so anzustrengen.

Sie nahm sich vor, etwas mehr auf die Gegenwart zu achten und ein bisschen mehr zu beobachten, was in ihrem Freundeskreis um sie herum vorging. Da bemerkte sie, dass sie bei einem mehr gelassenen Kontakt nach außen plötzlich einige der ihr früher »langweilig« erschienenen Menschen, insbesondere jüngere Männer, gar nicht mehr so langweilig fand. Manche hörten ihr aufmerksam zu, auch wenn sie nur irgendeine Kleinigkeit erzählte, sie boten ihr höflich und freundlich einen Stuhl an und erkundigten sich manchmal interessiert nach ihrer Meinung oder nach ihrem Alltag oder sogar nach ihrer Telefonnummer. Das waren ja gar keine »Weicheier«, das waren eigentlich ganz nette Kerle. Lena war verblüfft. Es war vielleicht doch alles okay mit ihr: dass sie gerne Leute um sich hat, dass sie gerne mit ihren Freunden zusammen war. Aber nicht mehr okay für sie war es mit einem Mal, dass sie der Aufmerksamkeit derer nachjagte, die ihr besonders kaltschnäuzig und unaufmerksam begegneten.

Wenn Lena ihre Selbstbewusstheit durch das neue Trennungsmanagement von ihren alten Überzeugungen weiterentwickeln könnte und an ihrer Verletzlichkeit arbeiten würde, müsste sie sich vielleicht gar nicht von Florian trennen, was bisher ihre größte Furcht war.

Florian hatte in der Experimentierphase auch sehr mit sich zu kämpfen, zuerst besonders damit, sich überhaupt darauf einzulassen. Erst als er sah, wie ernst es Lena war, stimmte er zu. Er bemerkte selbst, wie abgetrennt er manchmal von den anderen war und welche oberflächlich kalte Umgebung er häufig aufsuchte, damit er dort seine spöttischen und ironischen Bemerkungen besser platzieren konnte. Einerseits packte ihn diese neue Erkenntnis ziemlich hart an, andererseits waren aber auch seine Verdrängungsmechanismen ziemlich hartnäckig. Schnell zog er sich immer wieder mit Schutzargumenten auf bekanntes Terrain zurück, dass er ja jetzt für seine weitere Graduierung arbeiten müsse, weil er ein weiteres Karriereziel vor sich habe und für »Psychokram« und solche Szenen gar keine Zeit übrig haben würde. Ganz tief im Inneren bedauerte er, dass ihm für die Bedürfnisse von Lena ein tieferes Verständnis fehlte. Es wollte ihm aber auch nicht so recht gelingen, es Lena gegenüber einzugestehen.

Lena beginnt jetzt, sich mehr und mehr von ihrem »inneren kleinen Mädchen« zu trennen, das noch daran glaubt, nur dann geliebt zu werden, wenn es sich anstrengt. Das erleichtert sie sehr. Es macht sie traurig, zu sehen, dass Florian mit ihrer Weltsicht wenig anfangen kann und im Augenblick auch nicht bereit ist, auf sie zuzugehen. Sie mag ihn immer noch, aber nach dem Zwei-Wochen-Experiment kann sie besser verstehen, dass sie selbst einer alten Struktur gefolgt ist, in der sie sich abgelehnt fühlt und dass sie sich bei der Partnerwahl jemanden gesucht hatte, der sie und sich selbst zu immer neuer Anstrengung anstachelte und damit ihre gewohnten Beziehungsmuster immer wieder aufrechterhielt.

Wie es mit den beiden in der Beziehung weitergehen wird, steht in den Sternen. Lena kümmert sich auf jeden Fall mehr um sich, sie beobachtet sich und ihre Reaktionen und wendet sich wieder mehr ihrem eigenen Freundeskreis zu. Manchmal hofft sie, dass ihre Beziehung mit Florian weitergehen könnte und die überfälligen kleinen Trennungen von ihren alten Gewohnheiten bewirken könnten, dass sie sich nicht von ihm trennen muss. Daran denkt sie immer öfter, wenn sie besonders gekränkt von seinem Verhalten ist. Sie will sich noch Zeit lassen, um herauszufinden, was letztlich für sie möglich ist.

Ulrike und Ralf: Wenn Eltern leiden

Nicht nur im oben genannten Film »Zum Ausziehen verführt« greifen Eltern aus Verzweiflung zu seltsamen Maßnahmen, wie zum Engagieren eines »Trennungscoaches«, um trennungsunwillige erwachsene Kinder aus dem Nest zu stoßen. Auch im realen Leben suchen sie Hilfe bei Freundinnen oder bei Beziehungsberatungsstellen, wenn der flügge gewordene Sohn das Elternhaus einfach nicht verlassen will.

Ulrike ist Anfang 50, unternimmt mit ihrem Mann gern Reisen und besucht kulturelle Veranstaltungen. Sie fühlt sich zunehmend von ihrem inzwischen 29-jährigen und noch zu Hause lebenden Sohn eingeengt und bedrängt. Der Sohn hat eine kleine, gut gehende Kanzlei, die er vom Souterrain des Elternhauses aus betreibt. Er lebt zwischen den Rollen als Sohn einerseits und des erfolgreichen Jungunternehmers andererseits gemütlich im elterlichen Nest. Die Küche, das Bad und die Wirtschaftsräume nimmt er gerne in Anspruch, er verliert auf dem Weg vom einen zum anderen Raum häufig seine Sachen und überzieht das gesamte Haus wie in seinen Teenagerzeiten weiterhin mit seinen Spuren.

Ulrike fühlte sich durch seine häufige Anwesenheit und den von ihm oft damit eingeforderten Versorgungsleistungen gestört, die sie immer häufiger eher aus Gewohnheit und mit zunehmendem Verdruss für ihn leistet. Da der junge Mann ständig junge Frauen mit ins Haus bringt, die im Bad ihre Haare föhnen oder vor der Party noch kurz etwas aufbügeln wollen, ist sie immer gefragt und fühlt sich als »Hotel Mama für junge Paare« inzwischen wirklich übermäßig in Anspruch genommen. Wenn sie ihrem Unmut Luft macht, ist der Sohn völlig einsichtig. Doch die wohlgemeinten Worte fruchten nichts. Sie bespricht mit ihrem Mann, dass »es doch gut wäre, wenn der Junge endlich lernen würde, auf eigenen Füßen zu stehen«. Sie bereitet sich auf den mutigen Schritt vor, mit ihm über einen baldigen Auszug zu sprechen. Innerlich war sie sich nicht so ganz sicher, ob sie denn »ihr Kind so aus dem Nest stoßen« dürfe. Erstaunlicherweise nimmt es Mike schließlich ganz locker auf. Er ist sofort einverstanden und verspricht, sich etwas zu suchen, was ihm gefällt.

Ulrike träumt davon, wie sie es genießen wird, wenn er ausgezogen ist, auch wenn es sicher erst einmal schmerzen wird. Manchmal ertappt sie sich dabei, wie sie in seinem Zimmer steht, das sehr viel ruhiger und schöner ist als ihr eigenes Arbeitszimmer, und sich vorstellt, wie sie es nach seinem Auszug für sich einrichten wird. Ein bisschen hat sie jedoch ein schlechtes Gewissen dabei. Der unvermeidliche Abschiedsschmerz, den ihre Entscheidung zur Folge haben wird, und der Wunsch, sich von der versorgenden Mutterrolle zu trennen, aber auch die befreiende Vorstellung, endlich ungestört für sich und mit ihrem Mann allein sein zu können, existieren neben ihrer Überzeugung, eine »Rabenmutter« zu sein, wenn sie so selbstsüchtig ist und ihn in die »kalte Welt« verstößt. Bei Gesprächen mit Freundinnen wird ihr klar, dass der Prozess der Ablösung des Sohnes in jedem Fall stattfinden muss und nicht zu vermeiden ist, sondern bislang eben nur lange aufgeschoben war. Vor den Freundinnen schämt sie sich ein bisschen. Die haben alle schon längst solche Probleme mit ihren Kindern hinter sich gebracht und nehmen sie deshalb in ihrem Trennungsschmerz gar nicht mehr ernst.

Ich rate Ulrike, sich ihre Situation einmal mehr von außen anzusehen. Dabei entdeckt sie ganz andere Züge an ihrem Sohn als bisher: wie er sie immer wieder um den Finger wickelt, wenn er es sich bequem machen will, was sie vorher nur humorvoll genommen hat. Sie nimmt erstaunt ihre eigenen Bedürfnisse nach mehr Ruhe, Regelmäßigkeit und Ordnung in ihrem Haus wahr und auch nach Intimität mit ihrem Mann. Es scheint, als hätte sie die ganze Zeit, als sie noch »die Mutter fürs Gröbste« war, gegen ihre eigene Biologie gelebt. Sie erzählt, dass sie oft müde ist, dass sie die Übungen im Fitnessstudio auch nicht mehr so intensiv absolvieren könnte und dass sie viel mehr Schlaf bräuchte als früher, so als sei ihr mit dem bevorstehenden Auszug des Sohnes vorübergehend ihre gesamte Kraft und Vitalität verloren gegangen.

Scheuen nicht nur die Söhne das Flüggewerden, sondern halten auch die Mütter unbewusst so lange an ihnen fest, weil die Konfrontation mit der Vergänglichkeit und der Angst vor dem Älterwerden durch das aktiv tätige Muttersein in Schach gehalten werden kann? Und kann die Illusion von andauernder Jugend dadurch erhalten bleiben und ersparen es sich auf der anderen Seite die Kinder durch das Verbleiben in der Familie, sich der Selbstversorgung in der »harten Welt« auszusetzen und dort Konflikte austragen zu müssen? Stattdessen können sie ihre eigene Trennungsangst und die der Mutter durch »Nesthocken« beschwichtigen. Was würde Mike dazu sagen? Ob er nicht auch erleichtert ist, dass er schuldfrei gehen und die Eltern allein lassen darf, obwohl er nicht wirklich Anstalten dazu macht?

Wenn die Trennung der Kinder aus dem Elternhaus spät erfolgt, in einem Alter, wo andere Eltern schon Großeltern werden, erscheint den Eltern auch unvermittelt die verbleibende Lebenszeit deutlicher vor Augen und die Angst vor der Vergänglichkeit kann sich massiv zu Wort melden.

Es gibt Untersuchungen zum sogenannten »Empty-Nest-Syndrom«, womit die Reaktionen von Eltern auf den Auszug des letzten Kindes aus dem Elternhaus beschrieben werden. Dabei wurde festgestellt, dass die Eltern einen Zeitraum von 10 bis 18 Monaten brauchen, um den Abschied von der gewohnten Familiensituation zu betrauern. Gleichzeitig müssen sie lernen, sich wieder als Paar aufeinander zu beziehen und neue Gemeinsamkeiten miteinander zu entwickeln, damit diese Lebensphase gelingen kann. Den Untersuchungen zufolge ist diese Phase häufiger von leichten depressiven Verstimmungen begleitet. Wenn sich die Eltern auf diesen neuen Lebensabschnitt vorbereiten und sich andere Aufgaben und Interessensbereiche suchen, kann diese Phase des »Empty-Nest« leichter und auch in kürzerer Zeit bewältigt werden.[15]

Julia: Die Sicht einer Tochter

Julia berichtet davon, dass es manchmal auch die Eltern sein können, die ihre erwachsenen Kinder nicht aus dem Elternhaus ausziehen lassen wollen und dafür häufig materielle Gründe ins Feld führen, die auch auf andere Weise bewältigt werden könnten.

Julias Vater hatte für die Kinder im elterlichen Mehrfamilienhaus eine eigene Wohnung ausgebaut, aus der ihre älteren Geschwister nach und nach ausgezogen sind. Julia blieb zurück und bekam den Auftrag, die bisherige Geschwisterwohnung als Wohngemeinschaft an Studenten zu vermieten und auch selbst dort wohnen zu bleiben. Ein paar Semester ging das leidlich gut mit all den gewöhnlichen Problemen, die eine Wohngemeinschaft mit sich bringt. Die Eltern waren räumlich so nah, dass es neben den Vorzügen dieser Nähe aber auch weiterhin zu den üblichen gewohnten Eltern-Kind-Konflikten kam. Julia fühlte sich ständig beobachtet. Manchmal erlebte sie aber neben dieser unangenehmen Empfindung auch eine gewisse Geborgenheit. Irgendwann hatte sie genug von all dem Stress mit immer wieder wechselnden Mitbewohnerinnen und dem damit verbundenen sozialen Wohngemeinschaftsleben. Sie wollte endlich ausziehen wie die anderen Geschwister und eine eigene Wohnung für sich allein haben.

Klug bereitete sie ihren Auszugsplan vor: Sie schlug dem Vater vor, dass er ja ihr Zimmer in der Wohngemeinschaft weiter vermieten und ihr den dafür erzielten Mietpreis für ein eigenes Zimmer oder eine eigene Wohnung zur Verfügung stellen könnte. Außerdem könnte sie auch einmal in der Woche jobben und sich die möglichen Mehrkosten selbst dazuverdienen. Diesmal war es der Vater, der festhielt. Zuerst beklagte er sich, dass er für die Kinder eine Wohnung umgebaut habe und nicht dafür, dass ihn jetzt »alle verließen«. Julia fühlte sich von seiner Argumentation moralisch unter Druck gesetzt. Da sie durch ihr Studium noch von einer Mitfinanzierung durch ihn abhängig war, musste sie, wenn auch grollend, auf ihren Wunsch verzichten. Ihre Trennung aber begann innerlich. Beim nächsten Vorstoß wird sie ihre Argumente für einen Auszug und auch ihre Finanzen besser vorbereitet haben und sie ist fest entschlossen, sich von ihrem Auszugsplan dann nicht mehr abbringen zu lassen.

Susa erzählte im Zusammenhang mit ihrem Auszug bei den Eltern über ein Ereignis, über das sie sehr verwundert war.

Seit einigen Semestern wohnt sie schon am Studienort und hat einige Möbel aus ihrem elterlichen Zimmer dorthin mitgenommen, zuletzt den Kleiderschrank. Als sie diesmal die Eltern besuchte, fand sie in ihrem ehemaligen Zimmer einen neuen Schrank vor, in dem die Eltern ihre eigenen Sachen aufbewahrten. Auch sonst war einiges umgestellt und ausgemistet worden. Die Eltern schienen offensichtlich nach dem Auszug der Kinder ihr Terrain zurückzuerobern. Zuerst war Susa ein bisschen traurig, weil sie fühlte, dass sie nun endgültig erwachsen geworden war und »dass nach Hause kommen nicht mehr ist wie früher«. Den kleinen Abschied konnte sie deutlich empfinden.

In ihrer Sprache hatte sich der neue Lebensstil schon länger ausgedrückt. Sie erzählte: »Meine Freunde wundern sich immer, wenn ich sage, jetzt gehe ich erst mal ›heim‹, womit ich meine Studentenbude meine, und am Wochenende fahre ich ›nach Hause‹, womit ich mein Elternhaus meine. Irgendwann werde ich bestimmt einmal sagen: Ich besuche meine Eltern.«

»Heimat ist da, wo ich verstehe und
wo ich verstanden werde.«
Karl Jaspers

»Habitat« oder: Trennen von äußerer und innerer Heimat

So wie der Mensch in früher Kindheit auf seine Muttersprache, seine sozialen Beziehungen und seine Essensvorlieben geprägt wird, so geschieht dies in einem umfassenderen Sinne auch mit seinem gesamten Wohnumfeld. Anders wäre es kaum zu erklären, dass jemand freiwillig in Alaska wohnt und auf die »23« verschiedenen Arten von Schnee stolz ist oder dass ein Beduine in der Sahara sein Leben verbringt und ein Loblied auf die Blüten in der Wüste nach dem Regen singt. Oder dass ein Süddeutscher über seine badische Küche ins Schwärmen gerät und Kriminalromanserien von den landschaftlichen Schönheiten der Eifel oder vom Niederrhein und den ethnischen Besonderheiten ihrer Bewohner berichten und eine große und treue Leserfangemeinde haben.[16]

Falls Sie nicht selbst seit Ihrer frühen Kindheit in derselben Gegend wohnen geblieben sind, werden Sie ein besonderes Gefühl kennen: dass Ihnen nämlich das Herz aufgeht, wenn Sie wieder einmal aus der Ferne in die wohlvertrauten Gefilde Ihrer Kindheit zurückkehren und Sie durch die lieblichen Hügel oder die Weite über dem Meer oder die heimeligen Düfte der Großstadtschluchten angerührt werden. Man nennt dieses Gefühl »Habitat« – ein Gefühl, in dem die neuronal abgespeicherten Erfahrungen der frühen Umgebung und der damit verbundenen Geborgenheit oder Erlebnisse zum Ausdruck kommen.[17]

Haben Sie vielleicht schon einmal bei sich beobachtet, dass Sie gerne in einer Gegend Urlaub machen, die ähnlich aussieht wie Ihre Geburtslandschaft, nur ein kleines bisschen »anders«, etwas »südlicher«, etwas »exotischer« oder mit einer kleinen Prise Fremdheit? Mit solchen Urlauben stillen wir unsere in der Fremde sich ab und zu zu Wort meldenden »Habitatbedürfnisse«.

Im Kontext unserer Erörterung über Trennungskompetenz müssen wir allerdings auch über eine andere Form von Verbundenheit mit der angestammten Heimat nachdenken, die man als mittel- oder schwergradige »Habitatsentimentalität« beschreiben könnte. Ich meine damit die Ausprägung von Verbundenheitsgefühlen, die Menschen auch noch nach 10 oder 20 Jahren Ansiedelung fern der Ursprungsheimat in starke Gefühlskonflikte und manchmal widersinnig erscheinende oder existenzgefährdende unerklärbare Handlungen treiben. Man riskiert dann zum Beispiel wegen starker Gefühle von Heimweh seinen guten Arbeitsplatz oder seine Beziehungen, indem man sich feindselig gegen die »sturen Norddeutschen« oder die einen umgebenden »lauten Rheinländer« verhält. Man könnte stattdessen ernsthaft überlegen, ob man nicht doch in die Gegend seines Heimatorts zurückkehren will oder ob man sich im »fremden Land« nicht Lebensbedingungen und ein soziales Umfeld schaffen kann, die diese Sehnsucht nach dem Ursprung in sozial verträgliche Bahnen lenken, wie ab und zu eine kleine Reise zum Auftanken dorthin zu planen oder doch einmal ernsthafte Unternehmungen zum Kennenlernen der neuen Umgebung zu starten. Manchmal entwickelt man auch unbewusste Verhaltensweisen wie Sonia in der nachfolgenden Geschichte von der Entführung[18], die man mit einer solchen Thematik vielleicht erst einmal überhaupt nicht zusammenbringen würde.

Die beiden Beispielgeschichten von Sonia und Mira illustrieren, wie eine verdrängte Verbundenheit mit Habitatgefühlen oder ein Umgang mit einer bewussten Trennung von der »Heimat« im Hintergrund den Alltag in einem anderen Land mitbestimmen und wie sich eine gewollte oder eine erzwungene Identifikation mit dem Neuen auf Anpassungsprozesse in der neuen Umgebung positiv oder negativ auswirken können.

Sonia: Die Entführung

Sie kennen Sonia bereits aus dem Kapitel »Trennen und der Umgang mit Zeit«, wo sie eher flapsig und charmant über »ihr Laster« berichtete, immer zu spät zu kommen. Dieses Verhalten brachte sie in ernsthafte Schwierigkeiten, als sie nach dem Studium eine Stelle in einer Beratungsfirma angetreten hatte, in der großer Wert auf pünktliche Zeittakte gelegt wurde. Sonia versuchte mit aller Gewalt, sich von ihrem »Fehlverhalten« – wie sie es nannte – zu verabschieden, aber es wollte und wollte nicht klappen. Nach einigen Monaten handelte sie sich sogar deswegen eine Abmahnung ein und suchte verzweifelt von sich aus eine Beratung zu diesem Thema auf. Wie nicht anders zu erwarten, machte sich auch hier bei den Terminabsprachen ihr Unvermögen bemerkbar, Verabredungen zeitgerecht einzuhalten. Wir versuchten verschiedene Deutungen und immer wieder neue Settings für ihre Termine, aber Sonia konnte einfach nicht zum vereinbarten Zeitpunkt erscheinen.

Ein Blick in ihre Lebensgeschichte brachte mehr Verständnis in die Angelegenheit. Es zeigte sich eine tief vergrabene Verknüpfung mit Sonias Umgang mit Zeit, der ihre Umwelt zur Verzweiflung trieb. Sie verarbeitete damit alte Traumatisierungen, die ihren Ursprung in ihrer Herkunft aus Russland haben und mit Sonias frühem Erleben von Trennung verbunden waren.

Sonia wurde als Kind einer russlanddeutschen Familie in Russland geboren. Die Mutter hatte häufiger Verwandte in Deutschland besucht, aber es war in der Familie nie die Rede davon gewesen, dass man hätte flüchten oder auswandern wollen, was damals auch viel zu gefährlich gewesen wäre. Als Sonia fünf Jahre alt war, beschloss die Mutter, wieder einmal eine Urlaubsreise zu den Verwandten nach Deutschland anzutreten und das Kind diesmal mitzunehmen. Es war nicht so viel Platz für Gepäck und als Sonia ihren Lieblingsbären mitnehmen wollte, sagte die Mutter: »Ach, es ist nur eine kurze Reise, wir sind bald wieder zurück, lass ihn hier.« Sonia trennte sich ganz unwillig und weinte sehr. Sie erinnert sich an ein wildes Gedränge auf dem Bahnsteig und an einen sehr aufbrausenden Befehl ihrer Mutter, sie solle bloß nicht die Hand loslassen, sonst ginge sie verloren und würde nie mehr zu ihr zurückfinden. Das Mädchen blieb verängstigt ganz nah bei der Mutter und erlebte die gesamte Reise als bedrohliche Gefahr, was diese letztlich auch war.

In Deutschland angekommen, stellte sich nämlich heraus, dass ihre Mutter sie diesmal heimlich aus Russland herausgeführt hatte. Es war von langer Hand vorbereitet worden, diesmal für immer in Deutschland zu bleiben. Sonia fühlte sich verloren und betrogen. Die Menschen um sie herum sprachen eine andere Sprache, die geliebten Großeltern standen nicht zur Verfügung, der Vater fehlte ihr sehr und sollte erst nach einigen Wochen zu ihnen stoßen. Einige Zeit nach seiner Ankunft wurde deutlich, dass die Mutter schwanger war und ein neues Kind ins Haus stand, was Sonia aus ihrer Prinzessinnenrolle vertreiben würde. Für die kleine Sonia blieb in diesem Trubel kein Platz und kaum Aufmerksamkeit übrig. Sie wurde deshalb vorläufig bei Verwandten untergebracht, damit die Mutter bis zum Mutterschutz noch einer Arbeit nachgehen konnte. Häufig saß Sonia ohne ihren Bären am Fenster, doch die sehnlichst erwartete Mutter kam nicht. Sie zog sich mehr und mehr in sich zurück und kämpfte gleichzeitig verzweifelt um ihre Autonomie: Sie gehorchte den Verwandten nicht, wenn nach ihr gerufen wurde, sondern reagierte immer nur dann, wenn sie selbst entschied, dass sie der Aufforderung der Verwandten nachgeben wollte. Damit bekämpfte Sonia ihr Heimweh, das sie durch den Verlust ihrer – wie sie es nannte – »Bilderbuchheimat« in Großmutters Garten schmerzvoll peinigte.

Als dann schließlich noch der von den Eltern lang ersehnte Stammhalter geboren wurde, fühlte sie sich endgültig abgeschoben. Die Mutter musste bald nach der Geburt wieder zum Unterhalt der Familie beitragen. Sie ging arbeiten. Der Vater kümmerte sich, da er auch noch nicht so gut Deutsch konnte, hauptsächlich um die Kinder zu Hause. Sie erinnerte aus der Zeit: »Immer musste ich auf diesen blöden Bruder aufpassen. Kaum waren die Erwachsenen zu Hause, stürzten sie sich auf den Kleinen und ich war abgemeldet.«

Diese »alte Geschichte« hatte Sonia scheinbar schon lange vergessen, aber in der Beratungssitzung erschien sie wie ein Schlüssel für ihre Zeitprobleme zu sein: »Ja, irgendwie kommt es mir so vor, als wollte ich immer nur dann zu jemand gehen, wenn ich es wirklich selbst will, und nicht dann, wenn die anderen es wünschen und sie bestimmen, wann und wo wir uns treffen. Ich habe mir nicht vorstellen können, dass diese alte Geschichte vielleicht damit zu tun haben kann. Mir kommt es jetzt so vor, als müsste ich immer meinen Kopf durchsetzen, wenn es um Verabredungen geht. Natürlich geschieht das nicht absichtlich. Man sagt mir auch nach, dass ich sehr trotzig sei. Ob ich jetzt mit dieser Einsicht aber besser pünktlich sein kann?«

Ob die alten Erfahrungen tatsächlich die Ursache der aktuellen Zeitprobleme von Sonia sind, ist nicht wichtig. Entscheidend ist, dass Sonja eine Erklärung für ihr Verhalten gefunden hat und dieses mit dieser Deutung als vergangen ablegen kann.

Wir entwickelten einen Plan für Sonia. Bei der nächsten Gelegenheit sollte sie sich fragen, ob sie wirklich zu der jeweiligen Verabredung gehen will, und wenn ja, welcher Zeitpunkt für sie angenehm oder passend wäre. Dabei stellte sich schnell heraus, dass es noch andere Auslösefaktoren für ihr »Laster« gab: dass sie meistens nach ihrer anstrengenden Arbeit mit Klienten nur eine kurze Pause zu Hause einlegte, um schnell ihre Sachen zu wechseln, und danach sofort wieder in die Stadt zu Freunden losstürmte. Häufig ließ sie sich zu wenig Zeit, um sich mit ihrem Partner zu besprechen oder sich zu entspannen. Sie fühlte sich gehetzt. Wir nahmen an, dass sie sich in solchen Fällen unterbewusst durch das Zu-spät-Kommen eine Auszeit verschafft, um in »ihrer eigenen Zeit« den neuen »Freizeittermin« wahrzunehmen.

Wir durchforsteten ihren völlig überfrachteten Terminplaner, in dem die Verabredungen und Termine viel zu engmaschig und ohne jegliche Zwischenräume eingetragen waren. Es war keine Zeit für notwendige Wege oder Pausen vorgesehen. Bei diesem Check fiel Sonia auf, dass sie häufig Zusagen macht, ohne zu überlegen, ob sie dafür Zeit, Lust und Kraft aufbringen kann. Wir besprachen, dass sie sich fragen könne, ob ein Termin in einer bestimmten Woche wirklich sein soll oder ob man ihn nicht auf einen späteren Zeitpunkt festsetzen kann. Auch hier wurde ihre Thematik des Autonomiewunsches und dessen Verknüpfung mit ihrer früheren Geschichte wieder deutlich: »Ich will bestimmen, wann ich komme und wann ich gehe und ob es mir passt.« Sie möchte einen Aufbruch nicht fremdbestimmt erleben wie damals bei der überstürzten und traumatischen Abreise ohne Abschied, sondern ihren Zeitplan selbst bestimmen. Dieser Wunsch lenkte im Hintergrund ihren Widerstand gegen jede von außen auferlegte Pünktlichkeit und selbst gegen ihre eigenen Verabredungen in der Freizeit.

Damit sie ihr Zeitproblem lösen kann, waren zunächst einige »Vorarbeiten« für kleine Trennungen nötig. Sonia muss zum Beispiel unterscheiden lernen, welche von außen gegebenen Termine sie einhalten muss und welche Bereiche in ihrem Leben von ihr selbst bestimmt werden können. Beispielsweise muss sie pünktlich bei der Arbeit sein, weil diese ihren Lebensunterhalt sichert.

Hierfür entwickelte sie zunächst eine ganz kreative Lösung: Eine in ihrer Nähe wohnende Kollegin sollte Sonia für einige Zeit morgens anrufen, bevor sie aus dem Haus ging. Die Kollegin sollte sie dann abholen und mit zur Arbeit nehmen, sodass beide gemeinsam pünktlich zum Arbeitsplatz kämen. Es ist fast überflüssig zu erwähnen, dass Sonia sich natürlich beim Eintreffen der Kollegin manchmal noch kurz ihr Haar föhnen oder auch eine wichtige Unterlage suchen musste, was den Aufbruch verzögerte. Inzwischen kann Sonia ihre Tricks mit sehr viel Humor betrachten.

Sonia kam mit ihrem Coachingplan leidlich zurecht. Wir hatten eine Abmachung getroffen, die ihr einen gewissen Übungsraum mit der Beratungsstunde lassen sollte: im Zeitraum der vereinbarten Sitzungszeit könne sie kommen, wann immer sie wolle.

Anfänglich kam sie immer noch mit schlechtem Gewissen ihre gewohnten 15 bis 20 Minuten zu spät. Im Lauf ihres Coachings gelang es ihr, diese viertelstündige Verspätung meistens »einzuhalten« oder manchmal auch zu verkürzen. Sie konnte mit dieser Dynamik gelassener umgehen und ihren »eigenen Willen« akzeptieren. »Das Später-Kommen gehört offenbar zu mir. Es ist unsere Vereinbarung, dass ich zu Ihnen kommen kann, wann ich will.«

Wir hatten vorher einige vergebliche Versuche unternommen, ihre übermächtigen Bedürfnisse nach Freiheit an meinen eigenen Terminkalender anzupassen, was erfolglos geblieben war und natürlich nichts gegen ihren starken Autonomiewillen ausrichten konnte. Sie litt ungemein unter ihren Schwierigkeiten. Als es um die letzten Stunden der Beratung ging, blieb Sonia plötzlich ganz weg und reagierte weder auf den Versuch einer telefonischen noch einer schriftlichen Kontaktaufnahme von mir. Aber ich war nicht beunruhigt. Ich dachte mir, dass sie auch hier irgendwie ihre Autonomie erproben muss, dass sie vielleicht einfach »geflüchtet« ist, ohne dass ich mich von ihr verabschieden konnte, so wie sie es damals erlebt hatte. Es konnte sich in diesem Zusammenhang entweder um eine Wiederholung des frühkindlichen Traumas handeln oder aber um die Überwindung einer alten Verletzung. Tatsächlich meldete sie sich nach einigen Monaten wieder.

Obwohl Sonia den Termin für die Beendigung des Coachings selbst bestimmt hatte, hätte sie eine solche Angst vor dem Ende gehabt, dass sie plötzlich wieder ihre traumatischen Gefühle von Abhängigkeit bei der »Entführung« von damals gespürt habe. Sie habe dann beschlossen, erst einmal in Ruhe abzuwarten, bis sie selbst keine Angst mehr vor einem Abschied haben würde und von sich aus den Zeitpunkt des Endes wählen könnte. In der Zwischenzeit hatte sie eine Reise in das inzwischen wieder bereisbare Russland unternommen, um dort die zurückgebliebenen Verwandten und das Grab der Großeltern zu besuchen.

»Irgendwie habe ich es dann dort abgeschlossen. Ich habe mich verabschiedet von meiner Kindheit in Russland. Ich glaube, dass ich erst jetzt nach alldem richtig in Deutschland angekommen bin.«

In Sonias Geschichte begegnen wir erneut dem Phänomen der »ungeschlossenen Gestalt«. Die traumatische Erfahrung eines nicht vollzogenen wichtigen Abschieds in der Vergangenheit beeinträchtigt nachhaltig durch ein zunächst unscheinbar wirkendes Symptom, dem Zu-Spät-Kommen, Sonias Handlungen in der Gegenwart und stört den reibungslosen Ablauf ihres alltäglichen Lebens.

Nicht immer hat ein solches Verhalten im Umgang mit Zeit und Pünktlichkeit einen so dramatischen Hintergrund wie in Sonias Geschichte. Ursachen für häufiges Zu-spät-Kommen im Alltag können auch eine gewisse Nachlässigkeit, eine unbewusste Angewohnheit, eine passive Aggression oder eine schlechte Zeitplanung sein. Wenn Sie selbst das »kleine Laster« der Unpünktlichkeit bei sich beobachten, finden Sie hier einige Vorschläge, wie Sie ein solches Verhalten beenden oder verändern können. Bevor wir dem Problem auf den Grund gekommen waren, hatte Sonia einige davon ausprobiert.

- Überprüfen Sie Ihren Terminkalender, ob alle Ihre Verabredungen einer Woche durchführbar sind.
- Haben Sie zwischen Ihren Terminen genügend zeitliche Puffer eingebaut, um von einem Ort zum anderen zu kommen, um sich kurz zu entspannen, um Ihre Unterlagen zu sortieren etc.?
- Können Ihre Termine oder Treffen auch ein nicht vorhersehbares Ende nehmen und länger dauern, sich in den Abend hinziehen und mehr Aufmerksamkeit benötigen?
- Wie ist Ihre eigene Tendenz, Dinge nicht abzuschließen, sich nicht trennen zu können, sondern etwas immer wieder zu verlängern oder von vorn zu beginnen? Sie kennen das sicher, dass manche Menschen sich mehrfach verabschieden, sei es am

Telefon oder auch im direkten Kontakt, oder bei Vorträgen immer wieder neue Themen ins Gespräch bringen, anstatt aufzuhören und sich wirklich zu trennen.[19]

- Vielleicht genügt es bereits, mit einer verstärkten aktiven Planung schon etwas mehr Klarheit in den eigenen Trennungs- oder »Pünktlichkeitsunwillen« zu bringen.

Wenn solche »kleinen Trennungen« keine Lösungen für Ihre Schwierigkeit mit der Zeit bringen, lohnt es sich, der Frage nachzugehen, ob durch ein früheres, nicht abgeschlossenes Erleben das Symptom des Zu-spät-Kommens mitverursacht wird, oder zu überlegen, weshalb Sie ein Sklave der Uhr geworden sind.

Mira: Entscheidung auf Zeit oder: Die fremde Insel

Mira hat ihre Trennung von ihrem Herkunftsland bewusst getroffen, auch wenn sie durch politische Umstände ausgelöst wurde. Sie hatte die Weichen für ihr Berufsleben und für die Zukunft ihres Kindes durch die zeitweilige Übersiedlung in ein anderes Land bewusst gestellt.

Zu Beginn der Kriegswirren in Jugoslawien hatte Mira entschieden, mit ihrem Sohn aus dem bedrohten Gebiet zu fliehen und für einige Zeit nach Malta zu emigrieren, um ihm dort eine vernünftige Ausbildung zu ermöglichen und ihn fern der Kampfhandlungen erziehen zu können. Dazu musste sie sich von ihrem Mann trennen, einem überzeugten Militär, der ihre Angst für die Zukunft des Jungen nicht verstehen konnte. Die Übersiedlung hatte gut geklappt, der Junge hatte in der Schule schnell Fuß gefasst, aber für sie selbst ergaben sich Probleme. Ihre medizinische Lizenz als Ärztin aus einem Oststaat war dort nicht gültig und sie hätte nur mit einer erneuten kostspieligen Zusatzausbildung eine Anstellung finden können. So musste sie sich privat niederlassen, da sie keine der staatlichen in Malta viel besser bezahlten Klinikpositionen bekommen konnte.

Von Anfang an hatte sie ihren Aufenthalt auf der Mittelmeerinsel als vorübergehend geplant. Aber sie stellte fest, dass ihr ihre jugoslawische Heimat durch ihr Leben im westlichen Europa täglich fremder wurde. Als der Sohn schließlich mit Bravour sein internationales Abitur bestanden hatte und ein Studium beginnen wollte, entschied er sich zu ihrem Erstaunen, in das ihm fast unbekannte Heimatland zurückzugehen, um dort zu studieren.

Nach dem Aufbruch ihres Sohnes bereitete auch Mira frohgemut ihre Trennung von der Insel vor. Es fiel ihr leicht, weil sie sich dort bewusst nie richtig verwurzelt hatte und sich nie mit der Mentalität der Bewohner hatte identifizieren wollen. Das hatte sie für ihre innere Unabhängigkeit gebraucht. Da sie weiß, dass es romantisch ist zu glauben, der Krieg hätte ihr eigenes Land nicht verändert, hat sie sich anders entschieden als der Sohn.

Ihr Weg führte sie jetzt in ein skandinavisches Land, wo sie eine angemessene Stelle für ihre ärztliche Ausbildung finden konnte und wohin sie ihr »inneres Jugoslawien« mitnehmen konnte, so wie sie es aus der Zeit vor dem Krieg in Erinnerung hatte. Sie kehrt nur ab und zu noch dorthin zurück, um den Sohn oder die Familie zu besuchen, und überlegt, vielleicht einmal das Alter dort zu verbringen.

Mira hat eine Teillösung für sich gefunden. Sie hat sich vom äußeren Kontext ihres zerstörten und veränderten Heimatlandes getrennt, ihre innere Identität als Jugoslawin aber hat sie behalten und lässt sich ganz bewusst immer nur zeitweise, »time-limited«, auf die jeweiligen Lebenssituationen in anderen Ländern ein, wo sie angemessene Arbeitsbedingungen für sich finden kann. »Mein Sohn lebt stellvertretend für mich meine Wünsche nach Rückkehr in die Heimat.«

Im Zusammenhang mit der Identifikation der Menschen mit ihrem Herkunftsland lässt sich ein Phänomen erklären, dem Sie sicher häufig schon begegnet sind:

Manche Menschen aus anderen Ländern scheinen die Sprache ihres jeweiligen Gastlandes sehr leicht zu lernen und sprechen diese bald akzentfrei, während andere noch nach längerem Aufenthalt immer noch an ihrem Akzent als Fremde zu erkennen sind. Dies ist nicht allein als Folge von verschieden ausgeprägter Sprachbegabung zu verstehen. Neben der einen oder anderen objektiven Schwierigkeit, eine Sprache zu erlernen und zu sprechen, kann diese Erscheinung häufig auch mit der eigenen starken Identifikation des Betroffenen mit seinem Herkunftsland oder mit der Ablehnung seines neuen Lebens im Gastland zusammenhängen. Menschen, die eine fremde Sprache eher akzentfrei sprechen, sind häufiger bereit, in der neuen Heimat »dazugehören« zu wollen. Sie tragen die Wurzeln ihrer Herkunft in sich, ohne sie im Alltag täglich so stark zu vermissen. Wer jedoch stark unter seinem Trennungsschmerz leidet, dass er die Heimat verlassen hat, wird sich eher weiterhin durch den vertrauten Akzent seiner Sprache mit seiner Herkunft trösten und damit identifizieren und dadurch mit der verlorenen Welt verbunden bleiben.

Zum Ende dieses Kapitels noch zwei kleine Geschichten zur Thematik der Identifikation mit dem Fremden:

Elisabetha ist als Au-pair-Mädchen aus Tschechien gekommen, um im Zusammenhang mit ihrem Studium besser Deutsch zu lernen. Der Empfang in ihrer Gastfamilie ist überaus herzlich. Ein für sie großer Luxus ist eine kleine eigene Wohnung. Auch der intensive Familienanschluss macht ihr den Aufenthalt angenehm. Fleißig besucht sie ihre Sprachkurse und nimmt an allen sozialen Aktivitäten teil, die sich ihr bieten und die ihre Arbeit zulässt. Sie fühlt sich so wohl, dass sie manchmal überlegt, ob sie nicht ihr gesamtes Studium in Deutschland verbringen soll. Nach einem halben Jahr spricht sie sehr gut Deutsch, und nur wenn sie müde ist, kann man ihren Akzent noch hören. Das Lob über ihre guten Sprachkenntnisse nimmt sie gerne entgegen. Auf die Frage, wie sie das denn anstelle, so fehlerfrei Deutsch zu sprechen, antwortet sie lachend: »Es gefällt mir hier und ich möchte hierbleiben. Wenn ich es brauche, habe ich die Freiheit, immer meine Eltern und Geschwister zu besuchen.« Die Identifikation mit dem neuen Land spielt die entscheidende Rolle für das Gelingen ihrer Bemühungen.

Anders ist es bei Michael. Er ist mit seiner süddeutschen Heimat innerlich so verknüpft und idealisiert die Gegend und den

Menschenschlag dort in einer solch übertriebenen Weise, dass er mit dieser Einstellung seine Möglichkeiten für soziale Beziehungen an seinem Wohn- und Arbeitsort immens eingeschränkt hat. Eine gute Karriere in Norddeutschland musste er dafür aufgeben, weil er jedes Wochenende mit seiner Frau und den Kindern in die Berge fuhr und damit auch verhinderte, dass die Familie sich an ihrem Wohnort vernetzen konnte. Die Kinder nörgelten immer mehr über ihren schrulligen Vater, und seine Frau wünschte sich einfach auch einmal ein normales Wochenende mit ihren Bekannten am Wohnort. Auch die für Michael notwendigen örtlichen Geschäftskontakte konnten sich bei diesem Lebensstil kaum entwickeln und gepflegt werden, was ihn schließlich ins berufliche Abseits katapultierte. Dieses zerrissene Leben zerriss auch seine Familie. Inzwischen ist er allein nach Süddeutschland zurückgekehrt und versucht dort wieder Fuß zu fassen.

»Klug ist, wer zur rechten Stunde kommt,
doch klüger, wer zu gehen weiß, wann es frommt.«
Emanuel Geibel

Trennen und Abschied im Berufsleben

Kleine Trennungen am Arbeitsplatz

Am Arbeitsplatz verbringt ein Berufstätiger fast zwei Drittel seiner wachen Tageszeit. Da erscheint es selbstverständlich, dass man sich dort ein wenig wie zu Hause einzurichten versucht. Büros werden mit Blumentöpfen geschmückt, man hängt persönliche Bilder an die Wand oder stellt Fotos von wichtigen Angehörigen auf. Dieses allzu menschliche Bestreben, sich auch am Arbeitsplatz heimisch zu fühlen, wirkt sich auch auf den Umgang mit Kollegen und Vorgesetzten aus und kann außer zu einem guten Klima gelegentlich zu unterschwelligen Problemen führen.

Häufig wird nämlich ein Arbeitsplatz, ähnlich wie auch partnerschaftliche Beziehungen, neben den dort zu bewältigenden Sachaufgaben zusätzlich noch mit ganz privaten Erwartungen belastet. Man erhofft im Unterbewusstsein manchmal, dass in der Herkunftsfamilie nicht in Erfüllung gegangene Wünsche nach Anerkennung von dem jetzigen Vorgesetzten erfüllt werden. Dazu meinte mein Lehrer der Gestalttherapie, Isador From, eindringlich: Der Arbeitsplatz und die Partnerschaft sind keine »Selbsterfahrungsgruppen«, das heißt keine geeigneten Austragungsorte für frühere Konflikte aus der Familie, die man dort im Hier und Jetzt auf dem Hintergrund alter Beziehungsmuster wiederholt. Solche unbewussten Erwartungen können in den Beziehungskonstellationen am Arbeitsplatz eine ganze Weile konfliktfrei funktionieren – so lange, bis plötzlich von außen neue Anforderungen oder Veränderungen an den Arbeitnehmer oder Chef herangetragen werden.

Ein Arbeitsplatz ist für vielerlei Trennungskonflikte anfällig, weil es auch dort immer wieder um Beenden, Abschied und Neubeginn geht:

- Abgeschlossene Ausbildungsgänge führen zu neuen Anforderungen und Aufgaben.
- Neueinstellungen oder Kündigungen von alten Kollegen definieren Machtkonstellationen neu und stellen oft die eigenen Positionen auf den Prüfstand.
- Innovative Firmenkonzepte oder ein neuer Vorgesetzter wirken sich auf lange eingeübte Routinen und Rollen aus und verändern sie. Man muss zum Beispiel wegen einer Beförderung zu Leitungsaufgaben sein gewohntes angenehmes Team verlassen oder man stellt plötzlich fest, dass die eigenen Kompetenzen nicht mehr gefragt sind.
- Manchmal muss man sogar eine Rückstufung in Kauf nehmen und den Verlust der damit verbundenen Privilegien, um einen Arbeitsplatz behalten zu können.[20]

Vielleicht wird man sogar von einer Firmenschließung, einer unerwarteten Kündigung aus betrieblichen Gründen oder aus Altersgründen überrascht, muss vorzeitig seine ehemaligen Entscheidungskompetenzen aufgeben oder sogar einer Versetzung an einen anderen Arbeitsplatz oder sogar an einen anderen Ort zustimmen. Einen Übergang in den Ruhestand oder Vorruhestand hatte man sich möglicherweise ganz anders vorgestellt. Anstatt sich und seine Familie auf diesen Abschied aus dem Berufsleben in seiner eigenen Zeit vorbereiten zu können, soll man unerwartet seinen Platz räumen und – im besten Fall – mit mehr oder weniger hohen Summen »abgefunden« werden.

Dazu ein Beispiel: Im Jahr 2005 schloss unerwartet für Kundschaft und 1 300 Angestellte das noble Traditionskaufhaus »Samaritaine« seine Pforten, das seit 130 Jahren eine Pariser Institution gewesen war. Von heute auf morgen wurde das Personal davon in Kenntnis gesetzt, dass das Jugendstilgebäude »baufällig« sei und aus Sicherheitsgründen geschlossen werden müsse. Den Angestellten versprach man eine Weiterbeschäftigung in anderen Kaufhäusern.[21] In verschiedenen Zeitungen wurden Verkäuferinnen zitiert, die oft mehr als 20 oder 30 Jahre hier gearbeitet hatten: »Ich weiß nicht wohin, seit 34 Jahren hat mich mein einziger Weg nur hierher geführt, zur Samaritaine.«[22] Gewerkschafter kämpften mit Slogans wie: »Sie haben das Samaritaine sterben lassen. Schande über Sie.« » Paris wird nicht mehr Paris sein«, klagten die Kunden.[23]

Aber nicht nur die schwerwiegenden oder krisenhaften Ereignisse wie Firmenschließungen oder Kündigungen beeinflussen den Arbeitsalltag, sondern auch unzählige kleine Alltagskonflikte, bei denen es immer wieder um Trennen, Loslassen und Neuanfänge geht und wo man sich durch unpassende stereotype Bewältigungsmuster aus seiner eigenen Geschichte unbeabsichtigt immer wieder verstrickt und verrennt:

- Zum Beispiel übernimmt eine neue Kollegin den eigenen Arbeitsbereich und erledigt ihn effektiver als man selbst, was alte Selbstunwertgefühle wachruft.
- Nach der Rückkehr aus dem Schwangerschaftsurlaub ist das schöne Vorzimmer von jemand anderem besetzt und man fühlt sich zurückgestuft und ungerecht behandelt.
- Der Chef hat sich in seinem Urlaub selbst in die Computertechnologie eingearbeitet und ist dadurch autonomer geworden, sodass er nicht mehr bei jeder Schwierigkeit damit bei seiner Sekretärin rückfragen muss.
- Das Rechnungswesen wird outgesourct oder persönliche Differenzen erfordern trotz aller Bemühungen eine Versetzung eines der Beteiligten in einen anderen Betrieb.
- Man fühlt sich am Arbeitsplatz ständig kritisiert und glaubt, die Chefin könne »einen nicht leiden« usw.[24]

Solche alltäglichen Zwischenfälle verlangen Flexibilität. Diese allein aber reicht nicht aus. Alte Muster, innere Erlebnisse und unerledigte Situationen zu beenden und neue Muster im Hier und Jetzt zu beginnen, erfordert auch am Arbeitsplatz eine besondere Trennungskompetenz.[25] Das heißt unter anderem, die gegenwärtige Situation aufmerksamer wahrzunehmen, das Vergangene bewusst hinter sich zu lassen, sich selbst in einem geänderten Kontext mit neuen Anforderungen neu zu »erfinden« und die Selbstverantwortung für die Einübung in das neue Verhalten zu übernehmen. Wurde das alles in den Beziehungen der Herkunftsfamilie nicht geübt und wurden dort Trennen oder »Nein Sagen« meistens verdrängt, verleugnet oder sanktioniert, kann das bedeuten, dass man die erwähnte Trennungskompetenz erst entwickeln muss.

Wie Sie inzwischen wissen, handeln wir im täglichen Leben oft nach den Identifikationen und Rollenmustern, die wir aus unserer Familie oder der Herkunftsfamilie kennen, und reagieren deshalb auch bei den Kontakten am Arbeitsplatz häufig mit Handlungsweisen, die sich an den gewohnten Mustern orientieren, anstatt mit den geforderten professionellen Reaktionen. Da ist man dann vielleicht

- das nützliche »Mädchen für alles« und klagt ständig über zu wenig Anerkennung,
- die »Kameradin«, die ihre Leitungsaufgaben nicht wahrnehmen kann und will und deswegen ihr Team mit unklaren Anweisungen irritiert,
- die »älteste Schwester«, die immer für die anderen sorgt und sich in fremde Arbeitsgebiete einmischt,
- der »Vertraute« der Mutter, der ständig zu viel Verantwortung übernimmt und immer den Überblick über alles behalten will, auch über das, was er delegieren könnte, aber nie die Anerkennung dafür bekommt,
- die »kleine neidische Schwester«, die die Anordnungen eines männlichen Kollegen boykottiert, statt ihre Arbeit kooperativ zu tun.

- Oder man wiederholt Vorgesetzten gegenüber manches kindliche oder kämpferische Verhalten, das einem früher zu Hause vielleicht manchmal zu mehr Beachtung verholfen hat, heute in den Arbeitsbeziehungen aber schädlich ist.

In den folgenden Beispielgeschichten müssen sich die Protagonisten mit solchen von außen an den Arbeitsplatz herangetragenen Veränderungen auseinandersetzen. Auch in diesen Geschichten können Sie Anregungen finden, die Ihnen möglicherweise für Ihren eigenen Arbeitsplatz nützliche Hinweise für Veränderungen geben können.

- Jessica muss sich von ihrer Rolle als Tochter und aus der Position des kleinen Mädchens verabschieden, das noch immer den Traumberuf herbeisehnt und sich nicht vom Studentenstatus trennen kann, damit sie einen angemessenen Arbeitsplatz finden kann.
- Regine muss sich von ihrer Macht über ein Team und dem Bevorzugtwerden durch einen Vorgesetzten verabschieden und sich darüber klar werden, wie ihre frühere Stellung in der Geschwisterkonstellation ihre Konflikte mit den Kollegen beeinflusst.
- Bernhard muss seine Überzeugung aufgeben, nur dann etwas wert zu sein, wenn er sich besonders anstrengt und sich verausgabt. Dann kann er seine Leistungsintrojekte überwinden und sich einem erfüllteren beruflichen und sozialen Leben ohne drohende Erschöpfung zuwenden.
- Elke muss sich von ihrem Widerstand gegen die Anordnungen ihrer Vorgesetzten und von ihrem Wunsch trennen, jemand würde sich in ihrer Firma fürsorglich um sie kümmern, für sie alle wichtigen Entscheidungen fällen und ihr bereitwillig alle Verantwortung abnehmen.

Trennen im Berufsleben: Freiwillig und auf eigene Entscheidung

Das Festhalten an einer gewohnten Identifikation oder das Verbleiben in einer alten Rolle, etwa in der Rolle der jüngsten, ungeschickten Tochter oder des verständnisvollen Bruders, kann einen beruflichen Lebenslauf unbeabsichtigt ebenso behindern wie die Angst davor, sich neuen Aufgaben zuzuwenden, wenn die Zeit dafür reif ist. Wenn man aber in der Lage ist, solche früheren Identifikationen aufzulösen oder beherzt einmal etwas Neues zu wagen, kann das einen anderen Weg öffnen, wie die Geschichte von Jessica zeigt.

Jessica: »Wenn ich einmal groß bin«

Jessica hat schon vor drei Jahren ihr Studium abgeschlossen, findet aber einfach keine Stelle. Sie schreibt keine ernsthaften Bewerbungen, bleibt »zur Sicherheit und wegen der billigen Krankenversicherung« weiterhin an der Universität eingeschrieben und betreibt damit ein »Scheinstudium für alle Fälle« in einem völlig anderen Fach, das sie im Übrigen überhaupt nicht interessiert. Auf die Frage, wie lange das noch so gehen solle, meint sie fröhlich: »Bis irgendwann einmal der Traumjob auf mich zukommt.« Manchmal geht sie sogar noch für ein paar Stunden zur Uni, kommt aber frustriert zurück, weil sie inzwischen das ganze Studentenleben »kindisch« findet.

Sie jobbt mal hier, mal da. Ihre Eltern und der Freund halsen ihr, »weil sie ja Zeit hat«, alle möglichen undankbaren und zeitraubenden Aufträge auf: während der Urlaube der Mutter deren Haus und Garten hüten, sich um die Versorgung der Großmutter kümmern, die Vögel, Fische und die Post des Freundes während dessen beruflicher Abwesenheiten versorgen, wenn er wieder einmal rund um die Welt tourt und selbst einem aufregenden Job nachgeht. Dafür bekommt sie ein bisschen Geld. Ab und zu begleitet sie ihn auch. Ihre Freundinnen haben weder Zeit für Gespräche und Unternehmungen mit ihr noch für ihre ständigen Klagen, weil sie tagsüber berufstätig sind. Manche ihrer Freunde finden sie sogar »ansprüchlich und langweilig« und neulich sagte ihr sogar jemand, ihre Haltung gegenüber dem Berufsleben sei arrogant.

Jessica hat kaum noch ein Selbstwertgefühl, was man bei einer so lebendigen jungen Frau kaum glauben mag. Erst als sie plötzlich aufgrund neuer Gesetze über Studiengebühren für Langzeitstudenten für die hohen zusätzlichen Kosten ihres Zweitstudiums selbst aufkommen soll, ist sie bereit, sich von ihrem Status als Studentin zu trennen, zunächst allerdings nur, weil sie »nicht einsieht, so viel Geld zu bezahlen für nichts«.

Die »kleine« Trennung vom Studentin-Sein bringt aber eine Menge anderer Dinge ins Rollen. Sie muss sich plötzlich um eine eigene Krankenversicherung kümmern und braucht dafür mehr Geld als bisher. Als man ihr bei der Krankenkasse erklärt, dass ein Arbeitgeber in einem »normalen« Arbeitsverhältnis die Hälfte ihrer Sozialabgaben tragen müsste, stellt sie entsetzt fest, dass man sie über Jahre unter dem Studentenstatus um all diese Vorsorgeleistungen in ihren – wie sie glaubte – so gut bezahlten Jobs gebracht hatte. Ihre Empörung setzt sie mithilfe unseres Gesprächscoachings in konstruktive Handlung um.

Die Trennung von ihrer Identifikation mit der Studentenrolle, die ihr erst durch den finanziellen Druck von außen auferlegt wurde, eröffnet ihr einen anderen Blick auf ihre gesamte Lebenssituation und veranlasst sie, endlich darüber nachzudenken, was sie eigentlich mit ihrem Berufsleben vorhat. Es ist, als habe sich ein Stau in Luft aufgelöst. In unglaublich kurzer Zeit verändert sie auf verschiedenen Ebenen ihre Lage. Jessica beginnt, sich gegen die übergriffigen Bevormundungen der Mutter und deren Aufträge abzugrenzen. Sie riskiert den Konflikt mit dem Freund, weil sie für ihn nicht mehr »Mädchen für alles« sein will, wie er es gerade braucht. Statt für andere Unangenehmes zu erledigen, beginnt sie sich – nach einer nicht allzu lang andauernden Krise – auf ihre eigenen Fähigkeiten und auf ihre eigenen Bedürfnisse zu besinnen. Sie kümmert sich um Stellenanzeigen, bewirbt sich und stellt sich bei Vorstellungsgesprächen in einem angemessenen Outfit vor, mit dem sie Chancen auf Beachtung hat, und kommt nicht wie früher in studentischer Freizeitkleidung daher. Wenn ein Bewerbungsgespräch ablehnend beschieden wird, bespricht sie sich mit ihren berufstätigen Freunden darüber, trainiert anderes Verhalten und findet trotz der gegenwärtig schwierigen Arbeitsmarktlage nach einigen Anläufen eine – wenn auch befristete – Stelle. Früher hätte sie ein solches Angebot immer abgelehnt und hätte lieber weiter auf einen lebenslang garantierten Traumjob gewartet. Die durch den äußeren Finanzdruck ein wenig gewaltsam initiierte Trennung von ihrer Rolle als Studentin aber hat Jessica die Chance gegeben, sich mit einer neuen Identität anzufreunden, der einer »Berufsanfängerin«, die auf dem Weg zum erhofften Ziel, dem Traumjob, erst einmal einige berufliche Erfahrungen sammeln muss.

Diese neu definierte Rolle »Berufsanfängerin« gefällt ihr, weil sie spürt, dass ihr das einen sicheren Rahmen für Experimente und für ihre Fragen lässt und sie von dem Druck entlastet, dass sie schon alles wissen und können müsste. Ihre neue Arbeit macht ihr zunehmend Spaß.

Inzwischen hat Jessica aufgrund ihres Engagements in der befristeten Stelle und weil sie erfolgreich kleinere Projekte durchgeführt hat, ein lukratives Angebot von einer größeren Firma bekommen und soll dort fest angestellt werden, sogar mit der Option, ihrem Traumberuf, Trainerin zu werden, ein großes Stück näherzurücken.

Regine: »Ich bin doch die Wichtigste«

Für Regine war es etwas schwieriger als für Jessica, sich aus einer früheren Rolle zu lösen, um die Konflikte mit ihren Kollegen am Arbeitsplatz zufriedenstellend zu bewältigen. Regine ist Direktrice in einem großen Bekleidungsunternehmen und arbeitet schon seit langer Zeit Hand in Hand mit ihrem Geschäftsführer, der sie väterlich unterstützt und ihr viele Sonderrechte eingeräumt hat, um die sie von den anderen Mitarbeiterinnen oft missgünstig beneidet wird.

Einige Mitarbeiterinnen machten aus ihrem Neid keinen Hehl. Ihr Geschäftsführer behandelte sie, als ob sie auf gleicher Stufe mit ihm stände. Sie galt als weisungsbefugt gegenüber einigen

Abteilungen und sie garantierte ihrem Chef durch ihr Interesse an Mode und mit ihrer Kommunikationsfähigkeit, dass auch er immer am Puls der Zeit blieb. Sie beriet ihn in seinen Kontakten mit den Mitarbeitern und genoss im Umgang mit ihm fast den Status einer Tochter.

Durch einen Unfall war Regine für mehrere Wochen arbeitsunfähig. Als sie nach drei Monaten wieder an ihren Arbeitsplatz zurückkam, war dort sehr vieles durch eine Umstrukturierung anders geworden. Man hatte ihren väterlichen »Chef« kurzfristig mit dem Neuaufbau eines Flaggschiffs der Firma in einer anderen Großstadt beauftragt und durch einen drahtigen, jüngeren Nachfolger ersetzt, der schon längere Zeit im Betrieb tätig und der Regine sogar in manchen Funktionen untergeordnet gewesen war. Die beiden hatten in dieser Zeit immer ein sehr gutes Verhältnis gehabt. Regines eigenen Arbeitsbereich hatte man während ihrer Abwesenheit an verschiedene Mitarbeiterinnen delegiert, damit »der Laden weiterlief«.

Im Gegensatz zu ihrem vorherigen Vorgesetzten war sein Nachfolger etwa gleich alt wie sie. Durch seine Einkäufertätigkeit war er mit den ständig wechselnden Anforderungen des Modemarktes vertraut und verwaltete am liebsten alles selbst. Von der Direktrice benötigte er eigentlich kaum noch Hilfe. In Anerkennung ihrer früher geleisteten qualifizierten Arbeit und als Eingewöhnung in die neuen Verhältnisse wies man ihr zunächst formal eine Position als Abteilungsleiterin zu. Hier war sie plötzlich nicht mehr Vertraute des Chefs, sondern nur noch Gleiche unter Gleichen. Obwohl formal aufgewertet, war sie auf beruflich emotionaler Ebene abgestürzt.

Das versetzte Regine in eine schwere Selbstwertkrise. Sie erlebte sich als ehemaliges Mitglied des engsten Führungskreises verständlicherweise abgewertet und von ihren alten informellen Funktionen und Fähigkeiten abgeschnitten. In ihrem Ärger und ihrer Irritation darüber konnte sie nicht sehen, dass nicht nur sie Schwierigkeiten mit der neuen Situation hatte, sondern auch ihr neuer Chef Daniel. Regine stellte für ihn ein doppeltes Problem dar: Einerseits war sie eine hoch qualifizierte Fachkraft, andererseits aber war ihr Arbeitsplatz durch die Umstrukturierung in der früheren Form eigentlich nicht mehr notwendig und gewünscht. War sie früher Daniel eher übergeordnet gewesen, so musste sie sich jetzt in die Rolle einer bloßen Sachbearbeiterin mit weniger Leitungskompetenz begeben und sich von lieb gewonnenen und ungeschriebenen Privilegien trennen. Das kränkte sie sehr. Im Groll über die neue Situation unterliefen ihr unbewusst manchmal Grenzüberschreitungen hinsichtlich ihrer Kompetenzen gegenüber Kolleginnen und auch ihrem Vorgesetzten Daniel. Sie traf einfach Entscheidungen ohne Rücksprache oder gab Anweisungen ohne Auftrag. So etwas hätte leicht zur Kündigung führen können, wenn Daniel nicht verstanden hätte, wie sehr Regine von der neuen Situation emotional betroffen war. Er wollte auf ihre Mitarbeit nicht verzichten. Ärgerlich war nur, dass sie so wenig Einsicht in die notwendigen Veränderungen zeigen wollte und diesen Missmut im Berufsalltag über längere Zeit deutlich in unterschiedlichen Situationen zeigte.

Regine wurde von der Kronprinzessin zur Prinzessin degradiert. Daniel nannte sie schließlich zutreffend seine »Prinzessin auf der Erbse«: Es drückte sie da was und tat weh, da ist etwas anderes, was störte und die Prinzessin litt daran und klagte. Aber genau wie die »Prinzessin auf der Erbse« forschte Regine nicht selbst nach, was wohl die eigentliche Ursache ihrer Verfassung sein könnte, und hoffte darauf, dass jemand anderes für sie die quälenden Hindernisse aus dem Weg räumen würde, so wie es oft der frühere Chef für sie getan hatte – und wie im Märchen der Prinz.

Wie könnte Regine mit dieser Krisensituation umgehen und für sich am Arbeitsplatz effektive Veränderung herbeiführen, damit sie wieder zufrieden ihrer Beschäftigung nachgehen kann und der gute Teamgeist auch unter dem neuen Chef nicht übermäßig belastet wird?

- Regine erwartet weiterhin unbewusst die väterliche Unterstützung im Betrieb und kann nur schwer akzeptieren, dass sie sich jetzt um ihre eigenen Belange selbst kümmern muss.

- Regine muss ihre Trauer und den Schmerz über das Ende der früheren eher familiären Arbeitsbedingungen meistern. Sie sollte sich nicht zu sehr in Gefühle des Grolls vertiefen, sondern sich von der vergangenen Arbeitssituation trennen und lernen, die realen Veränderungen der Umstrukturierung anzunehmen.
- Sie könnte Überlegungen anstellen, ob sie sich nach Alternativen in anderen Firmen umsehen möchte. Ihr gefällt aber ihr Arbeitsplatz, der Kontakt mit den Mitarbeitern. Die lange Betriebszugehörigkeit gibt ihr außerdem Sicherheit.
- Sie kann lernen, andere Perspektiven für ihre neue Position zu entwickeln und deren Vorteile für sich entdecken.
- Sie hat es schwer, die neuen Bedingungen zu akzeptieren und kämpft dagegen, gegenüber den anderen Kollegen gleichgestellt zu sein. Im Gespräch mit dem Lebensgefährten und Freunden aber erhält sie mehr Klarheit über ihr Verhalten. Der Partner versteht ihre Situation am Arbeitsplatz gut, weil er selbst in ihren privaten Auseinandersetzungen oft von ihrem Kampf um Dominanz betroffen war.
- Da sie sich so schwertut mit der Veränderung und viele negative Gefühle damit verbunden sind, ist es neben der Analyse der gegenwärtigen Situation nützlich, einen Blick in die eigene Geschichte zu werfen. Hat es da vielleicht früher eine vergleichbare Situation gegeben? Wenn ja, kann Regine sich fragen, welche Kränkungen damals für sie am schlimmsten waren. Gab es da ernsthafte Situationen, wo sie sich zurückgesetzt fühlte oder zurückgesetzt wurde? Und wie ist es jetzt in der Gegenwart für sie?

Regine war immer der »Liebling« des Vaters gewesen, bis sie das Elternhaus verließ, um zu heiraten. Der Neid ihrer Schwestern hatte ihr zwar immer zu schaffen gemacht, aber er hatte sie auch mit Stolz erfüllt. Nach dem Tod des Vaters wurde ihr Bruder die wichtigste Bezugsperson für die Mutter und sie war mit den Schwestern nur eine unter vielen. Der Schmerz über den Verlust des Vaters und der Verlust ihrer besonderen Beziehung zu ihm hatte in ihr ungeklärt weitergeschwelt, um sich bei der sich ähnelnden Situation am Arbeitsplatz zu wiederholen und die verständliche Kränkung ins Unermessliche anwachsen zu lassen.

Regine nahm sich nach dieser Erkenntnis vor, auch am Arbeitsplatz darauf zu achten, ob und wie dort frühere Geschwisterkonflikte reaktiviert werden.

Wenn Sie sich in einem beruflichen Kontext mit einem Gefühl von sehr großer Kränkung herumschlagen müssen, die nicht aus dem gegebenen Kontext erklärbar scheint, ist es angemessen, sich zu fragen, ob Sie die gegenwärtige Situation an ein früheres Erleben erinnert. Wenn das der Fall ist, sollten Sie sich vergegenwärtigen, dass Sie im Hier und Jetzt erwachsen sind und erwachsene Entscheidungen treffen können. Die Vergangenheit ist vorbei. Sich ganz bewusst und immer wieder abzugrenzen von früheren Identifikationen, kann bereits ein Weg sein, im vollen Gegenwartsbezug zu handeln.

Nützliche weitere Elemente zur Loslösung in einem solchen Konflikt sind folgende Schritte:

- Versuchen Sie, Ähnlichkeiten zwischen der Situation heute und damals zu entdecken.
- Reden Sie sich nicht heraus, indem Sie die Schuld auf die Vergangenheit schieben: »Ich bin eben so, weil es damals so war«, sondern trennen Sie sich von diesen alten Selbstbildern und betrachten Sie die Möglichkeiten im Hier und Jetzt.

Dazu kann ich Ihnen eine Lebensweisheit einer meiner Therapielehrerinnen zitieren: »Man kann nicht verhindern, dass es kränkende Situationen im Leben gibt, aber man kann selbst entscheiden, ob man darauf beleidigt und gekränkt reagieren will.«

Zur Problembewältigung im Berufsfeld bedarf es der Fähigkeit, sich von alten Mustern zu trennen, weil deren unbewusstes Beibehalten im aktuellen Leben häufig Schaden anrichtet, ohne dass man sich erklären kann, was eigentlich vor sich geht. Otto Rank nennt diesen Prozess der Verantwortung für sein jeweiliges Handeln und für die damit verbundenen Konsequenzen »den Preis an das Leben zu bezahlen für die Freiheit, selbst etwas wollen zu können«.[26] Die Fähigkeit, sich von Altem zu trennen und für das selbstbestimmte Wollen des Neuen die Folgen zu tragen, ist eine der wichtigsten Kompetenzen, um ein befriedigendes, wenn auch nicht immer nur harmonisches Berufsleben zu führen.

Während Jessica und Regine sich von alten Rollenmustern und Rollenidentifikationen verabschieden müssen, haben Bernhards beruflich bedingte Erschöpfungsdepression und die damit verbundenen sozialen Probleme mit einer inneren Überzeugung zu tun, die er früh gelernt hatte und der er immer noch folgte: »Du musst dich mehr anstrengen, du bist immer noch nicht gut genug.«

Solche und ähnliche Sätze, die man als Kind oft von den Erwachsenen über sich gehört hat, graben sich fest ein und werden zur entwertenden und antreibenden inneren Stimme, deren Ursprung man längst vergessen hat. Bernhard konnte diesen Teufelskreis durchbrechen und sich von seinen Leistungsintrojekten trennen. Er hat dafür aber auch vorübergehend auf einen weiteren Aufstieg auf der Karriereleiter verzichtet.

Bernhard: Auch als graue Maus kann man gut leben

Bernhard ist ein sehr umsichtiger, freundlicher junger Mann Mitte 30, der gerne seinen Beruf an einer Modelleinrichtung für behinderte Kinder ausübt, die er vor zehn Jahren mit großem Engagement aufgebaut hat. Seine Kollegen und er konnten dort nach einem besonderen Organisationskonzept schalten und walten. Man kann sich gut vorstellen, dass die engagierten Sozialarbeiter unter solchen Bedingungen motivierter arbeiteten, als es gemeinhin in staatlichen Einrichtungen üblich ist. Dennoch fühlte sich Bernhard nach der Arbeit völlig ausgelaugt. Manchmal glaubte er sogar, den Kindern nicht gerecht werden zu können, wenn sie ihn mit ihrer Aggressivität an seine Grenzen gebracht hatten. Viel Zeit verbrachte er außerhalb der Arbeitszeit damit, Berichte über diese Kinder zu schreiben, Hausbesuche zu machen, schwierige Elterngespräche zu führen und immer wieder neue Projekte zu ersinnen und durchzuführen.

Da blieb ihm wenig Zeit für sein Privatleben übrig. Freunde konnten ihn manchmal kaum überreden, mit ihnen zu einer Musikveranstaltung oder ins Kino zu gehen. Ständig plagte ihn das schlechte Gewissen, dass er den Kindern und seiner Arbeit dann nicht ausreichend Zeit widmen könne. Diese berufliche Überlastung schlug sich auch in seinen Beziehungen zu Frauen nieder. Sein starkes Pflichtgefühl führte dazu, dass sich die »anspruchsvollen Frauen seiner Generation«, wie er sie nannte, häufig hinter seine Arbeit zurückgesetzt fühlten. Er versuchte, ihre Klagen durch vermehrte Anstrengung und bewusste Zuwendung zu besänftigen. Bei seinem gewohnten Engagement für die Arbeit brachte ihn das erst recht in zeitliche Bedrängnis und führte folglich zu noch größerer Erschöpfung. Aus diesem Teufelskreis wusste er weder ein noch aus. Er wurde zunehmend verstimmter, depressiver und eine kürzlich begonnene Beziehung mit einer Frau ging achtlos in die Brüche.

Nach einem Erschöpfungszusammenbruch beriet er sich mit einem Freund. Der schlug ihm vor, regelmäßig Sport zu treiben, Entspannungsübungen zu machen und bei geselligen Anlässen Leute zu treffen. Dabei bemerkte Bernhard mehr und mehr, dass er sich nach zehn Jahren in der harten Umgebung seines aufreibenden Arbeitsalltags nach »ganz normalen Kontakten« mit Erwachsenen sehnte. Er spürte seinen Wunsch, einfach mehr Zeit für sich und ein alltägliches soziales Leben zu haben. Doch wie sollte er das »nebenher« noch schaffen?

Inzwischen hatten sich Bernhards Umsicht und Fleiß über seine Einrichtung hinaus auch bei den Behörden herumgesprochen. Es blieb nicht aus, dass er – wie ihm schien, gerade zur rechten Zeit – ein Angebot bekam, sich dort auf eine höhere Verwaltungsstelle zu bewerben.

Hier schien die Lösung für seine Probleme zu liegen. Endlich mehr Ruhe! Der neue Arbeitsplatz lag nahe bei seinem Wohnort. Er würde dort nur noch bis zum Nachmittag zu tun haben, die häufigen Hausbesuche und die zermürbenden Elterngespräche würden in dem neuen Umfeld nicht mehr nötig sein. Gerne nahm er die Stelle an. Am Anfang musste er sich sehr daran gewöhnen, nicht mehr ständig »rund um die Uhr« eingespannt zu sein, und er entdeckte langsam kleine Zeitfenster von Freiheit für sich selbst. Jetzt würde er sich endlich mehr um seine sozialen Kontakte kümmern können.

Kurz darauf lernte er eine Frau kennen und hatte, anders als früher, für die Treffen mit ihr mehr Zeit. Es entwickelte sich nach und nach eine Liebesbeziehung und die beiden dachten ans Zusammenziehen. Bernhard war glücklich. Er erfüllte sich einen alten Traum, ein etwas abgelegenes Haus inmitten von Natur umzubauen, und freute sich auf die handwerkliche Arbeit. Und so war es nur natürlich, dass der Wunsch entstand, auch eine Familie zu gründen. Als ein Kind unterwegs war, schien das Familienglück perfekt.

Am Arbeitsplatz sollte er inzwischen aufgrund seiner offensichtlichen Begabung und seines Einsatzes für die Sache vermehrt weitere Führungsaufgaben übernehmen und eine umfangreiche Umstrukturierung der Verwaltung vornehmen. Unerwartet kamen auswärtige Tagungen, Vorträge und zusätzliche Fortbildungsaufgaben auf ihn zu, weil ihn sein Vorgesetzter als sehr effektiv einschätzte und Bernhard weiterhin immer sein Bestes tat.

Als das Kind geboren war, stellte Bernhard besorgt fest, dass er viel zu häufig von zu Hause abwesend war und dass der alte Teufelskreis von Überanstrengung und Erschöpfung schon längst wieder begonnen hatte. Er wollte doch viel lieber mehr Zeit haben, um seine Tochter aufwachsen zu sehen und ein »anwesender« Vater und Ehemann zu sein! Als »normaler Arbeitnehmer« ohne besondere Funktionen wäre das möglich.

Das war es! Wenn man freiwillig in eine Position aufsteigen konnte, müsste man sich doch genauso freiwillig von der Position trennen und wieder »absteigen« können? In therapeutischen Coachinggesprächen wurde Bernhard klar, dass er seit der Geburt seiner Tochter begonnen hatte, sich mit ganz anderen Lebenszielen zu identifizieren als mit dem lange gewohnten ständigen »Anstrengen«. Er überlegte, sich aus der Rolle des für alles Verantwortlichen an seinem Arbeitsplatz zu verabschieden und sich wieder mehr in die Rolle eines gleichgestellten Kollegen zu begeben, um mehr Platz für seine Vaterrolle zu haben.

Das würde zwangsläufig einige Trennungen nach sich ziehen. Er würde sich von einer Reihe von Privilegien verabschieden müssen, wie von einem eigenen Büro, einigen Sonderzulagen, auf die Nähe seiner Wohnung zum Arbeitsplatz verzichten müssen, vielleicht sogar von dem Respekt einiger Kollegen ihm gegenüber als Führungsperson. Er spürte aber, dass ihm diese Trennungen nicht allzu schwer fallen würden, weil er auch seine Arbeit als »normaler« Kollege immer gern gemacht hatte. Die Verwaltungsarbeit hatte oft viel Unlebendiges mit sich gebracht. Durch die andere Alltagsstruktur an einem festen Arbeitsplatz würde er sich regelmäßiger der Erziehung seiner Tochter und dem Familienleben zuwenden können.

Ein bisschen Bauchgrummeln hatte Bernhard schon, wenn er an das entscheidende Gespräch mit seinem Vorgesetzten dachte, denn so ganz einleuchtend für andere erschien ihm sein Wunsch nicht, sich von einer sich gerade so erfolgreich entwickelnden Karriere verabschieden zu wollen. Er versuchte, seine innere Stimme zum Schweigen zu bringen, die wie immer sagte: »Streng dich mehr an, es ist nicht genug.« Aber alles ging viel leichter als gedacht. Zwar bedauerte sein Vorgesetzter seinen Entschluss sehr, brachte aber unerwartet viel Verständnis für Bernhards Lage auf, weil er sich selbst einmal in einer ähnlichen Situation befunden hatte, und er ließ ihn ziehen.

Es klingt wie ein Happy End aus einem Märchen: Inzwischen hat Bernhard eine zweite Tochter bekommen und ist zufrieden mit seiner Entscheidung, dass er sich durch die Loslösung von seinen früheren Leistungsansprüchen und durch die Überwindung seiner Trennungsangst die befriedigende Rolle eines anwesenden Vaters in seinem Familienleben ermöglicht hat.

Elke: Pippi Langstrumpf auf dem Kurfürstendamm

In der Geschichte von Elke geht es um Selbstbehauptung und Freiheit, aber auch um Gefühle von Angst, Trotz und Ohnmacht. Der Kampf mit diesen Emotionen spiegelt sich in Elkes Verhalten an ihrer Arbeitsstelle wider, obwohl sie mit ihren eigentlichen Aufgaben am Arbeitsplatz nur wenig zu tun haben. Dieser Kampf ist innerlich immer noch eine Auseinandersetzung mit den Autoritätskonflikten aus ihrer Herkunftsfamilie, die ihr in ihrem gegenwärtigen beruflichen Alltag das Leben schwer machen, ohne dass sie das richtig zuordnen kann. Erst intensive Nachforschungsarbeit im Coaching fördert die Zusammenhänge ihrer Schwierigkeiten mit Angestellten und Vorgesetzten zutage, die für die Kollegen und sie so unerklärlich sind.

Elke ist eine 35-jährige Frau und stammt aus einer Kleinstadt in einer ländlichen Gegend. Sie hat früh versucht, die dörfliche Enge zu verlassen, wo jeder wusste, was der andere tut, und wo es keine Möglichkeit gab, den hämischen Kommentaren von Nachbarn und Verwandten zu entkommen. Die Mutter arbeitete nach der Geburt von Elkes beiden jüngeren Geschwistern wieder in einem kleinen Geschäft und setzte Elke gegen deren Willen zum regelmäßigen Kinderhüten ein. Elke sollte später einmal »was Besseres« werden. Ihr schwebte für Elke ein Studium vor. Elke aber wollte schnell einen Beruf erlernen und »weg«. Nach dem Ende ihrer Lehre beschloss sie, einfach nicht mehr in ihr Heimatstädtchen zurückzukehren. Nie hätte sie gewagt, den Eltern ihren »Fluchtplan« vorher anzukündigen. Sie fand eine Stelle, zeigte gute organisatorische Fähigkeiten und wurde bald mit Führungsaufgaben in einem kleinen Team beauftragt.

Aber schon nach kurzer Zeit spürte sie ein unerklärliches »Unwohlseingefühl« bei dieser neuen Aufgabe. Sie fühlte sich bevormundet, weil sie Dinge für ihr Team tun sollte, die sie selbst nicht wollte oder nicht »einsah«. Sie rebellierte innerlich gegen den Vorgesetzten, fast so wie gegen die Eltern, und verweigerte die Ausführung seiner Anweisungen, suchte aber nie das Gespräch mit ihm. Schließlich kündigte sie, weil sie die Atmosphäre nicht mehr ertrug. An den nächsten Arbeitsstellen wiederholten sich die gleichen Schwierigkeiten. Elke löste sie immer auf die gleiche Weise: durch Flucht in die Verweigerung der Anweisung der Vorgesetzten, bis sie entweder aus eigenem Antrieb kündigte oder ihr gekündigt wurde.

Als man Elke anbot, in einer eleganten Parfümerie an der Prachtstraße der Hauptstadt als Assistentin anzufangen, schien zunächst alles anders zu werden. Aber es kam leider auch da, wie es kommen musste: Man erkannte schnell ihre Begabungen und setzte sie entsprechend als Teamleiterin ein. Mit ihrer Höhergruppierung nahm zunehmend ihre Zuverlässigkeit ab, so wie es in früheren Stellen auch schon vorgekommen war. Durch einen unbewussten inneren Mechanismus getrieben, erfüllte sie zunächst einfache Arbeitsaufträge nicht. Sie leitete Anweisungen nicht weiter und unterrichtete den Chef nicht über dringende Personalfragen. Gleichzeitig fühlte sie sich stark bevormundet, nachdem sie wiederholt darauf aufmerksam gemacht wurde, ihren auffallend einfachen »Naturlook« in ihrem Äußeren aufzugeben, sich entsprechend dem Image der Edelparfümerie mehr anzupassen und dem Dresscode des Hauses zu folgen. Sie begann unter vielerlei körperlichen Unpässlichkeiten zu leiden und entwickelte zunehmende Angst, zur Arbeit zu gehen. Auf Rat einer Freundin kam sie zur therapeutischen Beratung. Ausschlaggebend für diese Entscheidung waren auch Bemerkungen ihres Freundes: »Mein Freund hat kein Verständnis für mich und meint, ich sei ja an allem selber schuld. Allein schon, wie ich rumliefe.«

Wir analysierten ihren beruflichen Werdegang. Ihre unterschiedlichen Vorgesetzten an ihren verschiedenen Arbeitsplätzen hatten meist schnell ihre Fähigkeiten entdeckt und sie gefördert. Bald aber begann sie Anweisungen nicht mehr auszuführen, bis sie schließlich überhaupt keine Aufträge mehr befolgen konnte, so als ob sie ihrem Chef unbedingt ihren eigenen Willen entgegensetzen müsste. Sie enttäuschte auf diese Weise die Vorgesetzten auf ähnliche Weise, wie sie häufig ihre Mutter enttäuscht hatte, die aus ihr »etwas Besseres« hatte machen wollen. Elke beklagte sich: »Ich kann gar nichts dagegen machen, es kommt einfach so über mich. Kaum bin ich wieder im Geschäft und erhalte Weisungen, ist es wie ein Nebel und ich werde bockig. Ich gucke weg und höre gar nicht zu. Am nächsten Tag weiß ich, dass ich es hätte anders machen sollen, aber es fängt immer wieder automatisch von vorn an.«

Elke hat sich innerlich noch nicht von ihrem pubertären Widerstand gegen die Anordnungen des autoritären Vaters und gegen die sie einschränkenden Wünsche der Mutter getrennt. Sie kann nur fühlen, dass sie nicht will, kann aber noch nicht unterscheiden, wozu sie Ja oder Nein sagen möchte.

- Elke sollte sich klar machen, dass mit der Entscheidung für eine berufliche Tätigkeit auch Zugeständnisse an Erfordernisse und Bedingungen einer solchen Tätigkeit einhergehen müssen. Einerseits sucht sie aktiv und mit Erfolg einen Beruf aus, in dem Selbstdarstellung in einem vorgegebenen Stil und anweisendes Handeln erforderlich sind, andererseits akzeptiert sie aber nicht die damit verbundenen Rahmenbedingungen.
- Beispielsweise sollte sie sich bewusst werden, dass sie sich in einem Job nicht trotzig in den Kleiderstil ihrer Jugend flüchten kann, wo das Lässig-Schlampige einen Beweis für ihre Autonomie darstellte, wenn am Arbeitsplatz ein eleganter Dresscode vorgeschrieben ist.

Etwas plastischer ausgedrückt: Will man Gemüsehändler auf dem Großmarkt werden, muss man die Bedingung akzeptieren, jeden Tag sehr früh aufzustehen und seine Waren auch gegen die Konkurrenz anzupreisen, sonst wird man keine Geschäfte machen. Wenn man sich einmal einen Markt in Frankreich oder Italien ansieht, wo die Händler ihre verderbliche Ware nicht über das Wochenende behalten wollen und sie deshalb lautstark und lustig anpreisen, wird einem deutlich, wie wichtig eine Identifizierung mit der gewählten Tätigkeit ist und wie diese umsatzfördernd nach außen strahlt.[27]

Die wichtigste Aufgabe für Elke oder Menschen in ähnlicher beruflicher Lage aber ist es, herauszufinden, welches eigene Interesse sie am Arbeitsplatz verfolgen (Geld, Ruhm, Erfüllung, Karriere, Zeitvertreib), und zu lernen, die Verantwortung für diese Wünsche zu übernehmen und die Konsequenzen zu tragen, selbst wenn es den anderen nicht gefallen könnte.

Bereits zu diesem Zeitpunkt zu Beginn der Beratung war zu befürchten, dass Elke auch diesmal gekündigt werden würde. Man kündigte ihr tatsächlich vor Ablauf ihres befristeten Vertrages, was für Elke zwar einerseits eine große Kränkung, aber zu ihrer eigenen Verwunderung auch eine riesengroße Erleichterung darstellte. »Die feine Schönheitsbranche mit all den hochnäsigen aufgerüschten Kundinnen war die ganze Zeit sowieso nie mein Ding gewesen.« Es klang glaubhaft, nicht so wie in der Fabel vom Fuchs, der zu den zu hoch hängenden Trauben meinte: »Sie sind wahrscheinlich eh zu sauer, ich will sie gar nicht!«, als er sie nicht erreichen konnte. Aber Elkes Triumph war doch eher ein Pyrrhussieg. Was war denn nun eigentlich ihr Ding?

Die Kündigung löste seltsamerweise einen Energieschub bei ihr aus. Im Internet fand sie die Stellenausschreibung einer Firma für Blumen und Gartenartikel, die sie interessierte. Sie, die sich in der Beratung über einige Sitzungen selbst als »völlig unfähig, abhängig und voller Selbstzweifel« dargestellt hatte, berichtete mit Begeisterung, wie sie innerhalb weniger Tage eine Bewerbung verfasst hatte. Sie hätte entdeckt, dass sie keinerlei Interesse an Personalführung habe, und begründete das mit längst vergangenen Fakten. Sie hätte früher schon immer vom Kinderhüten ihrer Geschwister genug gehabt, für die sie alles hatte ausbaden müssen und für die sie verantwortlich war, anstatt sich mit ihren Altersgenossinnen treffen zu können. Jetzt wolle sie sich »ganz einfach und ohne irgendwelche Schnörkel« nur um einen Job kümmern, der nur mit Dingen und nicht mit Personen zu tun hat. Die Vorstellungsgespräche verliefen positiv. Jetzt galt es nur noch, eine »Kündigungsprophylaxe« vorzunehmen.

Von welchen Verhaltensmustern sollte sich Elke trennen, um im Hier und Jetzt angemessen reagieren zu können?

Das Wichtigste wird es sein, Abschied von den indirekten Erwartungen an die Eltern zu nehmen, dass sie allem zustimmen sollen, was immer sie tut und wie immer sie ist. Gleichzeitig müsste sie entdecken, wie sie mehr auf sich selbst gestellt sein und sich mit der Unterstützung ihres gegenwärtigen sozialen Umfeldes weiterentwickeln kann.

Noch träumt sie vom idealen Zustand des »Immer voll und ganz Geliebt-Werdens«. So wäre ein idealer Arbeitgeber für sie jemand, der geduldig und fragend immer wieder Zeit für sie hätte und der ihr wie eine fürsorgliche Mutter den Raum ließe, selbst herauszufinden, was das denn gerade sein könnte, was sie will oder was sie anders haben möchte. Kann eine auf wirtschaftlichen Erfolg ausgerichtete Firma denn eine solche Mitarbeiterin überhaupt länger einstellen?

Elke könnte jetzt damit beginnen, die unerfüllten Wünsche von einst hinter sich zu lassen, sich entschlossen davon trennen und ihre Erwartungen darauf richten, was für sie als Erwachsene möglich ist.

- So muss sich Elke von der Überzeugung trennen, dass sie nur dann in Ordnung ist, wenn sie alles so macht, wie man es von ihr erwartet.
- Wenn sie ihre Trennungsangst aus der Kindheit überwinden lernt und erkennt, dass sie nicht mehr die kleine abhängige Tochter ist, sondern dass sie heute Wahlmöglichkeiten hat, kann sie sich willentlich für ein paar Stunden des Tages an berufliche Forderungen anpassen, ohne sich davon in ihrer Autonomie bedroht zu fühlen.
- Dann kann sie damit aufhören (im Sinn einer »geschlossenen Gestalt«), sich immer erneut Partner, Berufsfelder und neue Vorgesetzte zu suchen, mit denen sie die alten Gefühle von Ohnmacht wieder beleben kann.
- Das Wichtigste für sie wird sein, zu entdecken, was sie unmittelbar interessiert und sie selbst tun oder nicht tun möchte,

statt aus Angst vor Fremdbestimmung im pauschalen unproduktiven »Nein« steckenzubleiben.

Jetzt ist Elke nur zu wünschen, dass ihre neue Stelle nicht wieder durch ihre trotzige Haltung und das Rebellische aus der Vergangenheit gestört wird, sondern dass sie bei Veränderungen am neuen Arbeitsplatz ihre Gefühle diesmal rechtzeitig reflektiert und differenziert, damit sie sich der gegenwärtigen Situation entsprechend verhalten kann. Denn – wen wundert es – schon nach wenigen Wochen haben ihre neuen Arbeitgeber bemerkt, dass Elke zu viel mehr fähig ist, als nur im Hintergrund des Internethandels zu wirken. Man ist schon auf sie zugekommen und hat angefragt, ob sie nicht die gesamte Blumenabteilung leiten wolle. In der Situation des Ausprobierens aber hat sie sich entschieden, zunächst ihren Platz im Organisationsteam der Internetfirma zu behalten. Wenn sie es dann irgendwann selbst will und es jemand erneut an sie herantragen würde, könnte sie ja immer noch zur Position der Abteilungsleiterin Ja sagen.

Um auf den Titel dieser Geschichte zurückzukommen: Wahrscheinlich erinnern Sie sich an die Geschichten von Pippi Langstrumpf. Nach dem Tod der Mutter und dem Abschied ihres Vaters als Kapitän zu einer endlosen Seereise musste sich Pippi Langstrumpf zum Überleben in der langweiligen Erwachsenenwelt ihres Städtchens etwas ausdenken, was ihr in ihrem Verlassensein in ihrer Villa Kunterbunt ihre Einzigartigkeit versicherte und ihr ihre Zugehörigkeit zu ihrer verrückten Familie spürbar machte. So trug sie verschiedenfarbige Strümpfe oder schlief verkehrt herum, mit dem Kopf am Fußende des Bettes. So konnte sie sich mit ihren abwesenden ungewöhnlichen Eltern verbunden fühlen und den anderen Bewohnern des Dorfes zeigen, dass auch sie anders ist als all die anderen und ebenso besonders wie ihre Eltern. Pippi Langstrumpf blieb nicht wie Elke im Trotz stecken, sondern wählte für sich das Besondere.

Kleiner Exkurs: Trotz schränkt ein

Da viele meiner Klienten über eine ähnliche Problematik von versecktem eigenen Trotz am Arbeitsplatz klagen, gebe ich Ihnen einen kurzen Einblick in die Entstehung von Trotz und zeige etwaige Folgen einer weiteren Entwicklung dieser Haltung. Vielleicht können Sie damit bereits einen Teil möglicher eigener Schwierigkeiten besser zuordnen.

Schon früh während der Willensbildung des Kindes können die Weichen für einen Trotz-Konflikt gestellt werden, wenn in der Entwicklung die erwachende Selbstbehauptung im Ja- beziehungsweise Neinsagen behindert wurde. Erwachen heißt hier, dass ein kleines Kind anfänglich über eine gering ausgebildete Fähigkeit zu einem differenzierenden eigenen Meinungsbildungsprozess verfügt, weil dessen Entfaltung viel Zeit und Übung benötigt und von den erwachsenen Bezugspersonen geduldige Unterstützung und das Ertragen von Widersprüchen beim Ausprobieren verlangt. Das kann jeder bestätigen, der ein Kind hat aufwachsen sehen. Wenn das Kind aber wiederholt befürchtet, in einem ungeschützten Raum (beispielsweise im Umfeld einer rigiden Familienstruktur, durch einen autoritären Vater oder durch eine strafende Mutter) sein Wünschen und Wollen mit einem selbstbehauptenden Ja oder durch ein abgrenzendes Nein nicht äußern und sich nicht durchsetzen zu können, wird es Gefühle von Ohnmacht erleben. Diese Gefühle kann das Kind häufig nur durch innere Rebellion und nach außen gezeigten Trotz als einer Art Abwehr (Reaktionsbildung) unter Kontrolle halten.

Mit Reaktionsbildung ist hier ein allgemeiner Abwehrprozess gemeint, der wie eine Notbremse wirkt. Das eigene Wollen soll in einem Kontext geschützt werden, in dem die Person wie früher als Kind nicht genügend Zeit hat für einen längeren Willensfindungsprozess oder – wie es zum Beispiel bei Elke früher der Fall war – wo kein Verständnis für das Wollen eines Kindes herrscht. Sicher kennen viele die Sprüche aus der schwarzen Pädagogik, beispielsweise: »Kinder, die was wollen, kriegen auf die Bollen«, »Kinder haben nichts zu wollen«.

Trotz als Abwehrprozess ist immer eine Vollbremsung.

Positiv gesehen, beschützt Trotz die Selbstbehauptung in einer für das Kind bedrohlichen Situation. Allerdings enthält Trotz ein zu allgemeines Nein in der Ablehnung des Gesamten und hat dabei keinen eigenen spezifischen Inhalt mehr, sondern umfasst einfach »alles«. Für den Trotzigen selbst und die anderen ist nicht mehr klar zu erkennen, worum es ihm jetzt wirklich geht, wenn er zu allem sein Nein äußert. Durch die panikartige Notbremsung opfert er die Möglichkeit, seinen Wünschen einen konkreten Inhalt zu geben, der ihm selbst gefällt, weil er der vermeintlichen Bedrohung von außen insgesamt Einhalt gebieten muss.

Er oder sie kann nur noch fühlen, dass beide diese Notbremsung wollen, und sichern damit ihre Selbstbehauptung, wenn auch auf selbstschädigende Weise, wie es bei vielen Konflikten am Arbeitsplatz der Fall ist. Wenn man sich dann im Job bei einer Entscheidung nicht beteiligt fühlt, reagiert man mit dieser Notfallbremse des »totalen Neins«. Man kann nicht mehr zuhören, bekommt deshalb den Inhalt des Gespräches und die Aufträge nicht mehr mit und kann das Anliegen des anderen nicht verstehen. Möglicherweise nimmt man das Geschehen sogar als gegen sich gerichtet wahr und entwickelt eine Panikreaktion, dass man seine Selbstbestimmung verlieren könnte – wie früher zu Hause. In einer solchen Situation weiß man dann nicht mehr, worum es geht, und hat plötzlich alle Kompetenzen seines Unterscheidungsvermögens verloren. Das Gegenüber reagiert mit Unverständnis und Ärger. Trotz schränkt ein.

Bei einem wenig selbstbewussten Ich wird im Fall einer Bedrohung der Ichkern zunächst mit einem totalen Nein gesichert. Jeder kennt das, wenn ein Baby seinen Willen oder Unwillen mit dem ganzen Körper herausschreit: Alles ist dann nur noch Wollen oder Nichtwollen. Erst mit fortschreitender Reifung und durch die geduldige und liebevolle Unterstützung seiner Umwelt lernt das Kleinkind, Ja oder Nein differenzierter auszudrücken. Was es natürlich ab und zu auch nicht daran hindern wird, trotzig zu reagieren, um seine Willensmacht zu erproben. Können dem Kind dann Grenzen gesetzt werden, die es als nicht bedrohlich erleben muss, sondern die es nur als unangenehm empfindet, kann es lernen, immer besser mit Zustimmung oder mit Ablehnung umzugehen.

Solche unbewussten Willenskonflikte mit den Eltern, die sich im Inneren des Erwachsenen immer noch vollziehen, lassen im Berufsleben manche unbegreiflich erscheinende Situation verständlich werden, bei der Trotz zugrunde liegt.

- Am Arbeitsplatz verursacht man gelegentlich unerklärlichen Ärger, den man selbst nicht verstehen kann, sei es durch wiederholtes Fehlermachen, notorisches Zu-spät-Kommen oder durch chronische Vergesslichkeit, die man beim besten Willen nicht abstellen kann.
- Wenn Sie bei einem Konflikt am Arbeitsplatz selbst das Gefühl bekommen, »das kommt mir irgendwie bekannt vor«, oder der Konflikt wiederholt in verschiedenen Kontexten auftritt, dann liegt der Verdacht nahe, dass Sie mit früheren Bezugspersonen schon einmal ähnliche Situationen durchlebt haben. Sie können darüber nachdenken, ob und wie Sie diese Konflikte früher gelöst haben. Möglicherweise verstecken sich in den sich wiederholenden Schwierigkeiten uralte Trotzmuster.
- War es damals auch immer schon so schwierig wie jetzt?
- Es ist sinnvoll, die Frage nach dem Unterschied zwischen dem Erleben von damals und der jetzigen Situation zu stellen und sich zu erinnern: Gab es eine indirekte »Belohnung« dafür, etwa zu spät zu kommen oder etwas zu vergessen?
- Wenn Sie diese Frage bejahen, können Sie mit folgenden Fragen weiterarbeiten:
  - Was ist heute anders als damals?
  - Habe ich heute mehr Handlungsspielraum, um zu reagieren?
  - Welche Konsequenzen muss ich heute für die Fortsetzung dieser alten Gewohnheit in Kauf nehmen?

Jedes Ja enthält auf der anderen Seite ein Nein. Das ist einer der goldenen Regelsätze, die der bekannte Psychotherapeut und Autor Irving Yalom seinen Lesern und seinen Patienten vorträgt. Dieser Satz enthält in unserem Kontext die wichtige Botschaft, dass jede Entscheidung für etwas gleichzeitig eine Entscheidung für eine Trennung von etwas anderem bedeutet.[28]

Ohne Arbeit, aber im Beruf: Ich bin Arbeitssuchender

Eine andere Sicht auf Arbeitslosigkeit

Die Angst davor, den Arbeitsplatz zu verlieren, geht schon länger um wie ein drohendes Gespenst. Das veranlasst viele, an einem für sie ungesunden Arbeitsplatz länger zu verharren, als es gut ist. Manchmal ist eine Phase einer vorübergehenden Beschäftigungslosigkeit nicht zu umgehen, sei sie ausgelöst durch eine eigene Entscheidung, sei sie von außen herbeigeführt unter dem Druck einer notwendig erscheinenden betrieblichen Umstrukturierung oder sei sie einfach eine als willkürlich empfundene Maßnahme, die über einen hereingebrochen ist.

Bei der Trennung von einer Arbeitsstelle ist zu bedenken, dass damit Loslösungs- und Trennungsaufgaben verbunden sind, die nicht nur den Arbeitsplatz, sondern auch andere Bereiche des täglichen Lebens umfassen.

Forschungen haben gezeigt, dass von Arbeitslosigkeit Betroffene nach einer gewissen Zeit von sich fälschlicherweise glauben, plötzlich viele ihrer gewohnten Fähigkeiten verloren zu haben, insbesondere die, ihren Alltag erfolgreich strukturieren zu können. Die Kränkung über den Verlust des Arbeitsplatzes, die Angst vor dem Älterwerden oder die Angst davor, möglicherweise nie mehr eine neue Stelle finden zu können, behindern und überschatten eine mögliche Neuorientierung und die damit verbundenen Loslösungsaufgaben. In einer solchen Lebenssituation ist die Gefahr groß, dass man den Verlust des Arbeitsplatzes wie eine Auslöschung der gesamten Person erlebt.

Irgendwie scheint es, als habe die Zeit ohne Strukturierung

durch den Beruf keine wirkliche Bedeutung mehr, so als ob man die »gewonnene Zeit« eines freien Tages plötzlich nicht mehr wie früher selbst einteilen könnte. Die allgemeine Identifikation des Menschen als Berufstätiger kann sich gleichzeitig mit dem Verlust des Arbeitsplatzes auflösen, obwohl alle anderen Identifikationen erhalten bleiben. Er ist weiterhin Freund, Leser, Hobbygärtner, Vater, Sportler etc. Dennoch gibt man manchmal bei dieser freiwilligen oder unfreiwilligen Trennung von der Identifikation des Berufstätigen auch all seine übrigen Identifikationen auf. Wie zwangsläufig erlebt man dann eine allgemeine depressive Verstimmung oder Leere, die es unmöglich erscheinen lässt, seine freie Zeit so einzuteilen, um genügend Raum und Kraft finden, Stellenanzeigen studieren, telefonieren oder neue Bewerbungen abfassen und abschicken zu können.

Die folgenden Hinweise sollen bei allen realen Schwierigkeiten auf dem Stellenmarkt dabei helfen, sich nicht mutlos zurückzuziehen, sondern aktiv zu bleiben und mit kleinen Trennungen der letztlich noch gar nicht anstehenden großen Trennung zu begegnen.

Was tun bei Arbeitslosigkeit?

Wenn man nach einer Kündigung beabsichtigt, weiter im Arbeitsprozess zu bleiben, sei die Situation der Arbeitslosigkeit nun selbst gewählt oder als Ereignis von außen eingetreten, so ist die Entscheidung, entsprechend aktiv zu handeln, möglichst bald zu treffen. Für die seelische Gesundheit ist es entscheidend, sich von der kurzzeitigen Identität des »Arbeitslosen« zu trennen und stattdessen eine starke Identität als »Arbeitssuchender« zu entwickeln, dessen wichtigste berufliche Tätigkeit es ist, täglich mindestens zwei bis drei Stunden aktiv die Arbeitssuche zu betreiben. Das mag Ihnen wie ein bloßer Trick erscheinen, hat aber eine durchgreifende Wirkung, wenn Ihnen ein solcher Identitätswechsel gelingt.

Die Identität eines Arbeitssuchenden hat eine stützende Struktur und beinhaltet folgende Punkte:

- nicht zu spät aufstehen,
- sich einen Überblick über die Arbeitsmarktlage verschaffen (Zeitung, Internet),
- telefonische Nachfragen tätigen,
- vorhandene Fähigkeiten weiter trainieren, damit sie nicht verloren gehen,
- eine feste Arbeitszeit festlegen (etwa zwei bis drei Stunden, am besten am Morgen)
- Bewerbungstrainings machen,
- Bewerbungen schreiben und absenden.

Auch bei Arbeitslosigkeit gilt das Prinzip, dass Sie bei einer Trennung Altes zum Teil hinter sich lassen müssen und die Zukunft mithilfe eines neuen imaginären Stützpfeilers einer ganz konkreten Zukunftsvision im Auge behalten.

Es ist angstmindernd und kann energiefördernd sein, wenn Sie auch während der Beschäftigungslosigkeit den Fokus darauf legen, einen bestimmten Beruf zu haben: den Beruf des Arbeitssuchenden. Diese Technik der situationsbestimmten Neuidentifikation können Sie auch in vielen anderen Situationen des Getrennt- oder Verlassenseins anwenden. Statt »Ich bin allein« können Sie sagen: »Ich bin jemand, der einen Partner sucht.« Statt »Ich bin ein Bayer, der in Berlin lebt« sagen Sie: »Ich bin jetzt ein Berliner.«

Hier folgen einige Strategien, wie Sie sich in einer solchen Situation vorbereiten und sich zunächst selbst helfen können:

- Wenn Arbeitslosigkeit vorauszusehen ist, schieben Sie das Erleben der dadurch aufkommenden Kränkung nicht von sich weg, versinken Sie aber auch nicht darin.
- Machen Sie sich eine genaue Planung, wie viel Zeit Sie sich für das Finden einer neuen Arbeitsstelle geben wollen und fixieren Sie den Stichtag schriftlich.
- Machen Sie sich Ihre verschiedenen beruflichen und privaten Identifikationen bewusst und listen Sie sie auf zwei Zetteln auf. (Ich bin Tochter, Freundin, Internetuserin, Organisati-

onsgenie, Langschläferin, Hausfrau, kommunikationsfreudig, Sportlerin etc.)

- Dann klären Sie, wie viel Zeit Sie pro Woche für Ihre jeweiligen Identifikationen einsetzen wollen. Wie lange wollen Sie arbeiten? Wie viel Zeit wollen Sie einplanen, die Versorgung des Haushalts zu übernehmen? Wie viel Zeit für Sport? Wie viel Zeit für Fortbildung? Berücksichtigen Sie auch Ihre tägliche Arbeitszeit als »Arbeitssuchender« und die Anforderungen, die sich daraus für Ihre Zeitplanung ergeben.
- Tragen Sie Ihre Zeitplanung in eine Wochenübersicht ein und halten Sie sich möglichst genau an den Plan. Innere Ausreden vermeiden!
- Auch wenn Sie sich aus eigener Initiative vom alten Arbeitsplatz getrennt haben oder trennen mussten, haben Sie sich deshalb nicht gleichzeitig von der Identifikation getrennt, jemand zu sein, der seinen Tag strukturieren kann. Statt des früheren Zwanges einer von außen gegebenen Zeiteinteilung haben Sie jetzt die Freiheit, diese Einteilung von sich aus vorzunehmen und zur Verfolgung ureigenster Anliegen zu nutzen.
- Wenn Sie einen guten Freund oder eine gute Freundin haben, bitten Sie diese, Sie zu unterstützen und Sie regelmäßig zu fragen, ob Sie Ihrer neuen Identifikation als »Arbeitssuchender« nachkommen (Außenkontrolle).
- Verordnen Sie sich selbst täglich Aufgaben. Strukturieren Sie Ihren Tag. Treffen Sie andere Menschen.
- Besinnen Sie sich auf frühere Träume und Wünsche.
- Werden Sie sich bewusst, was alles vielleicht anders möglich ist.
- Ein »Durchhänger« darf sein ab und zu. Suchen Sie aber in diesem Fall jemanden auf, dem Sie Ihre Sorgen mitteilen können, und legen Sie mit ihm eine zeitliche Begrenzung für das Stimmungstief fest. Eine solche bewusst selbstbestimmte Begrenzung kann wiederbelebend wirken.

»Füge dich der Zeit, erfülle deinen Platz
und räum ihn auch getrost. Es fehlt nicht an Ersatz.«
Friedrich Rückert

Trennen vom Beruf am Ende der Lebensarbeitszeit

Die Beendigung der beruflichen Tätigkeit, vor allem aber der Verlust des Arbeitsplatzes, wirkt sich auf die gesamte Lebensgestaltung und Befindlichkeit aus und kann existenzbedrohende Folgen haben. Manchmal ergeben sich aber aus diesem Ereignis auch neue und unerwartete Chancen.

Berufliche Trennungen haben sehr unterschiedliche Ursachen: Der Arbeitnehmer selbst kann sich freiwillig davon trennen, weil die gegenwärtigen Arbeitsbedingungen seinen bestehenden oder erhofften eigenen Qualifikationen nicht mehr entsprechen oder weil er Lust auf eine neue berufliche Herausforderung bekommen hat und einen weiteren Karriereschritt machen möchte. Aus eigenem Antrieb kann man beispielsweise dann gehen, wenn man zu dem Schluss kommt, bestimmte belastende Anforderungen nicht mehr erfüllen zu wollen, weil einem das zwischenmenschliche Arbeitsklima zu schaffen macht. Dies war bei Sebastian aus dem Kapitel »Trennen ist bewusste Loslösung« der Fall, als seine Motivation durch die unkontrollierten Ausbrüche seines Chefs nachhaltig beeinträchtigt wurde.

Manche Trennung erfolgt unfreiwillig, weil einem gekündigt wurde. Es gibt vielfältige Gründe, die eine Kündigung zur Folge haben können, die sich jedoch ganz unterschiedlich auf das Selbstwertgefühl des Betroffenen auswirken können. Ein Betrieb wird umstrukturiert, ein früherer Vorgesetzter verlässt die

Firma, und mit ihm wird das gesamte Team ausgetauscht, weil der Neue andere Mitarbeiter mitbringt. Der Chef stellt plötzlich Unverträglichkeiten zwischen sich und dem Arbeitnehmer fest und trennt sich von ihm. Manchmal werden auch die beruflichen Leistungen den Erwartungen eines Betriebes nicht mehr gerecht. Solche Kündigungen kommen in der Regel eher unerwartet.

Eher erwartet, aber vom Arbeitnehmer oft verdrängt, ereignen sich die unfreiwilligen Trennungen, die den Arbeitnehmer aus altersbedingten Gründen ereilen.

- Wie im Fluge scheint das Arbeitsleben vorübergegangen und das sogenannte Rentenalter erreicht zu sein. Man hat aber oft vorher gar nicht bedacht, dass man sich auf diesen einschneidenden Trennungsschritt von langer Hand vorbereiten sollte.
- Oder man wird altersbedingt vorzeitig zurückgestuft oder »ausgemustert«, weil jüngere Arbeitnehmer die zentralen Funktionen einnehmen sollen. Mit lukrativ erscheinenden Abfindungen soll man dann frühzeitig aus dem Arbeitsprozess »weggelockt« werden, was trotz der hohen Abfindung häufig mit Kränkungen verbunden sein kann und einen vor allem mit der scheinbar nur harmlos lautenden Frage konfrontiert: Was mache ich jetzt?

Wenn eine solche Lebensphase auf Sie selbst oder Ihren Partner zukommt, empfiehlt es sich unbedingt, sich langfristig im Vorfeld auf das Berufsende vorzubereiten und für sich selbst aktiv »kleine Trennungen« vorzunehmen. Der selbstbewusst vollzogene Ausstieg hilft, das endgültige Ausscheiden aus dem Arbeitsleben als nicht allzu gewaltig zu erleben und für eine Neuorientierung noch ausreichend Motivation zur Verfügung zu haben.

Die folgenden Geschichten zeigen alltägliche Verläufe, die mit dem plötzlichen Ende eines Arbeitslebens verknüpft sein können. Dabei ist besonders stark zu beobachten, dass an der Schnittstelle von Berufsleben und Ruhestand häufig unverarbeitete frühere Verhaltensmuster auftauchen, die aber keine angemessene Antwort auf die gegenwärtige Situation darstellen. Oft ist nicht nur der unmittelbare Arbeitnehmer von den Umwälzungen betroffen, sondern immer auch sein Partner, die Familie, die Kinder, sein gesamtes soziales Umfeld. Wenn Sie sich selbst noch nicht in diesem Lebensabschnitt befinden, können Sie in den Beispielgeschichten sicherlich Erfahrungen mit Eltern, Verwandten, Freunden und Kollegen wiedererkennen und vielleicht Hinweise für ein neues Verständnis dieses Themas entdecken.

- Monika und Rolf haben bislang in ihrem Ehealltag verdrängt, wie nahe Rolfs Pensionierung schon herangerückt ist, und sehen sich jetzt plötzlich der unausweichlichen Herausforderung gegenüber, ihren Lebensalltag entsprechend der neuen Situation, dem geänderten Lebensrhythmus und den Bedürfnissen grundlegend neu zu strukturieren.
- In der Geschichte von Rainer lesen Sie, wie er in seiner Partnerschaft mit Marie bizarre Verhaltensweisen entwickelt, nachdem ihn seine Firma vor die Wahl gestellt hat, seine Führungsposition entweder mit einer hohen Abfindung zu verlassen oder in eine verlängerte Altersteilzeit zu gehen. Am Beispiel von Rainer können Sie sehen, wie seine seltsamen Reaktionen auf diese Wahlmöglichkeiten mit Erfahrungen aus seinem Leben verknüpft sind.

Rentner zu sein, beziehungsweise »in Rente zu gehen«, ist ein sozialpolitischer Begriff, der zunächst nichts anderes besagt, als dass ein Arbeitnehmer, der viele Jahre (40 Jahre und mehr) seine Sozialbeiträge geleistet hat, nun aus dem Berufsleben ausscheiden kann und gleichzeitig seine angesparten Beiträge in Form monatlicher Bezüge ausbezahlt bekommt. Dies müsste eigentlich für jeden, der nicht nur für seine Arbeit allein lebt, ein erfreulicher Vorgang sein, wenn er nicht faktisch und psychologisch mit negativen Vorstellungen und Konsequenzen belastet wäre. Die neue Situation ist zudem teilweise mit negativen Assoziationen besetzt wie: »Jetzt gehöre ich zum alten Eisen«, oder: »Ich bin zu nichts mehr nütze«.

Mancher betrachtet die Rente bereits als »Wartezimmer zum Lebensende«.

Die rapide ansteigende durchschnittliche Lebenserwartung von Männern und Frauen, die bei Frauen inzwischen die Grenze von 80 Jahren überschritten hat, bringt es zunehmend mit sich, dass der Eintritt in das Rentenalter alles andere bedeuten muss als das häufig befürchtete »Abstellgleis«. Der Beginn eines dritten Lebensabschnitts markiert nicht unbedingt den Beginn von Untätigkeit, sondern kann sowohl eine Fülle von neuen beruflichen Aktivitäten eröffnen, als auch Zeit lassen für Reisen, für die Hinwendung zur Familie und zu den Enkelkindern – kurzum für Tätigkeiten, für die immer viel zu wenig Zeit in den vergangenen Lebensjahren übrig blieb. Für einen Großteil derer, die ins Rentenalter eintreten, kann dieser Lebensabschnitt ein mehr oder weniger lang herbeigesehnter Zeitraum dafür werden, endlich selbstbestimmte Bedürfnisse und andere Aspekte ihrer Persönlichkeit zu entfalten, die im bisherigen Alltag zu kurz gekommen sind.

Von der Dynamik dieses sich zwangsläufig ergebenden Endes eines Berufslebens wird oft das gesamte Lebensumfeld betroffen. Da kann es dann zu erheblichen Turbulenzen kommen, wenn nicht vorher langfristig Vorsorge gegen die »Nebenwirkungen« dieses krisenhaften Lebensereignisses getroffen wurde.[29]

Monika: »So habe ich mir das nicht vorgestellt!«

Monika ist Journalistin. Ihre drei erwachsenen Kinder nehmen ihre Mutter nur noch ab und zu für sich in Anspruch. Der Ehemann, der erheblich älter ist als sie, war im Familiengeschehen wegen starker Arbeitsbelastungen meist eher abwesend und passiv und agierte als »Mitläufer« im Hintergrund. Keiner hatte eigentlich so richtig mitbekommen, dass plötzlich seine Pensionierung ins Haus stand, da er selbst kaum darüber sprach. Weder er noch seine Familie hatten sich je Gedanken darüber gemacht, was das Ende seines Arbeitslebens für alle bedeuten könnte. Und wie Karl Valentin so treffend sagt: »Am Ende trat plötzlich der Schluss ein.«

Erst zwei Wochen, bevor der letzte Arbeitstag heranrückte und Rolf fragte, ob Monika ihm bei der Vorbereitung seines Ausstandes helfen könnte, wurde ihr klar, dass sie bald tagtäglich mit ihrem Mann zusammen sein würde. Ihren gut organisierten beruflichen und häuslichen Ablauf würde sie tagsüber nicht mehr allein bestimmen können, sondern ihr Mann würde seine freie Zeit als Rentner erst einmal zu Hause verbringen, falls er nicht eine neue Beschäftigung für sich finden würde. Plötzlich überfiel sie Angst, dass ihr Leben davon massiv beeinträchtigt werden könnte. Ihr war in ihrem gewohnten Tagesablauf bislang nicht aufgefallen, dass sie wie selbstverständlich immer den gesamten Freizeitbereich und auch alle Familienunternehmungen gemanagt hatte. Erst als ihr Mann täglich morgens erwartungsvoll beim Frühstück saß und fragte: »Was machen wir denn heute?«, wurde sie sich der Tragweite ihrer neuen Situation und der vergangenen Versäumnisse bewusst, dass sie beide ihr Leben mit einem »Ruheständler« nicht rechtzeitig geplant hatten.

Rolf erwartete offenbar von ihr genauso wie früher das Freizeitmanagement. Nur mit dem Unterschied, dass er seinen gesamten Alltag jetzt als Freizeit betrachten konnte. Monika geriet mehr und mehr in Panik. Sie wollte doch weiter ihren interessanten Arbeitsaufgaben, ihrer eigenen Freizeitgestaltung und ihren vielfältigen sozialen Kontakten nachgehen, so wie vorher, als er meist erst spät nach der Arbeit nach Hause kam. Glücklicherweise ist sie selbst beruflich oft unterwegs. Aber sie ist es auch gewöhnt, ungestört zu Hause an ihrem Computer zu sitzen, Telefonate zu führen und das Haus zu verlassen, wann immer sie möchte, ohne jemandem Rechenschaft darüber abzulegen.

Auf einmal wurde sie damit konfrontiert, dass sie angeben soll, wohin sie geht und wie lange sie wegbleiben wird! Sie fühlte sich zunehmend eingeengt und kontrolliert. Sie reagierte häufig gereizter als früher und hatte nur noch den Wunsch, sich abzugrenzen. Denn Rolf machte sich natürlich auch im Haus zu schaffen, versuchte sich mit den für ihn bisher fremden Abläufen vertraut zu machen und stellte ihr dauernd »unsinnige Fragen«, wie sie es nannte, wie dieses oder jenes funktioniert, wann man jetzt einmal einkaufen ginge und wann man mal die Freunde einlüde und wann sie endlich mit ihrer Arbeit fertig wäre und Zeit für ihn hätte.

Monika war so verzweifelt und unter Druck, dass sie aufgeregt ihre Freundin anrief: »Ich glaube, ich muss mich trennen, das kann ich alles nicht, ich wusste gar nicht, wie sehr mir Rolf auf die Nerven geht, er ist ja so unselbstständig. Ich möchte einfach wieder meine Ruhe.« Sie dachte an sofortige Trennung, weil sich ihr Leben durch seine Pensionierung auf so ungewohnte und bisher unbefriedigende Weise verändert hat.

Statistisch ist auffällig, dass nicht nur junge Ehen in den ersten drei bis sieben Jahren, sondern auch die sogenannten alten Ehen nach 25 bis 35 Jahren an diesem berufsbedingten Wendepunkt des Familienlebens häufig geschieden werden – und dies eher auf Betreiben der Frau.[30]

Ein Teil von Monikas Gefühlen der Bedrängnis ist gut zu verstehen, denn in ihrer eigenen Lebensplanung stellt sich die Frage nach dem Ruhestand noch längst nicht.

Es gibt mehrere Lebensmodelle, wie die beiden auf ihre neue Situation reagieren können:

- Monika könnte sich abrupt mit »kaltem Schnitt« aus der Ehe mit ihrem Mann trennen, wie sie das nach dem ersten Schock ihren Freundinnen anvertraut hatte.
- Sie hat aber auch die Wahl, sich von der Identifikation zu trennen, die Frau eines berufstätigen Mannes zu sein. Stattdessen könnte sie sich an der Seite ihres Mannes vorzeitig und schrittweise in die Rolle als »junge Teilzeit-Rentnerin« einleben, mit ihm zusammen phasenweise den Ruhestand genießen, was auch für sie Vorteile bringen könnte, und manchmal ihren eigenen Zielen nachgehen.
- Oder sie könnte ein Leben »in der Differenz« mit ihrem Partner entwickeln, das heißt, einerseits ihrem bisherigen Lebensstil gemäß weiterleben, andererseits jedoch die jeweiligen unterschiedlichen Bedürfnisse zwischen beiden regelmäßig im Alltag besprechen, um für beide Partner akzeptable Lö-

sungen auszuhandeln und auch praktikable Gemeinsamkeiten zu finden.

Jede der drei Lösungsmöglichkeiten erfordert bestimmte Trennungsschritte und den Rückgriff auf andere Ressourcen.

1. Lösung: Die Trennung

Die erste Lösung wäre der »Cool Cut«. In ihrer langen Ehe, in der die beiden Partner zum gegenwärtigen Zeitpunkt als eine 50-jährige »junge Alte«[31] und als ein 65-jähriger Pensionär mit ihren verschiedenen Ansprüchen an die Zukunft zusammenleben, bräuchte Monika für die Durchführung dieses abrupten Trennungsschritts folgende Unterstützung:

- einen Anwalt, um ihre Renten- und Unterhaltsansprüche zu klären,
- eine gute Freundin, die sie immer auf dem Weg der Trennung bestärkt und sie »auf Kurs« hält, diese Trennung auch durchzustehen, und schließlich
- vielleicht sogar einen Therapeuten, um ihre Schuldgefühle über ihr Freiheitsbedürfnis und ihre Trauer über den Verlust zu bearbeiten, die mit dem Beenden der Ehe verbunden sein würden.

Diese erste Lösung ist die härteste. Sie findet häufig nur in der Fantasie statt: »Ich ziehe aus, wenn er jeden Tag zu Hause ist.« Manchmal ist eine Trennung aber wirklich notwendig.

2. Lösung: Der gemeinsame Ruhestand

Ein gemeinsamer Weg mit Rolf, bei dem Monika die Identität einer jungen »Teilzeit-Rentnerin« an der Seite ihres pensionierten Mannes wählt, erfordert, sich in einem begrenzten zeitlichen Rahmen von ihrer Rolle der berufstätigen jüngeren Frau vorzeitig zu trennen. Er verlangt von Monika und Frauen in einer ähnlichen Situation mehrere kleinere, aber umso schwerere Trennungen:

Zuerst muss sie sich von ihrer Gewohnheit trennen, einen berufstätigen Mann zu haben, der täglich das Haus verlässt, wodurch sie sich danach ungestört ihren eigenen Aufgaben in ihrer Zeit zuwenden kann. Das wird in ihrem Fall auch deshalb notwendig, weil durch ihre Wahl eines erheblich älteren Lebenspartners in einer früheren Lebensphase ein Faktum nicht beachtet worden ist, dass der ältere Partner viel früher alt wird und sogar gebrechlich werden kann. Man könnte auch sagen: Wer einen älteren Partner gewählt hat, sei es, um damals väterlichen Schutz zu genießen, sei es, um sich nicht mit den Konflikten herumschlagen zu müssen, die mit einem gleichaltrigen Partner durchzustehen sind, muss den »Preis« für diese Entscheidung später bezahlen. Dies bedeutet, einen älteren Menschen auch dann in dessen dritter Lebensphase zu begleiten, während man selbst noch in einem aktiveren Lebensabschnitt steht.

Monika könnte mit der neuen Identifikation als junge »Teilzeit-Pensionärin« den Ruhestand gemeinsam mit Rolf antreten. Unterstützend wirken dabei folgende Ressourcen:

- Sie könnte aktiv andere »Ruheständlerinnen« aus ihrem Umfeld befragen, wie diese ihr Alltagsleben gestalten und durch welche Dinge und Aktivitäten ein solches Ruhestandsleben bereichert werden kann.
- Sie müsste ihre Überzeugung, dass ein Pensionär »langweilig und anstrengend« ist und ein Leben mit ihm nur »Unfreiheit und Abhängigkeit« bedeutet, neu formulieren und lernen, dass »im Ruhestand sein« auch ihr die Freiheit zur Gestaltung von bislang noch nicht erfüllten Wünschen eröffnet und sie dadurch Zeit für eine sinnvolle Lebensführung gewinnen kann.
- Monika kann akzeptieren lernen, dass die Anwesenheit ihres Partners im Haus nicht unbedingt ihre eigenen Wünsche ersticken muss und ihr nur seine regelmäßige Abwesenheit die Freiheit garantiert, ihren eigenen Interessen nachzugehen, sondern dass sie auch gemeinsame Wege der Lebensgestaltung finden könnten. Eine solche Lebensform erfordert ehrliche Gespräche über ihre jeweiligen Gefühle und Bedürfnisse.

Diese zweite Lösung verlangt von Monika die größere Anpassungsleistung an die neue Situation.

3. Lösung: Zusammenbleiben und verschiedene Wege gehen

Die dritte Möglichkeit bringt ebenfalls die Bewältigung eines realen Konfliktes mit sich: Hier ist es Rolf, der handeln und aktiver werden muss. Das Thema dieser Version des Zusammenlebens entspricht dem »Gestaltgebet« von Fritz Perls: »Ich bin ich und du bist du – und wenn wir uns ab und zu treffen und finden, dann ist es schön, wenn nicht, dann ist das auch gut so.«[32] Für Monika und Rolf hieße das: »Ich gehe meinen Aufgaben nach und du gehst deinen Aufgaben nach. Wenn wir manchmal zusammenfinden, können wir unser Erlebtes austauschen und auch unser Zusammensein genießen.«

Bei diesem Lebensmodell müssen beide Partner versuchen, ihre unterschiedlichen Lebensrhythmen, Lebensalter und Bedürfnisse aufeinander abzustimmen. Diese Organisation wird ihnen nicht mehr von außen durch die Anforderungen eines Arbeitsplatzes abgenommen, sondern jeder muss die Tagesstruktur jetzt von innen heraus gestalten, was ein interessanter, wenn auch schwieriger Reifeschritt sein kann. Es ist möglicherweise ein konflikthafterer Weg als die zweite Lösung, aber er verspricht auch neue Bewegung und ein neues Verständnis vom anderen und von sich selbst.

Bei dieser Lösung müssen beide Partner den Mut aufbringen, ihre jeweils eigenen Ziele weiterzuverfolgen. Dafür ist die Planung von Gemeinsamem unabdingbar, zum Beispiel:

- einen gemeinsamen Wochenplan zu machen,
- abzusprechen, wer an welchen Tagen nicht zu Hause sein wird und der andere dann allein sein kann,
- wann jemand Freunde einladen kann, ohne den anderen einzuengen,
- wann man Ruhe für eigene Projekte benötigt (Monika für ihre journalistische Arbeit oder Rolf für seine handwerklichen Hobbys).

- Auch die haushaltliche Infrastruktur muss neu geregelt werden: Einkaufspläne müssen besprochen und verteilt werden.
- Rolf muss sein Bedürfnis zurückstellen, angesichts seiner neuen Situation ständig alles mit Monika gemeinsam machen zu wollen, und durch Eigeninitiative seine Zeit auch mit anderen Inhalten füllen.

Dieser Lebensrhythmus »apart together« nach dem sogenannten Gestaltmuster wird anfangs von beiden eine Menge Initiative verlangen. Beide brauchen auch hierbei unterstützende Freunde im Hintergrund, die das neue Lebensmodell verstehen, wertschätzen und sie immer wieder ermuntern.

Monika hat sich für diese dritte Version entschieden. Es ist nicht einfach für sie, mit Rolf neue Freiräume auszuhandeln, weil sie sich vorher nie mit ihm darüber einigen musste. Es ist aber zu Beginn auch nicht einfach für Rolf, sich plötzlich selbst neue Aufgaben zu verordnen und nicht hilflos an Monikas »Rockzipfel« zu hängen. Aber es sieht so aus, dass sie es schaffen werden. Einige gemeinsame Reisen sind schon geplant. Monika wird auch weiterhin mit ihren Freundinnen verreisen und hat sich nach dem ersten Schreck über die neue Lebenssituation wieder ihrer Arbeit zugewandt. Sie muss sich manchmal sehr anstrengen, Rolfs erste Schritte in der Haushaltsführung geduldig zu begleiten und nicht aus alter Gewohnheit und um ihre Ruhe zu haben, plötzlich wieder die gesamte Organisation an sich zu reißen. Den beiden geht es inzwischen besser. Zur Altersruhe werden sie so schnell nicht kommen.

Die drei Modelle sind Lösungen, die nicht nur für Monika und Rolf Möglichkeiten einer Neuorientierung anbieten, sondern vielleicht auch für Paare, die sich in einer ähnlichen Lage befinden, beispielsweise auch durch eine plötzliche Arbeitslosigkeit eines Partners, wenn der Lebensalltag durch die ständige Anwesenheit eines Partners zu Hause neu strukturiert und definiert werden muss.

Es lohnt sich häufig, statt der endgültigen Trennung von einer lange bewährten Partnerschaft mehrere kleinere Trennungen vorzunehmen. Manchmal kann eine solche neue Lebenssituation für ein Paar auch der Ausgangspunkt sein, sich wieder einmal über die Qualität der Beziehung Rechenschaft abzulegen und sich darüber klar zu werden, wie man weiter zusammenleben will und was man ändern muss oder ob vielleicht doch der Zeitpunkt gekommen sein mag, getrennte Wege zu gehen.

In vorzeitigen Ruhestand geschickt

In großen Firmen werden aufgrund von Umstrukturierungen Führungskräfte und auch »normale« Mitarbeiter oft vorzeitig in den Ruhestand geschickt oder es wird ihnen Altersteilzeit angeboten. Häufig wird eine solche Kündigung durch den sogenannten goldenen Handschlag versüßt, der die Zeit bis zum gesetzlichen Rentenantritt überbrücken und den vorgezogenen Abschied aus dem Arbeitsleben schmackhaft machen soll.

Manchmal beantworten die Betroffenen, die plötzlich und unerwartet aus ihrem Arbeitsleben verabschiedet werden, trotz verlockender finanzieller Angebote eine solche Situation mit depressiven Verstimmungen oder mit psychosomatischen Beschwerden: »Der Körper macht nicht mehr mit«. Man klagt über Herzrhythmusstörungen, es treten Bandscheibenvorfälle und Kopfschmerzen auf, aber ein Arztbesuch zur Abklärung der Beschwerden führt meist nicht zu wirklich relevanten medizinischen Ergebnissen, sondern macht die psychische Betroffenheit auch körperlich deutlich.

Wer unerwartet in den Vorruhestand geschickt wird, weil er auf dem gegenwärtigen Arbeitsmarkt für die Firma und für die zu versehenden Aufgaben »zu alt geworden ist«, kann durch den plötzlichen Übergang in die Beschäftigungslosigkeit manchmal einen solchen Schock erleiden, dass die Reaktionen darauf der eigenen Lebensumwelt gegenüber bizarre Formen annehmen.

Sie kennen es sicher von sich selbst, dass Sie im Stress manchmal unüberlegt stereotype, unpassende Lösungsmuster anwenden, mit denen Sie sich früher erfolgreich wehren konnten. Nach einer Weile können Sie bei kühlem Kopf Ihre Reaktionen selbst nicht mehr verstehen oder lehnen sie sogar ab. Ähnliche Symptome entwickeln sich bei Menschen, die von Arbeitslosigkeit betroffen sind.

Rainer oder: Der Mann, der seiner Frau einen Fahrschein verkaufte

Rainer war als erfolgreicher Manager tätig und betreute große Projekte im In- und Ausland. Insgesamt trug er viel Verantwortung und hatte eine entsprechend hohe Arbeitsmotivation. Im Lauf seines Arbeitslebens war seine erste Ehe im Wesentlichen wegen seines ständigen Arbeitseinsatzes und der beruflich bedingten Abwesenheit von der Familie in die Brüche gegangen. Er sorgte nach der Scheidung mit großzügigem Unterhalt für seine ehemalige Ehefrau und finanzierte die Ausbildung der inzwischen volljährigen Töchter. Nach einigen Jahren Single-Dasein lernte er eine Frau kennen und lieben, die mit ihm zusammenleben wollte. Eine gemeinsame Zukunft wurde gerade geplant, als sich plötzlich der Druck in Rainers Firma erhöhte und er sich entscheiden sollte, ob er mit Mitte 50 mit hoher Abfindung vorzeitig aus dem Arbeitsleben ausscheiden oder in Altersteilzeit mit reduzierter Verantwortung gehen wollte.

In seiner Kindheit hatte ihm seine Mutter beigebracht, dass man in Konfliktfällen »immer nur mit Vernunft reagieren soll und manchmal auch zurückstecken muss«. Damals hatte er sich als Jüngster gegen seinen älteren Bruder allein nicht zur Wehr setzen können und meistens den Kürzeren gezogen. Seine Mutter versuchte, ihm über seine geschwisterlichen Niederlagen und stürmischen Impulse mit dieser Haltung hinwegzuhelfen, bis er sich schließlich selbst damit trösten konnte.

In der jetzigen Situation des Entscheidungsdrucks im Unternehmen hatte Rainer mit zwei Angstfaktoren zu kämpfen: Einerseits war seine bislang gute finanzielle Altersabsicherung gefährdet, von der er ja den gesetzlichen und selbstauferlegten Unterhalt an die erste Frau weiter aufbringen wollte. Andererseits war er unsicher, ob seine neue Partnerin Marie weiter mit ihm leben wollen würde, wenn er plötzlich seiner Arbeit nur noch in Teilzeit nachginge und möglicherweise auch über weniger Einkommen als bisher verfügte. Natürlich sprach er »heldenhaft« mit ihr nicht über seine teilweise panikartigen Ängste. Er hatte schon immer alles irgendwie allein geregelt.

In diesem Zeitraum ereignete sich ein seltsamer Zwischenfall: Rainer wollte mit Marie zu einer Theatervorstellung fahren und löste dafür eine S-Bahn-Fahrkarte. In allem Trubel hatte er aber ganz vergessen, dass ihm seit Neuestem eine fünfzigprozentige Ermäßigung zustand. Er geriet in unerklärlich starke Erregung und ertappte sich dabei, wie er seiner Partnerin den irrtümlich erworbenen Fahrschein verkaufen wollte, um dann noch für sich selbst die ermäßigte Karte zu lösen. Marie fiel aus allen Wolken. Sie hatte Rainer bislang immer nur als äußerst großzügig erlebt. Er selbst verschwand vor Scham darüber fast im Erdboden. Was war denn plötzlich los mit ihm? Er wollte einen Fahrschein für 5 Euro an sie verkaufen? Sie machte ihm ihre Irritation unmissverständlich klar. Wurde er plötzlich zum Geizkragen? Sie kümmerte sich doch um alle Belange und Ausgaben des Hauses! Oder sollten die Lebensumstände etwa neu verhandelt werden?

Der Vorfall führte zu dem vorübergehenden inneren Beschluss, dass er weiter beruflich tätig bleiben wollte, damit er wie gewohnt »großzügig« handeln könnte. Auch darüber sprach er nicht. Da Marie schnell erkannt hatte, dass irgendetwas mit Rainer innerlich vorging, brachte sie die kleine S-Bahn-Episode wiederholt zur Sprache und konnte so mit ihm über seine Ängste reden, dass er im Alter nicht mehr ausreichend Geld zur Verfügung haben könnte. Durch dieses Gespräch wurde ihm sein Muster bewusst, dass er seine eigenen Wünsche häufig zunächst nicht wahrnimmt, sondern zuerst einmal »kluge« und sachliche Lösungen sucht. Da Marie selbst noch berufstätig ist, haben die beiden Pläne geschmiedet, wie sie mit der Teilzeitlösung oder auch mit seinem Berufsausstieg umgehen und welche Vorteile für sie beide daraus erwachsen könnten.

Wie Marie mag es Ihnen als Leser vermutlich auch seltsam

vorkommen, dass Rainer wegen eines geringen Betrages von gerade einmal 5 Euro plötzlich von Geiz und Kleinlichkeit befallen schien. Wieso hat sich hier plötzlich Knauserigkeit statt seiner üblichen Großzügigkeit breitgemacht? Durch die Befürchtung, plötzlich auf einen Teilzeitjob mit reduzierter Rente gesetzt zu werden oder ganz aufhören zu müssen, wurde ihm erstmals die Ernsthaftigkeit seiner finanziellen Situation wirklich klar. Er konnte sie aber noch nicht richtig einordnen und verfügte noch nicht über ein angemessenes Handlungsrepertoire dafür. Der kleine Zwischenfall deckte einen im Hintergrund lange schwelenden, nicht bewussten und noch nicht gelösten Konflikt auf.

Rainer hatte seine erste Frau damals aus Schuldgefühlen wegen seiner häufigen Abwesenheit und wegen der Vernachlässigung seiner Kinder über die gesetzlich festgesetzte Zeit hinaus sehr großzügig abgefunden. Seine Gefühle gegenüber der Ehefrau aber waren wegen ihrer nicht enden wollenden Anspruchshaltung gegenüber ihm unterbewusst mit Ärger vermischt.

Durch die neue Beziehung mit Marie, in der er sich auch weiterhin großzügig zeigen wollte, und durch die plötzlich drohende Reduzierung seines gewohnten Einkommens wurde ein innerer verdrängter Ärger an die Oberfläche geschwemmt, der in diesem überraschenden Verhalten zum Ausdruck kam.

Sie kennen das sicher von sich selbst, als Sie Kind waren: Manchmal hat man alle seine Bonbons oder die gesamte Murmelsammlung aus Angst vor Liebesverlust an einen Freund verschenkt, damit er einem wohlgesonnen bleibt. In diesem Zusammenhang entwickelt sich auch plötzlich auftretender Geiz. Eine Großzügigkeit, die man aus Angst vor Liebesverlust »begangen« hat, schlägt in Ärger oder Angst um, und man agiert dann manchmal in anderen Situationen völlig unerwartet knauserig.

Welche kleinen Trennungen kann Rainer nach dieser Klärung jetzt vornehmen?

- Rainer hatte lang gehegte Träume, »früher oder später einmal« Tai-Chi-Lehrer zu werden. Mit dem »Angebot« eines früheren Ausstiegs aus dem Job und der damit verbundenen finanziellen Abfindung könnte er diese Möglichkeiten früher als gedacht wahrnehmen. Bislang hatte er oft gefürchtet: »Falls ich das Ende (des Arbeitslebens) erlebe, wird es zu spät sein, etwas Neues anzufangen.«

- Rainer muss lernen, seine Zukunft mit der Partnerin zu besprechen und sie in seine Planung einzubeziehen, sie zum Beispiel fragen: »Würdest du mir helfen, wenn es finanziell etwas zu knapp würde?« Dass ein Gespräch mit der Exfrau über ihre weitere finanzielle Unterstützung geführt werden muss, ist eine weitere Notwendigkeit.
- Um eine befriedigende Lösung für Rainers und Maries Zusammenleben zu finden, muss er sich von der alten Überzeugung trennen, dass man alles nur mit Vernunft regeln soll und zurückstecken muss. Er kann danach besser herausfinden, was er in der jeweiligen Situation selbst möchte.
- Wenn Rainer sich von diesem alten Glaubenssatz trennt, kann er selbst bestimmen, von wem er Anerkennung und Wertschätzung oder Zuneigung haben möchte und welches Risiko er jeweils dafür eingehen will. Dann wird er auch nicht mehr hinterrücks von Angst- und unvermittelten Geizattacken überrascht werden.
- Er kann erfahren, dass man neue Perspektiven für sich selbst häufig nur mithilfe von Außenstehenden genauer erkennen und klarer abwägen kann.

Regeln zur Vorbereitung des Ruhestandes

Trennung und Loslösung aus dem Arbeitsleben brauchen Zeit. Deshalb sollte man damit nicht so lange warten, bis der endgültig letzte Arbeitstag herannaht, wie zum Beispiel Rolf, sondern man sollte mit der Vorbereitung des Loslösungsprozesses schon einige Jahre vor dem Arbeitsende beginnen, am besten mit den folgenden drei Aspekten.

Planung

- Delegieren Sie bestimmte Aufgaben an loyale jüngere Kollegen.
- Arbeiten Sie rechtzeitig Assistenten oder einen anderen Mitarbeiter in einige begrenzte Aufgaben ein.
- Suchen Sie sich im Privatleben neue Tätigkeitsfelder, die Ihnen Freude machen.
- »Warnen« Sie Ihre Familie, dass Sie bald wieder mehr Zeit für Familiendinge haben werden, und wenden Sie sich dem Familienleben langsam mehr zu.
- Überlegen Sie schon jetzt, welche Tätigkeitsfelder – auch beruflicher Art – Ihnen im Ruhestand besonders gefallen könnten.

Selbstanalyse

Gegen Ende des Arbeitslebens steht auch ein physiologischer und psychologischer Selbstcheck an: Sie könnten Ihren Lebensalterindex ermitteln und eine psychologische Standortbestimmung vornehmen. Danach sollten Sie eventuell Rücksprache mit Ihrem Arzt nehmen und Gesundheitsvorsorge betreiben.

- Beschäftigen Sie sich noch einmal mit Vermögensangelegenheiten und der Alterssicherung.
- Überprüfen und pflegen Sie verstärkt Ihre Beziehungen zu Freunden und Kollegen.

Zukunftsvisionen

- Welche Hobbys und Wünsche haben Sie immer wieder aus Zeitgründen aufgeschoben und welche davon würden sich jetzt für Sie eignen?
- Die aufkommenden Ideen und Ziele müssen einer Realitätsprüfung unterzogen werden: Können Sie das noch leisten, was Sie vorhaben? Wollen Sie das überhaupt noch oder hat sich der frühere Traum schon längst überlebt?

- Es müssen Zeitpläne formuliert werden, wie: Wann will ich eine Reise unternehmen? Wann bin ich fit genug, um mir einen bestimmten Traum (eine Bergwanderung etc.) zu erfüllen? Welche Vorbereitungen muss ich dafür treffen?

Wenn Sie mit einer gezielten »Beendigungsprophylaxe« den Abschluss des Arbeitslebens vorbereiten, kann der Übergang in den sogenannten Ruhestand den größten Schrecken verlieren. Er kann sogar Auftakt für eine neue Phase von Selbstbestimmung, Achtsamkeit für sich und andere und für neue Aktivität sein, auch wenn diese Phase unausweichlich vom Älterwerden und von vielen kleinen Abschieden begleitet sein wird.

»Schau mir in die Augen, Kleines.«
Aus dem Film »Casablanca«

Teil 3

Trennungsrituale – Trennungshandlungen – Trennungsgesten

Sich von etwas zu trennen ohne Unterstützung durch andere ist schwer. Der begleitende Beistand von anderen und feste Regeln und Rituale, an denen man sich »festhalten« kann, sind dabei hilfreich. Das können altbewährte, traditionelle oder auch selbst entwickelte Trennungsrituale sein.

Rituale strukturieren schwierige soziale Situationen mithilfe festgelegter Handlungsabläufe und allgemein verständlicher Symbole. Sie ermöglichen es auf diese Weise, komplexere Lebensaufgaben leichter zu bewältigen, indem sie etwa Sicherheit im Umgang mit Schicksalsschlägen oder dem Tod von nahen Angehörigen vermitteln oder wie in unserem Fall Hilfe im ungewohnten Umgang mit schwierigerem Trennen und mit lebensbedingten Übergängen anbieten.

Mit dem lateinischen Wort »Ritus« bezeichneten die Römer feierliche Handlungen, die sich nach festen Regeln und in einem vorgegebenen Ablauf vollzogen. Besondere einschneidende Lebensereignisse wie Geburt, Hochzeit oder das Aussegnen von Verstorbenen werden in sozialen und kirchlichen Gemeinschaften seit Urzeiten durch festgelegte Zeremonien und Rituale gewürdigt. Solche Rituale sollen die Betroffenen in einer Situation der Veränderung begleiten und sie der Unterstützung der Gemeinschaft versichern.[1] Obwohl zunehmend mehr Menschen konfessionslos leben, nehmen sie weiterhin an Ritualen des Kirchenjahrs teil, wenn auch in manchmal verflachter und weltlicher Form: Das Ostereier Verstecken am christlichen Osterfest in der ehemals heidnischen Tradition von Fruchtbarkeitsritualen oder das Weihnachtsfest als Familienfest sind hierfür beispielhaft. Ursprünglich wurde im Weihnachtsritual das Geschenk Gottes an die Menschen durch die Geburt seines Sohnes gewürdigt. Es wird aber inzwischen von vielen meistens losgelöst von christlichen Inhalten als X-mas-Fest des Kaufens und Schenkens gefeiert.

Der Begriff »Ritual« wird in der Alltagssprache inzwischen fast für jede sich wiederholende Handlung gebraucht, sodass manchmal nicht mehr zu unterscheiden ist, wo kulturell tradierte Rituale aufhören und Alltagsgewohnheiten anfangen. Ein Thema, das Wissenschaftler häufig diskutieren. Sowohl die Alltagsgewohnheit als auch das Ritual basieren unter anderem auf dem Prinzip der Wiederholung. Beides spielt bei der Gestaltung und Bewältigung von wichtigen Lebensabschnitten eine bedeutsame Rolle und gliedert auch Lebensabschnitte in erkennbare Phasen wie beispielsweise: vor der Hochzeit, nach dem Abitur, nach dem Tod der Mutter.

In unserem Zusammenhang sollen insbesondere absichtsvoll und feierlich gestaltete Handlungen als »Trennungsritual« bezeichnet werden, die im Rahmen von Loslösen, Trennen oder Abschiednehmen von Einzelnen oder Gruppen vollzogen werden. Sie tragen in sich die Bedeutung, dass etwas endgültig abgeschlossen wird und man sich nach einem Übergang für Neues öffnen kann. Ein tradiertes oder selbst gestaltetes Trennungsritual kann einem Betroffenen die bevorstehende Loslösung erleichtern, ihn sogar beim Übergang in eine neue Rolle stärken und zu einer neuen Identität begleiten.[2]

In der Ritualforschung hat sich besonders der französische Ethnologe Arnold van Gennep mit dem Phänomen des Übergangsritus beschäftigt. Ihm zufolge hat ein Übergangsritus die wichtige Funktion, den ungewissen Raum zwischen dem Beenden eines alten Zustandes und der neu zu bestimmenden Identität zu sichern.

Ein vollständiges Übergangsritual vollzieht sich nach van Gennep in drei Stufen: dem Trennungsritus als Loslösung von alten Bindungen, dem Umwandlungsritus als Reinigungs- und Suchprozess der Verwandlung und dem Angliederungsritus als Ritual der Verbindung mit dem Neuen. Es ist für das Gelingen eines Trennungsprozesses nicht unbedingt notwendig, dass der Übergangsritus alle drei Stufen in einem einzigen zusammenhängenden Prozess durchläuft, wenn es darum geht, die Angst der Betroffenen vor dem Übergang in die neue Lebensphase zu mindern. Der Ritus kann auch dem jeweiligen Ereignis angepasst werden und zunächst nur einen der drei Ritualteile umfassen.[3]

So wird bei der Geburt eines Kindes der Schwerpunkt auf der feierlichen Würdigung seines Eintritts ins Leben und in die Gemeinschaft durch das Ritual der Taufhandlung liegen und es wird weniger das Ende einer Schwangerschaft zelebriert werden (Trennungsritus). Bei einer Hochzeit wird das Zusammenkommen der beiden Eheleute im Ritual des Jawortes gefeiert (Angliederungsritus). Ein Polterabend als Übergangsritus von der Junggesellenzeit zum gemeinsamen Leben eines Paares geht manchmal der Hochzeitsfeier voraus. Dort wird altes Geschirr zertrümmert, um alte Geister zu vertreiben und um dem Paar Glück für die Zukunft zu wünschen: »Scherben bringen Glück.« Das gemeinsame Aufräumen des Scherbenhaufens war ursprünglich als rituelle Handlung dafür gedacht, dass das Paar nun seine alte (Single-)Identität hinter sich lässt, sein gemeinsames neues Leben beginnt und schwierige oder chaotische Situationen ab jetzt zusammen meistern muss.

Inzwischen haben die im Freundeskreis als Trennungsritus spontan organisierten »Junggesellenabschiede« oder die »Mädelsabende« (im Ruhrgebiet auch despektierlich nach englischem Vorbild »Hennenpartys« genannt) durch die städtische Singlekultur an Bedeutung gewonnen. Sie finden vorzugsweise im Freundeskreis der Braut oder des Bräutigams ohne die Verwandtschaft statt, weil der jeweilige Partner in der Trennungsfete vom Single-Dasein noch einmal die Gelegenheit haben soll, sich in seinen Freundes- und Singlekreisen mit Pauken und Trompeten von seiner bisherigen sozialen Identität zu verabschieden.[4]

Für den Kontext der kleinen Trennungen führe ich hier einige alltägliche Übergangs- und Trennungsrituale auf, die bei der Loslösung von Bindungen oder Situationen hilfreich sein können. Sie treffen sie überall dort an, wo sie einen Abschied erleichtern oder einen Neuanfang unterstützen können.

Unser Alltag ist von vielen dieser kleinen Trennungshandlungen durchzogen. Hände schütteln, kleine Umarmungen, Küsschen geben, über das Haar streicheln, auf die Schulter klopfen, alles Gute wünschen oder jemandem hinterherwinken kennen Sie als alltägliche Grußrituale. Seit einigen Jahren ist auch bei uns der südländische Brauch, sich rechts und links auf die Wange zu küssen, Sitte geworden. Beim wütenden Abgang hört man oft auch »rituelles« Türenschlagen oder erlebt, wie jemand demonstrativ ohne Gruß das Zimmer verlässt. Manchmal sieht man sich beim Abschied nur verliebt in die Augen oder blickt dem anderen wortlos nach. Berühmt geworden ist die Abschiedsformel von Humphrey Bogart im Film »Casablanca«, als er auf sein Liebesglück tapfer verzichtet, die Heldin statt seiner mit dem Ehemann in die Freiheit fliegen lässt und nur noch sagt: »Schau mir in die Augen, Kleines.«

Andere Kulturen warten mit besonderen traditionellen Trennungsgesten auf: Die Eskimos reiben zur Begrüßung und zum Abschied die Nasen aneinander, in der Schweiz ist der dreimalige angedeutete Kuss das geläufige Grußritual im vertrauten Kreis, die Japaner und Koreaner verbeugen sich wiederholt vor dem Scheidenden. In japanischen Luxuszügen verbeugt sich der livrierte Schaffner bei jedem Betreten eines Waggons zu den Reisenden und wiederholt dies beim Verlassen des Waggons. Dieses Ritual zelebriert er in jedem Waggon des gesamten Zugs.

Sie selbst kennen wahrscheinlich kleine Alltagsrituale wie jemanden zum Abschied an den Bahnhof oder zum Flughafen zu bringen, einem Abreisenden ein Abschiedsgeschenk zu überreichen oder dem anderen nach einem Besuch etwas Symbolhaftes mit auf den Weg zu geben, was ihn an das Zusammensein mit

Ihnen erinnern soll. Bei einer Trennung von einer langen Beziehung wird man vom anderen die Hausschlüssel in einem eher unangenehmen »Trennungsritual« zurückfordern, worüber lange Streitgespräche entbrennen können: Die Herausgabe der Schlüssel wird verzögert, um etwa noch ein Pfand zurückzubehalten, denn die Rückgabe der Schlüsselgewalt bedeutet die endgültige Trennung. Vielleicht gibt man sogar ein während der Beziehung erhaltenes Geschenk an den anderen zurück, um damit seine Ablösung auch symbolisch deutlich zu manifestieren. Erinnern Sie sich dazu den Schluss des Kapitels: »Trennen als bewusste Loslösung«, als Rosa am Ende ihrer Beziehung ihrem Exfreund die geschenkten Handschuhe zurückgab, weil sie in der Zukunft nicht mehr an seine Fürsorge erinnert werden wollte.

Wenn jemand umzieht oder wenn Sie auf eine längere Reise gehen, gibt es eine Reihe kleiner Rituale, die diese Trennung begleiten: Man veranstaltet manchmal noch ein Abschiedsessen, es werden Abschiedsgeschenke verteil, die besondere Wertschätzung ausdrücken und Trost spenden sollen. Ab und zu ist in diesen kleinen Ritualen auch ein zurückschauender nachdenklicher Teil enthalten: Die sich Trennenden erzählen sich, was gewesen ist, und tauschen Fantasien aus, was kommen wird. Sichernde Trennungshandlungen vor einer Abreise sind der Austausch von Adressen und Telefonnummern, aber auch die nochmalige Überprüfung der Koffer und das Zurechtlegen der Fahrkarten für die Abreise.

Bei der Abfahrt eines Zuges am Bahnhof macht eine Stimme aus dem Lautsprecher darauf aufmerksam, dass sich jetzt die Türen schließen werden und der Zug abfährt. Früher war die Durchführung dieses Alltagsrituals, das aus mehreren rituellen Gesten zusammengesetzt war, die Aufgabe des Stationsvorstehers: Dem Ruf »Türen schließen« folgten die Kontrolle der Türen und der Befehl »Rücktritt von der Bahnsteigkante«, dann ein Pfeifsignal aus der Trillerpfeife. Eine Kelle wurde hochgehoben, sodass der Abreisende und seine Begleiter schließlich noch ein visuelles Signal für die Abfahrt erhielten. Dann erst setzte sich der Zug in Bewegung. In alten Filmen kann man solche Alltags-

Choreografien am Bahnhof noch sehen. Es blieb so auch genügend Zeit, um sich schrittweise und von einem Ritual begleitet am Bahnsteig zu verabschieden.

Beim Auslaufen eines Schiffes ertönt ein Hupton beim Ablegen, bis sich das Schiff den Blicken der am Ufer Zurückgebliebenen endgültig entzieht. Auch bevor ein Flugzeug abhebt, sind ritualisierte Handlungen und Gesten fester Teil des Takeoff, die den Reisenden Sicherheit geben sollen: die beruhigenden Ansagen des Kapitäns, die Bitte der Flugbegleiter, sich anzuschnallen, die Sitze hochzustellen, und die Hinweise auf die Notausgänge und Sicherheitsbestimmungen.

Beim täglichen Verlassen der Wohnung hat fast jeder seine eigenen kleinen »Trennungsrituale«: alle Fenster schließen oder noch einmal überprüfen, ob die Lichter gelöscht sind, der Katze noch einmal Wasser hinstellen oder die Blumen gießen und hinter sich die Tür abschließen. Manche vollziehen vor dem Weggehen aber auch übertrieben durchgeführte Rituale, wie mehrmals nachzusehen, ob man den Herd oder die Kaffeemaschine abgeschaltet hat oder ob die Tür auch wirklich verschlossen ist. Die Grenze zwischen Alltagsritualen und dem Übergang zu leichten Zwangshandlungen ist dabei manchmal fließend.[5]

Politische Abschiede werden bisweilen von einem freundlichen Trennungsritual begleitet, wie es zum Beispiel bei der Verabschiedung des früheren Bundeskanzlers Gerhard Schröder aus seinem Amt zu beobachten war. Er musste zuerst den Bundespräsidenten aufsuchen, um seine Verabschiedung rituell anzumelden und die Erlaubnis dazu einzuholen (Übergangsritus). Erst danach konnte er seine Abschiedsrede halten, und schließlich wurde für ihn der Große Zapfenstreich in feierlichem Rahmen angestimmt (Trennungsritus).

Im Geschäftsleben wird in manchen Betrieben mit einer entwickelten Firmenkultur den Geschäftspartnern die Verabschiedung von langjährigen Mitarbeitern aus dem Berufsleben bekannt gegeben: »Herr X ist aus unserer Firma ausgeschieden«, damit seine früheren Ansprechpartner bei zukünftigen Kontakten nicht in Verlegenheit geraten, wenn sie sich erneut an diesen Mitarbeiter wenden wollen und er nicht mehr zur Verfügung steht. Im Betriebsablauf unterrichtet in der Regel der Chef die übrigen Kollegen, wenn ein Mitarbeiter seinen Arbeitsplatz durch Kündigung oder einen Karrieresprung verlässt. In mitarbeiterorientierten Firmen werden besonders verdiente Mitarbeiter mit kleinen Dankesreden und Geschenken verabschiedet, die unter anderem auch dafür sorgen sollen, dass sie den früheren Arbeitsplatz in guter Erinnerung behalten. Auch die Zahlung einer Abfindungssumme, dem sogenannten goldenen Handschlag bei vorzeitigen Freistellungen aus dem Arbeitsleben, kann man als Teil eines beruflichen Trennungsrituals verstehen. Die Metapher des »goldenen Handschlags« drückt die Absicht des Versüßens des Abschieds durch eine hohe Abfindung bereits deutlich aus.

Im kirchlichen Bereich ist der Abschiedssegen das wohl häufigste Trennungsritual, wobei dem Scheidenden gute Wünsche und Gottes Schutz mit auf den Weg gegeben werden sollen. Viele Menschen wünschen sich auch in weltlichen Zusammenhängen beim Abschied in irgendeiner Form eine Art Segen als Zustimmung des anderen zum eigenen Weggehen, sei es beim Auszug aus dem Elternhaus, sei es am Ende des Studiums oder der Ausbildung und sogar am Ende einer Therapie (»Alles Gute auf deinem Weg«).[6]

Im Berufsleben ist es sogar Vorschrift, dass bei der Beendigung eines Arbeitsverhältnisses solche guten Wünsche in Form einer ritualisierten Abschlussfloskel im Arbeitszeugnis aufgeführt werden müssen. In den festgelegten Abschlussformulierungen wie »Wir wünschen Ihnen für Ihre weitere Zukunft alles Gute« und etwaigen Auslassungen (»auf Ihrem beruflichen Lebensweg«) wird der potenzielle neue Arbeitgeber allerdings zusätzlich zwischen den Zeilen über die Leistungsbereitschaft des Arbeitnehmers in der Vergangenheit informiert.

Loslösen und Trennen können durch eine ausdrückliche Erlaubnis, weggehen zu dürfen, erleichtert werden. Die Eigenverantwortung für diesen Schritt und die Zweifel daran erscheinen dann nicht so unüberwindlich. Dann fällt es oft leichter, etwas zu tun, was sein »muss«.

Aus Märchen kennen Sie aber auch negative Abschiedsrituale, nämlich Verwünschungen, die dem Scheidenden nach seinem Aufbruch einen schwierigen Weg mit auf die Reise geben möchten. Die Überwindung des Abschiedsfluchs durch die Anstrengungen des Märchenhelden oder durch hilfreiche Geister zeigt dann, dass ein solcher Fluch gebannt und in einen Segen verwandelt werden kann. In den Scheidungsritualen mancher Religionen und Kulturen ist eine solche Art von »milder« Verwünschung noch lebendig, die bei einer Trennung rituell ausgesprochen werden muss, damit die Scheidung gültig wird, wie das dreimalige »Ich verstoße dich« (in Scheidungsritualen der jüdischen und islamischen Religion).

Nehmen Sie sich einen Moment Zeit und überlegen Sie:

- Welche kleineren und größeren Abschieds- und Trennungsrituale gibt es bereits in Ihrem Alltagsleben?
- Welche davon haben Sie von Eltern, Großeltern, Kirche, anderen Organisationen und Vereinen »geerbt«?
- Welche haben Sie gegebenenfalls mit Ihrem Partner oder den Kindern selbst entwickelt?

Der Zeitpunkt der Trennung von der Kindheit und der Übergang ins Erwachsenenleben war früher viel häufiger von Ritualen begleitet, als wir es heute kennen. Die christlichen Kirchen feiern zwar noch immer mit den Zeremonien der Konfirmation, Firmung oder Kommunion mit der gesamten Gemeinde das Ereignis, bei dem das Kind zu einem verantwortungsvollen Christen oder zu einem Erwachsenen erklärt wird (die jüdische Bar-Mizwa ist eine entsprechende Feierlichkeit im Leben der jüdischen Jugendlichen). Die ehemalige Bedeutung dieser feierlichen Rituale ist den meisten von uns aber nicht mehr geläufig. Sie sind mehr und mehr zu einer Gelegenheit geworden, bei der die Familie zum Feiern zusammenkommt und bei der vor allem viele Geschenke ausgetauscht werden – was ja auch ein schöner und einträglicher Brauch ist.

In der ehemaligen DDR wurde der wichtige Moment des

Übergangs des Jugendlichen zum Erwachsenen mit der sogenannten Jugendweihe begangen. Viele Jugendliche in den neuen Bundesländern vermissen jetzt diesen in ihrer alten Republik festlich zelebrierten Übergang ins Erwachsenenleben. In manchen Orten wünschten sie für sich heute deshalb ein ähnlich geartetes Fest, sodass inzwischen im Osten Deutschlands sogenannte Jugendfeiern in der Gemeinschaft von Schule und Dorf wieder mit großen Feierlichkeiten begangen werden. Das macht deutlich, wie wichtig junge Leute ihre Trennung aus der Kinderrolle einschätzen.

Wirksame Rituale, die den bedeutsamen Übergang eines Pubertierenden in das Erwachsenenleben und damit die notwendige Loslösung von den Eltern in die Selbstständigkeit begleiten, findet man inzwischen fast nur noch vereinzelt bei Naturvölkern, was eigentlich bedauerlich ist. Das Wiederaufflammen des Wunsches nach einem Übergangsritus wie der Jugendweihe auf eine neue Weise zeigt, dass hier ein Bedürfnis besteht, dem man im Alltag eine Form geben möchte. Die »Deutsche Gesellschaft für zeitgemäße Rituale« hat es sich zur Aufgabe gestellt, den Übergang vom Kind zum jungen Erwachsenen in einem individuell von Eltern und Jugendlichen entwickelten Ritual gestalten zu helfen.[7]

Für kleinere Kinder gibt es heute kleine weltliche Trennungsrituale auf den verschiedenen Entwicklungsstufen: zum Beispiel eine gemeinsame Abschiedsreise der Kindergartenkinder, bevor sie Schulkinder werden, oder die allen bekannte Schultüte voller Leckereien, die am ersten Schultag den Eintritt in den »Ernst des Lebens« und den Abschied von der unbelasteten freien Zeit versüßen soll.

Im Internet sind unter dem Stichwort »Scheidung« Angebote zu finden, wo man Rituale »bestellen« kann, um als Paar – ähnlich wie bei einer Hochzeit – die Scheidung und Trennung gemeinsam mit den Freunden und der Familie zu begehen. Angesichts der hohen Scheidungsquoten ist zu überlegen, ob nicht auch ein allgemeines kirchliches Scheidungsritual den Paaren und Familien dabei helfen könnte, eine Scheidung leichter zu verarbeiten.

Verschiedene Theologen bieten im Netz nicht nur Trennungszeremonien für die Verarbeitung des Endes einer Beziehung oder einer Ehe an, sondern auch für Situationen, in denen Menschen einen guten Freund oder einen Arbeitsplatz verloren haben, damit sie mithilfe einer Ritualisierung das Alte besser abschließen und sich dem Neuen zuwenden können. Im Mittelpunkt steht die Erkenntnis, dass etwas Neues anbricht und neben Schmerz und Trauer um das Verlorene auch die Erinnerung an das Positive bleibt.

Die Anbieter erläutern zu dem Scheidungsritual, dass es wichtig sei, sich selbst bei einer unglücklich endenden Ehe an die positiven Momente zu erinnern. Sie schlagen deshalb ein Trennungsritual vor, bei dem Freunde, Bekannte und Verwandte darüber informiert werden sollen, dass eine Beziehung ein gutes Ende gefunden hat, damit ein späterer Kontakt der Betroffenen im Freundeskreis auch in Zukunft erleichtert wird. Gemeinsame Gespräche der Erinnerung aller eingeladenen Gäste mit den Beteiligten über die vergangene Zeit sollen ein Teil des Trennungsrituals sein. »Man muss dem ehemaligen Partner zumuten, trotz Trennungsschmerz, Wut und Trauer, neben Schatten auch das Licht nicht zu verleugnen.«[8]

Gemeinschaftlich vollzogene Scheidungsrituale erscheinen offenbar jedoch noch so ungewöhnlich, dass sie von nur wenigen Menschen in Anspruch genommen werden, selbst wenn man beim erstmaligen Hören denkt: »Ja, das ist eine sehr gute Idee.« Meistens geschieht eine bewusst vollzogene und von beiden Partnern bejahte Trennung aus einer Ehe in der Stille oder manchmal auch im Rahmen einer Paar- oder Familientherapie, wenn man übereingekommen ist, die Partnerschaft einvernehmlich aufzulösen. Eine unabhängige Moderation soll dazu beitragen, dass man sich möglichst ohne weitere Verletzung schrittweise loslösen und verabschieden kann und vielleicht sogar freundschaftlich verbunden bleibt, wenn die Trauer über den Verlust überwunden worden ist.

Besonders wenn Kinder von einer Scheidung mit betroffen sind, hilft ein Trennungsritual in einem familientherapeutischen

Rahmen dabei, dass das Auseinandergehen der Familie nicht als allzu bedrohlich erlebt wird. Ein therapeutisch begleiteter Übergangsritus, der den Wechsel vom Zusammenleben der bisherigen Familie zum neuen Leben ihrer Mitglieder an getrennten Orten begleitet, kann die Kinder unterstützen, das Verlassenwerden als nicht so traumatisch erleben zu müssen und die – wenn auch schmerzliche – Trennung der Eltern vielleicht sogar als Neuanfang verstehen lernen zu können. Natürlich ist eine solche Begleitung nur sinnvoll, wenn die Eltern mithilfe eines Mediators ihre finanziellen und emotionalen Angelegenheiten bereits geordnet haben und beabsichtigen, sich zum Wohl der Kinder im Guten zu trennen. Zu Beginn der Trennungsbegleitung können die Eltern über ihre Wünsche sprechen, die sie mit der Familiengründung verbunden hatten. Vor allem soll frühzeitig gemeinsam geklärt werden, welche für Kinder nachvollziehbaren Gründe das Scheitern verursacht haben.

Nach einer Phase des Rückblicks wird Abschied genommen von der vergangenen gemeinsamen Lebensform (Umwandlungsritus) und es wird geplant, wie sich die Familie unter den neuen Bedingungen weiter treffen kann. Zukünftige Regeln können besprochen werden, die den Kindern das Gefühl von Ordnung und Sicherheit im Chaos vermitteln. Danach kann man die Verwandten einladen, die von der Trennung mit betroffen sind und mit ihnen ein gemeinsames Abschiedsritual begehen.

Es bedarf bei einem solchen Familienritual natürlich des guten Willens aller Beteiligten, das traurige, bedrohliche oder auch ärgerliche Ereignis einer Scheidung als die unvermeidliche und langfristig beste Lösung zu akzeptieren. Dazu gehören Mut und das Verständnis, dass man den anderen ja auch lange Zeit geliebt und geachtet hat. Inzwischen werden familientherapeutische Rituale zur Scheidungsbewältigung mehr und mehr angewandt und angeboten.[9]

Ein Scheidungsritual erscheint auf den ersten Blick mit viel Mühe und Arbeit verbunden. Berücksichtigt man aber, wie viel unnötiges Porzellan noch in der Trennungsphase zerschlagen werden kann, mit oft nicht mehr zu reparierendem emotionalem Schaden, häufig aufwendigen rechtlichen Auseinandersetzungen, dann lohnt es sich, fachlich moderierte Trennung in die Wege zu leiten.

Abschieds- und Trennungsrituale spielen auch in der psychotherapeutischen Praxis am Ende einer Behandlung und beim Übergang in die neue Phase der Selbstständigkeit nach der Therapie eine wichtige Rolle. Eine psychotherapeutische Kollegin erzählte mir einmal, dass sie in ihrer Praxis ein Trennungsritual von Südseebewohnern zum Ende einer therapeutischen Behandlung übernommen hat.

»Es gibt eine Fantasiereise, die ich mit Klientinnen zum Thema Abschied von der Mutter oder zum Abschied aus der Therapie mache. In einem Südseeritual zum Übergang junger Frauen ins Erwachsenenleben gehen alle Dorfbewohner an den Strand und begleiten eine Mutter und deren Tochter, die erwachsen geworden ist, bei dem folgenden Geschehen: Mutter und Tochter werden an jeweils einer Hand leicht zusammengebunden. Dann fangen beide an, am Strand entlangzulaufen. Zu Beginn läuft die Mutter schneller und zieht ihre Tochter hinter sich her, nach einer Weile muss die Tochter schneller und schneller werden. Sobald die Tochter die Mutter überholt hat, vor ihr herläuft und sie diese ihrerseits jetzt mitzieht, reißt die Mutter das verbindende Band durch. Das Mädchen läuft allein weiter, die Mutter verlangsamt ihren Schritt und winkt dem sich entfernenden Mädchen hinterher. Damit sind die Trennung der jungen Frau von der Mutter und ihr Übergang in das Erwachsenenleben besiegelt. Nach der Fantasiereise spreche ich mit den Klientinnen über ihr Erleben, oft fühlen sie sich durch diese rituelle Trennung auf ihrem neuen eigenen Weg unterstützt und wir können uns leichter aus unserer therapeutischen Beziehung verabschieden.«[10]

In der Praxis der Traumatherapie (EMDR) gibt es ein Trennungsritual, das sich auch zur Selbsthilfe im Umgang mit belastenden Themen gut eignet: die »Tresorübung«. Dabei geht es darum, mithilfe einer Fantasieübung belastende Erlebensinhalte für eine Weile hinter sich zu lassen. Man stellt sich mental vor, dass das belastende Erlebnis oder die belastenden Gedanken in einem als sicher wahrgenommenen abschließbaren Raum (sei es in einem Regal oder sogar in einem abschließbaren Tresor) abgelegt werden können. Dann stellt man sich vor, die Tür dieses Tresorraumes hinter sich abzuschließen, und hört gleichzeitig in der Fantasie ein akustisches Signal: Man hört, wie sich der Schlüssel im Schloss dreht, wie man diesen abzieht, und macht sich ein inneres Bild davon, dass man den Schlüssel mit sich nimmt. Die eingeschlossenen belastenden Gedanken oder Themen bleiben wie in einem Tresor so lange eingeschlossen, bis man sich wieder damit beschäftigen möchte. Diese mentale »Einlagerung« gelingt in der Regel für einige Zeit. Wenn die Gedanken an die »weggeschlossene« Belastung jedoch wieder in einem lebendig werden, ist es nützlich, die Übung zu wiederholen. Sie eignet sich auch als mentales Ritual für einen vorübergehenden Gedankenstopp, wenn man sich von ständig wiederkehrenden Grübelgedanken oder von Selbstvorwürfen vorübergehend trennen und entlasten möchte oder muss.[11]

Manchmal kann es im Alltag nützlich sein, sich selbst mit kleinen Trennungsritualen dabei zu unterstützen, wenn Sie sich ein Aufhören oder Beenden vornehmen, einen spürbaren Schlussstrich ziehen oder einen Punkt für sich setzen wollen. Wenn Ihnen eine Loslösung schwerfällt, kann Sie ein Ritual in Ihrer Trennungsabsicht bestärken.

- Wenn Sie etwas beenden wollen und sich mit einem Ritual dabei unterstützen wollen, so finden Sie für sich einen symbolischen Gegenstand oder eine symbolische Handlung, die Ihr Trennungsvorhaben bekräftigt und woran Sie sich zur Unterstützung erinnern können.
- Wenn Sie mit etwas aufhören wollen, wie etwa zu rauchen, entwickeln Sie ein für Sie geeignetes Ritual, welches das Erreichen des gesteckten Ziels unterstützt. Räumen Sie zum Beispiel Streichhölzer und alle Aschenbecher in den Keller oder geben Sie sie ganz weg. Oder zerkrümeln Sie eine Riesenchipstüte und streuen Sie die Krümel in den Fluss, wenn Sie damit

aufhören wollen, wahllos vor dem Fernseher Unmengen von Chips zu vertilgen.

- Schreiben Sie sich ausführlich, in großer und schöner Schrift auf, wovon Sie sich lösen wollen. Oder Sie schreiben symbolisch einen Brief an die Person oder an die Sache, von der Sie sich trennen wollen. Zerreißen Sie den Brief rituell oder verbrennen Sie ihn anschließend. Oder Sie schreiben Ihre unangenehmen Gefühle auf, entäußern sie damit und können sie durch diese rituelle Handlung leichter überwinden.
- Wenn Sie sich von etwas oder von jemandem vorübergehend innerlich trennen wollen, aber für diese schwierige Aufgabe im Augenblick keine Zeit aufbringen können, können Sie mithilfe der oben genannten Tresorübung eine vorübergehende Trennung vornehmen.
- Begleiten Sie Ihre kleinen Trennungsrituale mit Gedanken wie »Ich brauche dich nicht mehr« oder »Ich löse mich davon«, oder sagen Sie nur »Adieu!«

Sicherlich fallen Ihnen für Ihre eigenen alltäglichen Trennungssituationen noch viele andere kleine Rituale ein, mit denen Sie sich beim Aufhören und Beenden unterstützen können.

»Werd ich zum Augenblicke sagen:
Verweile doch! Du bist so schön!
Dann magst du mich in Fesseln schlagen,
dann will ich gern zugrunde gehn!«
Johann Wolfgang von Goethe: »Faust I«

Trennungsmuster und Trennungstypen

Vom Festhalten, Aussitzen, Zögern und Flüchten

Trennungsangst trägt dreierlei Energien in sich: die Angst vor dem Prozess des Loslösens, die Angst vor dem Erleben der Leere nach dem Loslassen, die häufig mit der Angst vor dem Verlassenwerden verbunden ist, und schließlich die Furcht vor dem Neuen und der damit einhergehenden möglichen Reue, vielleicht etwas falsch gemacht zu haben.

All diese Energien sind begründet im Loslassen des Gewohnten und in den fantasierten Unwägbarkeiten einer veränderten neuen Individuation. Innere Regeln wie »Du sollst sein wie wir, du sollst nichts anders machen« oder alte, entwertende Introjekte wie: »Das schaffst du nie! Du bist nichts wert! Wer glaubst du denn, wer du bist!« können die Furcht vor einem Scheitern begleiten. Wie schon erwähnt, gehört ein gewisses Maß an Trennungsangst zu jedem Trennungsprozess, auch wenn sie nur unterbewusst mitwirkt, da in der Regel die Zukunft Unvorhersehbares in sich birgt, was erst noch gemeistert werden muss.

Die drei Formen der Trennungsangst mit ihren Begleitern (Angst vor dem Loslassen, Angst vor der Leere und Angst vor dem Neuen) treten bei jedem in unterschiedlich starker Ausprägung auf, manchmal sogar als paradox wirkende »Coolness«, als übermäßiger Wagemut oder in anderen vielfältigen Reaktionen oder Verhaltensmustern. Ist in der Trennungsangst der Anteil der Angst vor dem Verlassenwerden und vor der Leere durch das Beenden stärker ausgeprägt, so wird der Betroffene dazu neigen, bereits Bekanntes häufiger zu wiederholen und sich daran anzuklammern, wie beispielsweise immer dieselben Reiseziele aufzusuchen, im alten Freundes- oder Familienkreis zu verharren, keine unbekannten Speisen zu probieren und vieles mehr. Haben dagegen die Angst vor dem Neuen und die Furcht vor dem Scheitern mehr Gewicht, wird er nach außen zögerlich und unentschlossen erscheinen, auf seine Umwelt häufig ambivalent wirken und auch so handeln. Verdrängt er dagegen seine Angst vor der Trennung, so erscheint er vielleicht als risikobereiter Mensch, der sich schnell neuen Dingen zuwenden kann, sich aber genauso schnell davon verabschiedet und sich nicht fester bindet. Die jeweilige Mischung und der Anteil der begleitenden »Unterängste« sind von Mensch zu Mensch verschieden. Diese unterschiedliche Mischung bestimmt die verschiedenen Trennungstypen.

Natürlich bringt jede Typisierung den Nachteil mit sich, dass sie zu sehr verallgemeinert, vereinfacht und nicht alle individuellen Aspekte berücksichtigen kann. Sie ermöglicht es aber, gewisse Haupttendenzen in den Trennungsmustern aufzuzeigen, aus denen sich je nach Situation immer wieder neue Mischformen von verschiedenen Trennungstypen bilden können.[12]

Im Folgenden habe ich einige der häufiger vorkommenden Trennungsmuster zusammengestellt, die sich zwischen den beiden Polen »Festhalten« und »das Neue suchen« bewegen. Mithilfe dieser Typologie können Sie selbst Ihre Stärken und Schwierigkeiten mit dem Thema »Trennen und Aufhören« entdecken. (Im Anhang finden Sie zudem einen Test, der Ihnen hilft, herauszufinden, welcher Trennungstyp Sie sind.) Sie finden vielleicht ein eigenes Trennungsmuster in der einen oder anderen Beschreibung oder auch im Blick auf die Personen unserer Beispielgeschichten, das Sie verändern wollen, oder Sie entdecken ein anderes, das Sie in Ihr gegenwärtiges Verhaltensrepertoire aufnehmen möchten, oder eines, das Sie weiter beibehalten wollen.

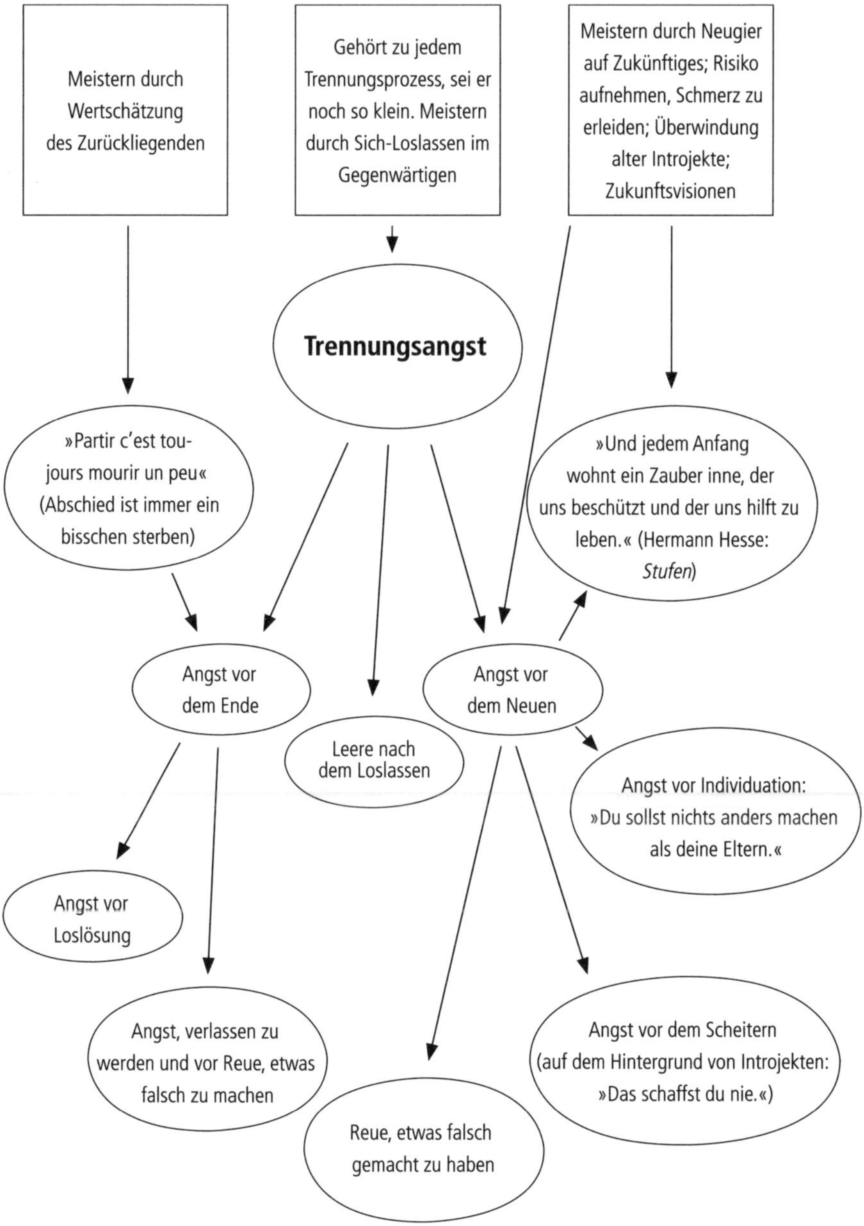
Meistern durch Wertschätzung des Zurückliegenden
Gehört zu jedem Trennungsprozess, sei er noch so klein. Meistern durch Sich-Loslassen im Gegenwärtigen
Meistern durch Neugier auf Zukünftiges; Risiko aufnehmen, Schmerz zu erleiden; Überwindung alter Introjekte; Zukunftsvisionen
Trennungsangst
»Partir c'est toujours mourir un peu« (Abschied ist immer ein bisschen sterben)
»Und jedem Anfang wohnt ein Zauber inne, der uns beschützt und der uns hilft zu leben.« (Hermann Hesse: *Stufen*)
Angst vor dem Ende
Leere nach dem Loslassen
Angst vor dem Neuen
Angst vor Individuation: »Du sollst nichts anders machen als deine Eltern.«
Angst vor Loslösung
Angst, verlassen zu werden und vor Reue, etwas falsch zu machen
Reue, etwas falsch gemacht zu haben
Angst vor dem Scheitern (auf dem Hintergrund von Introjekten: »Das schaffst du nie.«)

Trennungstypen des Festhaltens

Im Festhalten sind verschiedene Qualitäten enthalten: das Klammern, das Zaudern oder das Aussitzen, die als Verharren oder in der Form, sich nur zögernd zu bewegen, eine »wirksame« Trennungshemmung darstellen. In dieser Kategorie stelle ich vier Untertypen von Trennungsmustern vor:

Typ 1: Der Anhängliche
Typ 2: Der Zögerer
Typ 3: Der Rückversicherer
Typ 4: Der unzufriedene Aussitzer

Typ 1: Der Anhängliche

Der Anhängliche ist bestimmt von starker Angst vor dem Loslassen. Deshalb grübelt und fragt er sich ständig selbst: »Mache ich alles richtig?«, »War das jetzt in Ordnung?«

Er sammelt Papiere, Kleider, Ideen, die er aber für sich behält, und er läuft sogar Gefahr, vor lauter Festhalten und Anklammern zum »Messie« zu werden, sei es in geistiger als auch in materieller Hinsicht. Er entwickelt hohe, viel zu hohe Ansprüche an sich selbst und an andere, fühlt sich ständig als »Opfer der Umstände«, leidet aber gleichzeitig an einer tief sitzenden Schamproblematik, dass er nicht »in die Puschen kommt«. Das kann als positiver Hinweis gelten, dass er sein Gefühl von sich, etwas ändern zu wollen, noch nicht ganz verloren hat. Allerdings beharrt er trotz dieser Gefühle darauf, dass es nur so richtig sein kann, wie er sich sein Leben bisher eingerichtet hat. Alles Neue macht ihm Angst, und er versucht, es weiträumig zu vermeiden. Stattdessen versteckt er sich lieber hinter Regeln: »Das Gewohnte hat sich doch immer schon bewährt.«

Seine Umwelt reagiert auf seine Inaktivität und sein anklammerndes Verhalten häufig mit Rückzug von ihm oder mit verhaltenem Ärger. Viele fühlen sich von ihm geradezu genötigt, mehr auf ihn zuzugehen, als sie es selbst möchten. Seine Mitmenschen werden schließlich unwillig darüber, dass er meistens nur klagt, statt zu handeln. Sein Festhalten wirkt auf andere paradoxerweise wie eine Gegenkraft gegen das von ihm so innig gewünschte Verschmelzen mit den anderen und fördert eher das Misslingen der herbeigesehnten engen Bindungen.

Anklammern kann dazu führen, dass die Menschen seiner näheren Umgebung eine Begegnung mit ihm sogar ganz zu vermeiden suchen. Die anderen fühlen sich vom »Anhänglichen« bedrängt und flüchten sich entweder in Arbeit oder in Ausreden, lassen häufiger gemeinsame Termine platzen oder melden sich einfach nicht mehr, was den Anhänglichen jedoch zu verstärktem Klammern und Jammern veranlasst. Ein Teufelskreis von Klammern – Rückzug – Enttäuschung – vermehrtem Klammern beginnt von Neuem. Der Psychotherapeut und Wissenschaftler Paul Watzlawick hat diese Dynamik in seinen Büchern über die Schwierigkeiten menschlicher Kommunikation an vielen Beispielen plastisch und humorvoll beschrieben, insbesondere in seinem Buch *Anleitung zum Unglücklichsein.*[13]

So endet das Beziehungsgeschehen beim Anhänglichen häufig in einem depressiven Modus und in der Enttäuschung darüber, dass die anderen einen nicht genug lieben, nicht genug Interesse an einem haben und er folglich nichts wert sein kann. »Ich weiß gar nicht, warum ich immer verlassen werde«, »Nie hat jemand Zeit für mich« sind hier wesentliche Klagen. Seine häufigste Erwiderung in Gesprächen ist: »Ja, aber …«

In der Geschichte von Carola über ihr Pech bei der Suche nach dem »richtigen Märchenprinzen« sind die Auswirkungen einer solchen Klammer-Dynamik ausführlicher gezeigt. Sie haben dort gesehen, wie man in eine solche Falle gerät, aber auch, wie man ihr begegnen kann.

Wenn Sie ähnliche Festhaltetendenzen bei sich entdecken, wenden Sie die in diesem Buch später genannten Strategien zum Erlernen von Trennungskompetenz an, hier insbesondere die Strategien »Situationsanalyse und Selbstreflexion« und »Recherche« sowie die Strategie des »Probehandelns« und fragen sich:

- Brauche ich wirklich all die Gegenstände, die ich angesammelt habe? Muss ich alles wirklich aufheben? Kann ich mir das eine oder andere nicht auch später beschaffen? Kann ich nicht auch mit weniger auskommen? Wofür ist das Festhalten von alten Dingen und Beziehungen eigentlich gut für mich?

- Wäre es wirklich so dramatisch, wenn diese inzwischen längst ausgehöhlte Freundschaft enden würde oder eine langweilig gewordene Bekanntschaft aufhört?
- Könnte ich auch mit einem weniger verbindlichen Kontakt zu dem einen oder anderen leben?
- Welche anderen Lösungen gibt es für Beziehungsgestaltung, außer immer dem anderen hinterherzulaufen?
- Womit könnte ich mir mehr innere und äußere Sicherheit verschaffen, um etwas Neues auszuprobieren? Was brauche ich dazu wirklich?

Unterbrechen Sie probehalber für einige Zeit ganz bewusst Ihre bisherigen Reaktionsmuster und versuchen Sie es einmal mit der Strategie des schrittweisen Loslösens!

Typ 2: Der Zögerer

Der Zögerer kann nicht weggehen, wenn er irgendwo einmal angekommen ist, sei es am Arbeitsplatz, bei einem Meeting, sei es am Computer, beim Aufräumen oder beim Besuch bei Freunden. Er bleibt zu lange bei Treffen und bei Partys. Er beginnt immer etwas von Neuem, wenn er sich verabschieden möchte oder sogar wenn er weggehen muss. Kurz vor dem Aufbruch schneidet er noch ein anderes Thema an oder er nimmt eine andere Beschäftigung auf, die er dabei schließlich nicht richtig zu Ende bringen kann. Er telefoniert noch eben einmal kurz, was natürlich längere Zeit dauert. Er zieht sich noch kurz ein- oder zweimal um und kommt so zu Terminen deswegen garantiert ebenso zu spät, wie Sie es in den Geschichten von Sonia und Stefan im Kapitel »Trennen und der Umgang mit Zeit« bereits gelesen haben.

In der Umwelt des »Zögerers« erzeugt sein Verhalten häufig unterschwelligen Ärger, seltener Gleichgültigkeit und im günstigsten Fall gereizte Toleranz, falls man sich inzwischen an seine

Eigenarten des Verzögerns, des Späterkommens oder des lange Bleibens gewöhnt hat oder diese in Kauf nimmt, weil man ihn aus anderen Gründen schätzt.

Sind Sie selbst vielleicht jemand, dem immer noch schnell etwas einfällt, wenn Sie eigentlich gehen wollen? Eine Person, die immer noch gerne etwas länger bleiben will? Dann versuchen Sie es einmal mit den unten vorgestellten Strategien »Fantasien«, »Situationsanalyse und Selbstreflexion« oder »Innere Verpflichtung und Terminsetzung«.

- Was würde passieren, wenn ich die Party jetzt einfach verlasse und mich mit den interessanten Freunden einfach ein andermal allein verabrede?
- Habe ich Angst, etwas Wichtiges zu verpassen? Stellen Sie sich vor, was passieren könnte, wenn Sie nicht mehr da sind: Ist das wirklich alles so aufregend?
- Folge ich einem gewohnten Muster aus meiner Familie, wo man kein Ende finden wollte, aus welchen Gründen auch immer?
- Begrenzen Sie Ihre Zeit: »Heute gehe ich einmal direkt nach Hause und mache die wichtigen Telefonate morgen früh.« Wie fühlt sich das an?
- Wie fühlen Sie sich, wenn Sie zur festgelegten Zeit genauso rechtzeitig wie Ihre Freunde oder Kollegen bei einer Einladung oder einem Meeting eintreffen?

Typ 3: Der Rückversicherer

Sein Motto gleicht dem Song »Ich hab noch einen Koffer in Berlin«. Der Rückversicherer trennt sich zwar, aber nicht endgültig von Gegenständen, Gewohnheiten oder Menschen, sondern hält sich immer noch ein Hintertürchen für eine spätere Rückkehr offen. So lässt er mehr oder weniger absichtsvoll etwas zurück, wenn er geht.

Eine Freundin, die zu ihrem Freund nach Amerika auswanderte, um zu heiraten und später dort auch eine Arbeit aufnahm, lagerte zahlreiche Kisten mit deutschen Büchern im Keller ihrer Nachbarin, für den Fall, dass sie irgendwann doch wieder nach Deutschland zurückkehrt und sie diese dann noch brauchen könnte. Nach zehn Jahren entsorgte die Nachbarin die Bücher, weil sie selbst umziehen wollte, die Freundin inzwischen in Arizona verwurzelt ist und an die Hinterlassenschaft bei der Nachbarin schon längst nicht mehr denkt.

Auch erwachsene Kinder lassen einen Teil ihrer Erinnerungsstücke aus der Kindheit häufig zu Hause zurück, was ihre nostalgische Verbundenheit mit ihrer Kindheit und mit den Eltern erhalten soll, wie Sie in der Geschichte von Angela gelesen haben. Mancher Exfreund »vergisst« es, nach dem eindeutigen Ende der Beziehung bei der ehemaligen Partnerin die nur »vorübergehend untergestellten« Möbel abzuholen. Die Freundin kann ihn ihrerseits aber nicht vergessen, weil sie sich bei jedem Gang in den Keller ärgern muss, dass er sein Gerümpel trotz mehrfacher Aufforderung nicht abholt. Vielleicht schafft sie es, eines Tages alles vor die Tür zu stellen und ihn aufzufordern, es dort in Empfang zu nehmen. Andere behalten ausgeliehene Bücher, wenn der Kontakt schon lange abgebrochen ist, quasi als Pfand einer vergangenen Freundschaft zurück.

Beim Rückversicherer ist es vor allem seine private Umwelt, die er indirekt zum stellvertretenden Beenden für sich »angestellt« hat und die sich statt seiner der fremden Hinterlassenschaften entledigen muss. Da er seinen »Koffer« abgestellt hat, es aber leider meist vergisst, ihn wieder abzuholen, geht der Rückversicherer das Risiko ein, dass der andere nach mehreren Mahnungen, viel Ärger und Verdruss kurzerhand *alles* entsorgt. Die Beziehungen zu ihm werden dann meist gleichzeitig und nicht im Guten beendet.

Wichtig scheint es in diesem Szenario, dass die endgültig letzte Trennungshandlung den anderen aufgebürdet wird und der Rückversicherer sich nicht von sich aus loslösen muss, sondern sich sogar noch darüber beklagen kann, dass er vom anderen »vor die Tür« gesetzt wurde. Den höchsten Preis zahlt der Rückversicherer aber dadurch, dass er sich emotional voll auf einen neuen Ort oder eine neue Situation einlässt. Er ist mit halbem Fuß noch anderswo und kann sich weder sozial noch emotional verwurzeln.

Wenn Sie Züge dieser Beschreibung bei sich entdecken, fragen Sie sich, was Sie sich mit Ihren »Souvenirs« in der Beziehung zu den anderen erhalten wollen (»Situationsanalyse«).

- Brauchen Sie wirklich all die zurückgelassenen Gegenstände irgendwann noch einmal oder haben Sie einfach Angst, sich ihrer zu entledigen?
- Benötigen Sie (vielleicht wie früher zu Hause) eine Erlaubnis, dass Sie einfach Ihrer Wege gehen dürfen, ohne auf die anderen achten zu müssen und Ihre Rückkehr in Aussicht zu stellen?
- Haben Sie Angst, dass man Sie nach einer Trennung, nach einem Umzug in eine andere Gegend, nach einer Änderung Ihres Lebensmittelpunktes vergessen könnte?
- Wenden Sie die Strategie »Recherche über Folgen des Neubeginns« an und überlegen Sie, was Sie erwarten könnte.
- Sprechen Sie mit Ihren Freunden, Bekannten oder Eltern darüber, was Sie durch Ihren Abschied für die Beziehungen zu ihnen befürchten und besprechen Sie mit ihnen, wie Sie sich Ihren weiteren Kontakt zu ihnen wünschen.
- Machen Sie Pläne für die Zukunft mit ihnen. Die Zeit wird es zeigen, ob sie sich erfüllen lassen oder ob dann auch für Sie andere Dinge wichtiger geworden sind.

So können Sie nach dem Abschied leichter Ihrer eigenen Wege gehen und haben eine Verabredung für die Zukunft getroffen, an der Sie auch aktiv mitwirken können, indem Sie beispielsweise zu gegebener Zeit einen Besuch vorschlagen. So müssen Sie nicht befürchten, dass man sich zwar an Sie erinnert, aber nicht nur mit freundlichen Gedanken, sondern auch mit Ärger und Groll wegen des zurückgelassenen Ballasts.

Typ 4: Der unzufriedene Aussitzer

Eine Sonderform des Festhaltens ist das Aussitzen.

Vielleicht kennen Sie das Kindergedicht, das von einem Jungen erzählt, der nach anfänglicher kurzer Begeisterung für eine Situation, in die er geraten ist, rasch unzufrieden wird und sich darüber beklagt. Er wünscht sich jammernd eine Veränderung herbei, für die er allerdings nicht selbst sorgen möchte, sondern sich die Initiative von außen erhofft und so lange quengelt, bis sich jemand seiner erbarmt und den Wechsel für ihn erledigt.

Einige Strophen aus dem Gedicht »Vom Büblein, das überall hat mitgenommen sein wollen« sollen dies illustrieren:

Denk an! Das Büblein ist einmal
Spazieren gangen im Wiesental;
Da wurd's müd' gar sehr
Und sagt': »Ich kann nicht mehr;
Wenn nur was käme
Und mich mitnähme!«

Da ist das Bächlein geflossen kommen
Und hat's Büblein mitgenommen;
Das Büblein hat sich auf's Bächlein gesetzt
und hat gesagt: »So gefällt mir's jetzt.«

Aber was meinst du? Das Bächlein war kalt,
Das hat das Büblein gespürt gar bald;
Es hat's gefroren gar sehr,
Es sagt': »Ich kann nicht mehr;
Wenn nur was käme
Und mich mitnähme!«

Da ist das Schifflein geschwommen kommen
Und hat's Büblein mitgenommen;
Das Büblein hat sich auf's Schifflein gesetzt
Und hat gesagt: »Da gefällt mir's jetzt.«

Aber siehst du? Das Schifflein war schmal,
Das Büblein denkt: »Da fall' ich einmal«;
Da fürcht't es sich gar sehr

und sagt': »Ich mag nicht mehr;
Wenn nur was käme
Und mich mitnähme!«

Sie ahnen es bereits: Auf diese klagende Weise gelingt es ihm noch mehrfach, das Fortbewegungsmittel zu wechseln: zu einer Schnecke, mit der es ihm alsbald zu langsam geht, einem Reiter, mit dem es ihm zu schnell geht. So kommt er vom »Hölzchen aufs Stöckchen«, aber wer auch immer ihn weiterbefördert, es ist dem Büblein gar nicht recht. In Gedichten wie im Leben kann so etwas nicht unendlich lange gut gehen. Das Büblein wird schließlich von einem Baum ergriffen und festgehalten.

Da ist ein Baum ihm in's Haar gekommen
Und hat's Büblein mitgenommen;
Er hat's gehängt an einen Ast gar hoch,
Dort hängt das Büblein und zappelt noch.
Das Kind fragt:
»Ist denn das Büblein gestorben?«
Antwort: »Nein! Es zappelt ja noch.
Morgen gehen wir 'naus und tun's runter.«[14]

Alles Klagen hilft irgendwann nicht mehr und führt das Büblein in eine missliche Lage. Schließlich lässt man es zappeln, damit es zur Vernunft kommt. Der pädagogische Zeigefinger in diesem Gedicht ist nicht zu übersehen.

Auf eine ähnliche Weise handelt der Aussitzer. Er wartet mit dem Trennen so lange, bis es ein anderer vollzieht oder der Lauf der Dinge das Seine getan hat: sei es in einer Beziehung, sei es an einem langweiligen Arbeitsplatz, der schon lange keine Freude mehr macht, oder bei einem Projekt, das sich nicht wirklich erfolgversprechend entwickelt. Meistens wartet er so lange, bis es für eine eigene Trennungsinitiative zu spät ist und jemand anders ihm die unangenehme Trennungsarbeit abnimmt. Darin ähnelt er dem Zögerer.

Der Aussitzer redet sich häufig ein, dass das Althergebrachte irgendwann wieder an Bedeutung gewinnen wird. Zum Typus des Aussitzers oder Beständigen gehören auch der Nostalgiker und der Romantiker. Wichtige innere Überzeugungen und Sätze, die seine Bewegung zum Loslassen verhindern, sind: »Das kann ich sicher noch mal brauchen«, oder: »Das Buch hebe ich auf, das lese ich sicher noch einmal«, auch wenn es sich um einen Krimi handelt, dessen Wert gerade darin liegt, dass die Spannung frisch und nicht bereits aufgelöst ist. Oder er glaubt: »Früher war alles besser.« Oder hofft: »Vielleicht legt der Partner ja irgendwann seine störenden Charakterzüge ab.«

Der Aussitzer kontrolliert seine Gefühle von Trennungsangst durch gewohnheitsmäßiges Verzögern. Häufig bestehen seine Handlungsweisen aus alten Mustern und inneren Regeln, wie man etwas »tun sollte«. Anders als der Anhängliche neigt er dazu, auch anderen vorzuschreiben, was richtig für sie ist und was sie tun sollten. Er begleitet dies meist mit vorwurfsvollem Gebaren.

In seiner sozialen Umwelt läuft der Aussitzer Gefahr, dass sich andere von ihm zurückziehen oder gar von ihm trennen, weil er als unflexibel, verbohrt oder launisch erscheint. Er selbst kann so etwas gar nicht verstehen. In Beziehungen zu ihm herrscht oft Unverständnis. Man erlebt ihn häufig als kauzig. Er weckt in anderen zwar vorübergehend das Engagement, ihm vielleicht doch noch aus seinen starren Überzeugungen heraushelfen zu können und ihm gute Ratschläge zu erteilen, wie er an seinem Unglück etwas ändern könnte. Doch anders als der Anhängliche argumentiert er dagegen und findet ständig Gründe, warum etwas Neues nicht gut für ihn ist und weshalb die anderen alles so machen sollten, wie er es vorschlägt. Das löst oft den Unwillen der anderen Menschen und schließlich ihren Rückzug aus.

Wenn Sie eher zum Aussitzen neigen, fragen Sie sich:

- Ist meine Trägheit nur eine Gewohnheit, weil ich die Anstrengung fürchte, mich und meine Wünsche zu zeigen und dafür einzustehen?

- Welche Unterstützung bräuchte ich, um etwas mutiger meine Ziele zu verfolgen?
- Habe ich Angst, bei etwas Neuem als Anfänger zu gelten und nicht als Fachmann, und bleibe ich deshalb beim Althergebrachten, auch wenn es für mich längst langweilig geworden ist?
- Wenden Sie die Strategie der »Aussprache mit anderen« und die Strategie »Unterstützende Selbstsuggestion und Wahl von Vorbildern« aus dem Kapitel »Wie lernt man mehr Trennungskompetenz?« an. Erforschen Sie mit ihnen Ihre Wirkung auf Ihre soziale Umwelt und erbitten Sie sich Unterstützung bei den für Sie ungewohnten neuen Schritten.

»Ich habe mit Trennen keine Probleme« – Trennungstypen des Flüchtens

Am anderen Pol der Trennungsangst ist die Angst vor dem Neuen und Ungewohnten angesiedelt. Diese Angst macht sich im Verleugnen der Trennungsthematik deutlich oder zeigt neben dem Vermeiden von Abschied und Trennung auch ein Verhalten des Flüchtens vor Trennung und Bindung. Auch hier möchte ich Ihnen einige Trennungsmuster zeigen und stelle dazu in dieser Kategorie drei Typen vor:

Typ 1: Der Beziehungssurfer
Typ 2: Der Take-off-Süchtige oder: Der Zugvogel
Typ 3: Monsieur Adieu

Im Gegensatz zu den Trennungstypen aus der Kategorie des Festhaltens stellt für die Vertreter dieser Kategorie die Anwendung ihrer Trennungsmuster für sie selbst kaum eine Schwierigkeit dar. Probleme damit hat »lediglich« ihr soziales Umfeld. Man kann sich von Trennungstypen des Flüchtens leicht unbeachtet fühlen oder sich überflüssig vorkommen. Man kann sich als nicht interessant genug erleben und deshalb alte Selbstwertproblematiken wieder beleben oder aber sich gerade wegen dieser unangenehmen Erfahrungen den befriedigenderen Kontakten zu anderen Menschen zuwenden, von denen man sich gesehen fühlt und mit denen man gemeinsame Ziele verfolgen kann.

Typ 1: Der Beziehungssurfer

Dieser Typ zeigt nach außen keine sichtbaren Probleme und keine Ängste mit Beenden. Vielmehr scheint er vom Neuen geradezu magisch angezogen zu sein. Der Kontakt mit ihm ist leicht und wirkt auf den ersten Blick verbindlich. Er verschmilzt sehr schnell mit Situationen und Menschen, hat aber beim Umdrehen schon vergessen, was alles miteinander besprochen wurde. Der andere wartet vergeblich auf seine angekündigten Telefonanrufe, die nie kommen. Oder er wartet auf die in Aussicht gestellten Einladungen, die nie stattfinden werden. Der Beziehungssurfer ist schon längst in einem anderen »Space«. Er überspringt das Trennen und den Trennungsschmerz und stürzt sich stattdessen kopfüber ins Neue. Weil er kein Erleben und keine Erinnerung an einen Abschied oder an ein Trennen zulässt, kann er auch keine abrufbare Erinnerung an das damit verknüpfte Geschehen abspeichern. Solche übergangenen Trennungen schlagen sich auf Dauer als psychosomatische Beschwerden im Körper des Beziehungssurfers nieder und haben dann endlose medizinische Tests zur Folge, die allerdings meist keine eindeutigen somatisch bedingten Krankheitsbefunde liefern. Erst viele Jahre später wird er die psychischen und sozialen Folgen dieses Trennungsmusters bemerken, wenn er sich nach missglückten Beziehungen und Freundschaften allein fühlt und ihn depressive Verstimmungen ereilen.

In den sozialen Beziehungen der »Beziehungssurfer« gibt es immer viele »Missverständnisse« und häufige Enttäuschungen beim Gegenüber, der sich von ihm nicht gesehen und nicht ernst genommen fühlt, weil es keinerlei Verbindlichkeiten zu geben scheint.

Die neuen Medien Internet und die Handykultur unterstützen diese Qualität des »schnellen Wechsels von Verbundenheit und Autonomie«[15] und des Überspringens von Trennung und Trennungsangst. So kann man sich in Internet-Chatrooms jederzeit zu fast jedem Thema einloggen und sich jederzeit auch wieder unverbindlich ausklicken, ohne Spuren zu hinterlassen. In den interaktiven Partnerforen für Singles kann man, ohne das Risiko, erkannt zu werden, Beziehungsangebote annehmen oder selbst den Anfang für einen Internetkontakt wagen. Wenn es nicht mehr passt oder wenn man genug davon hat, sperrt man einfach den Zugang zu sich, ohne dass man sich mit dem anderen über das heimliche »Schlussmachen« auseinandersetzen müsste.

Viele Singles und Partnersuchende, insbesondere Frauen, gehen häufig mit romantischen Erwartungen wie an eine »Face to Face«-Begegnung auf solche Internetbekanntschaften zu und können dann gar nicht verstehen, dass die virtuellen Kontakte nicht denselben Regeln unterworfen sind wie persönliche Begegnungen im alltäglichen Leben. Es sind eher die weiblichen »User«, die verzweifelt sind, wenn sie nach einer kurzen und meist intensiven Internetbekanntschaft vom anderen Teilnehmer aus dessen Internetauftritt ausgesperrt werden und ihn nicht mehr erreichen können, um eine Erklärung für die Beendigung des Kontaktes zu bekommen. Diese Art des quasi wortlosen Verlassenwerdens kann schwere Kränkungen erzeugen und alte Wunden aufreißen, die mit Abschied und Trennung verbunden sind.

Typ 2: Der Take-off-Süchtige oder: Der Zugvogel

Zur Kategorie des Verleugnens von Trennen und Flüchten gehört ein weiter Typ, den ich hier den »Take-off-Süchtigen« nenne. Damit sind Menschen gemeint, die nicht aufhören können, unterwegs zu sein.

Ein Manager erzählte mir einmal, dass er es in seinem Berufsleben genossen habe, täglich Flugreisen unternehmen zu müssen, von einem Land zum anderen, auch wenn er dort kaum etwas anderes zu sehen bekam als Meetings oder Büros. Immer aber hatte er das Gefühl, in Bewegung zu sein und Neues zu erleben. Zu ruhen, irgendwo etwas länger zu verweilen, machte ihm große Angst. Die Atmosphäre des Aufbruchs am Flughafen und der Gedanke, an fremden Orten zu sein, gaben ihm das Gefühl von Freiheit. Seine Heimat war der Flughafen. Er war, wie er sagte, »süchtig« danach. Noch jetzt, nachdem er bereits im selbst verordneten Ruhestand ist, fährt er zwei- bis dreimal wöchentlich hinaus zum Flughafen, um diese Atmosphäre zu schnuppern und das »Kick-off-Gefühl« vor dem Abheben zu tanken. Sein starkes Bedürfnis, einfach wegzugehen, ohne sich um Abschiede kümmern zu müssen, wurde früher durch die Struktur seines Arbeitsplatzes befriedigt.[16] Er hat eine Lösung für sich gefunden, diese Struktur beizubehalten.

Im Alltag nimmt sich der Take-off-Süchtige kaum Zeit für Zwischenräume. Er weiß nicht, welche Besonderheiten in den einzelnen Begegnungen auf ihn warten könnten und »ist schon weg«, bevor man ihn richtig wahrgenommen hat. Kontakte mit ihm sind immer hektisch und ruhelos. Er scheint sich auch kaum an etwas zu erinnern und wiederholt sich oft. Am besten versteht er sich mit anderen Take-off-Süchtigen und ist häufig nur von seinesgleichen umgeben. Natürlich muss es nicht immer der Flughafen sein, der ihn ruft, auch andere »globale Projekte«, Extremsport oder multilokale Jobs überhaupt können das Bedürfnis zum ständigen »Take-off« befriedigen.

Typ 3: Monsieur Adieu

Monsieur Adieu hat große Angst vor Bindungen. Er ist sich dessen bewusst und spricht auch manchmal darüber. Was er nicht fühlen kann, sind seine Trennungsangst und seine tiefer liegenden Verschmelzungswünsche. Häufig sagt er: »Ich kann mich gut trennen«, was auch ganz richtig erscheint, weil er sich davor gar nicht richtig gebunden hat. Auffällig am Kontakt mit ihm ist, dass er bereits beim Eintreffen als Begrüßung sagt, dass er nicht lange bleiben kann: »Ich bin gleich wieder weg.« Das ist ein deutliches Signal an den anderen, von ihm kein Verweilen oder Nähe zu erwarten. Oft kommt er zu spät zu einem vereinbarten Termin, aber nicht, weil er wie Sonia in ihrer Geschichte über den Umgang mit Zeit oder wie der Zögerer vorher noch hundert Kleinigkeiten erledigen muss und sich so durch Termine gehetzt fühlt, sondern weil er sich ungern festlegen möchte und weil er Vereinbarungen einfach nicht einhalten kann. Eine Verabredung bedeutet immer eine einvernehmliche Übereinkunft mit jemand anderem. Aus diesem Grund ist es schwierig, einen Termin mit ihm auszumachen, den er auch einhält und nicht kurzfristig absagt oder ihn leicht verändert, weil er sich plötzlich in seiner persönlichen Freiheit bedroht fühlt.

Gerne stürzt er sich ins Neue und scheint sich leicht von seinen sozialen Beziehungen zu trennen. Auch in der digitalen Technik ist er immer auf dem neuesten »Gebrauchs«-Stand. Er wechselt zweijährlich sein Laptop oder seine Musikanlage, zeigt sich in der Mode als Trendsetter und kennt die angesagtesten Szenerestaurants. Er ist »in« und wirkt im Erstkontakt meist äußerst charmant und interessant.

Seine Umwelt reagiert auf ihn mit Faszination oder mit intuitiver Ablehnung. Frauen finden ihn zuerst oft aufregend. Sie sind von seinem Charme und seinen immer neuen Ideen fasziniert, leiden aber an seiner bald offenbar werdenden Schwierigkeit, sich festzulegen. Sein Beziehungsleben ist in vielen Fällen von unglücklichen kurzen Affären gesäumt. Man geht gerne mit ihm aus, aber die Partnerin erkennt schnell, dass sein verführerisch geäußertes Interesse an ihr nicht von Dauer ist, und zieht sich dann ebenfalls zurück. Monsieur Adieu wird das gar nicht bemerken – er ist schon wieder auf einer neuen Tournee.

Eine »Madame Adieu« wird sich entsprechend verhalten. Monsieur und Madame würden in ihrem Verhalten gut zueinanderpassen, finden aber nur selten als Paar dauerhaft zusammen. Denn wehe, der andere zöge sich in einem Zusammenhang als Erster ein wenig zurück, so würden Monsieur oder Madame Adieu auf diese Kränkung aggressiv und ihrerseits sofort mit Rückzug oder Trennung reagieren.

Eine Einsicht in ihre Situation und das Leiden an ihrer nicht gelebten Sehnsucht nach Bindung erreichen Monsieur und Madame Adieu meist erst in einem späteren Lebensalter, wenn sie sich in ihrer Besonderheit von anderen abgetrennt und einsam zu fühlen beginnen.

Es gibt drei »Rezepte« dafür, wie man mit ihm oder ihr in einer längeren Beziehung klarkommen kann:

- Wichtig ist es, Monsieur oder Madame Adieu mit dosierter Distanz zu begegnen, um keine Bindungsangst bei ihnen auszulösen und sie durch Anklammern in die Flucht zu schlagen.
- Wem es nichts ausmacht, der kann warten, bis sie 40 oder 45 Jahre alt geworden sind und sie sich die Fragen nach Lebenssinn und Vergänglichkeit stellen und geneigter für verbindlichere Kontakte werden.
- Oder man wartet, bis sie sich selbst mit einiger Verwegenheit outen, meistens begleitet von tief empfundener Scham wegen ihrer lang unterdrückten Sehnsucht nach Bindung.

In diesem Zusammenhang möchte ich Sie an eine bekannte klassische Figur erinnern, die durch ihre Bindungsangst sogar zu einem Pakt mit dem Teufel verführt wurde: Goethes »Faust«.[17]

In seiner Zerrissenheit zwischen den irdischen Verführungen und den Erkenntnissen der Wissenschaft »rennt« Faust unzufrieden auf der Suche nach immer mehr Wissen durch die Welt und wird leichte Beute für Mephisto, der ihm Einsichten in die höchsten Dinge und in den vollen Genuss des Lebens verspricht. Als Gegenleistung verlangt er von Faust, dass dieser ihm dafür einst im Jenseits dienen müsse, und zwar dann, wenn er auf seinem Weg durch die Welt so viel Zufriedenheit und Genuss gefunden hätte, dass er satt wäre und sich zur Ruhe setzen wolle. Faust kann sich nicht vorstellen, dass dieser Moment bei ihm je eintreten könnte und schließt leichtfertig den Vertrag mit dem Teufel ab.

»Werd ich beruhigt je mich auf mein Faulbett legen,
So sei es gleich um mich getan!
Kannst du mich schmeichelnd je belügen,
Dass ich mir selbst gefallen mag,
kannst du mich mit Genuss betrügen:
Das sei für mich der letzte Tag.«

»Werd ich zum Augenblicke sagen:
Verweile doch! Du bist so schön!
Dann magst du mich in Fesseln schlagen,
Dann will ich gern zugrunde gehn!«[18]

Vielleicht erinnern Sie sich noch: Faust wird irgendwann, wenn auch nicht wie zunächst ersehnt durch die Liebe, sondern durch Erkenntnis, im zweiten Teil der Tragödie einen Augenblick für die Ewigkeit bewahren wollen. Er hätte damit laut seines Vertrags mit dem Teufel seine Freiheit und sein Leben verwirkt. Mephisto gelingt es dann aber doch nicht, Fausts Seele wie geplant zu ergreifen, weil das Universum Faust beschützt.

In der Literatur werden viele solcher ruheloser Charaktere geschildert, beispielsweise die Figuren des Don Juan, Odysseus, Stiller von Max Frisch oder Felix Krull von Thomas Mann, um nur einige davon zu nennen. Dieser freiheitsbesessene Typus ist wohl immer schon für seine Umwelt faszinierend, verlockend und zugleich erschreckend gewesen.

Auf den Teufel oder die Hilfe des Universums bei notwendigen Veränderungen kann man heute nicht mehr so leicht bauen. Deshalb ist es im sozialen Umgang mit den Flüchtern und Verleugnern sinnvoll, seine eigenen Erwartungen an die Beziehungen mit anderen zu kennen und in einer solchen Beziehungskonstellation nicht zu versuchen, den anderen verändern zu wollen oder gar darauf zu hoffen: »Es wird schon werden.« Wenn Sie selbst bereit sind, die Gegebenheiten und Besonderheiten ihres Typs zu akzeptieren, dann können die Kontakte mit Monsieur und Madame Adieu bereichernd sein.

»Stirb und Werde.«
Johann Wolfgang von Goethe

»Wenn es am schönsten ist, soll man gehen.«
Volksmund

Wie lernt man mehr Trennungskompetenz?

Der Begriff »Trennungskompetenz« legt die Schlussfolgerung »Trennen kann man lernen« nahe. Das klingt einfach und steht im Widerspruch zu all den Befürchtungen, die gewöhnlich mit Gedanken an Trennen verbunden sind. Aussagen wie »Ich kann mich nicht trennen, obwohl mir alles zu viel wird« oder »Ich kann nichts loslassen« sind oft zu hörende Äußerungen zu diesem Thema. Offenbar scheint da ein Hindernis auf dem Weg zu lauern, das ein gelingendes Beenden erschwert.

Der Drachen, der besiegt werden muss, um Trennen und Beenden im Kleinen wie im Großen zu meistern, ist die Trennungsangst. In der Trennungsangst wirken zweierlei Ängste mehr oder weniger eng zusammen, die sich häufig gegenseitig beeinflussen oder behindern:

- einmal die Angst davor, das Vertraute zu verlassen und ins Unbekannte aufzubrechen,
- zum anderen die Angst vor dem Neuen, die von Furcht vor einem Scheitern begleitet sein kann.

Durch das Zusammenspiel der beiden miteinander agierenden Ängste wird unbewusst die Neugier und die Lust zum Aufbruch kontrolliert. Festhalten am Alten und Stagnieren in der Entwicklung sind dann häufig die Folge.

Otto Rank illustriert in seinem Buch *Das Trauma der Geburt*[19] am Beispiel der Geburt des Menschen diese doppelte Dynamik der Trennungsangst. Ein Kind, das neun Monate eins war mit der angenehmen Wärme und Geborgenheit im Mutterleib, drängt zum Zeitpunkt der Geburt – meistens im richtigen Reifungsmoment – hinaus in die Welt. Es muss die geborgene Sicherheit verlassen, um eine neue Welt kennenzulernen. Dafür leisten das Kind und die Mutter teils unbewusst, teils sehr bewusst eine immense und schmerzvolle Arbeit, bis das Kind schließlich geboren ist. Rank überträgt den biologischen Vorgang der Geburt auf die Beschreibung des seelischen Vorgangs der Identitätsbildung und erklärt, dass nach der Vertreibung aus dem Paradies des Mutterleibs jeder neue Schritt wie ein schöpferischer Akt zu verstehen ist, mit dem sich das Kind die Welt kreativ aneignet. Begleitet werden diese Loslösungsprozesse von der Trennungsangst und ihrer doppelten Ausprägung – der Angst davor, loszulassen und sich hinzugeben, etwas zu beenden (Rank nennt dies Todesangst), und der Angst davor, sich dem Neuen zuzuwenden (Rank nennt dies Lebensangst). Beide Ängste bedingen einander und entwickeln eine Dynamik, die bereits Goethe in seinem Gedicht »Vollendung« mit »Stirb und Werde« beschreibt, was als Prinzip des Lebens überhaupt gilt.

Adieu zu sagen zu etwas Bekanntem, um etwas Unbekanntes zu wagen, kann die erforderliche Aufbruchsenergie für jede große und kleine Trennung mobilisieren, sei es, dass man sich von einer bekannten Umgebung trennt, sei es, dass man sich von einer langsam dahindümpelnden Freundschaft verabschieden möchte oder sei es, dass man eine neue berufliche Herausforderung annimmt.

Neue Trennungskompetenz zu erwerben bedeutet nicht, plötzlich alles Vertraute über Bord zu werfen! Sie ist vielmehr als eine erweiternde Fähigkeit zu verstehen, die das Navigieren in dem schwierigen Kontext von Loslassen und Neubeginnen erleichtert. Manche Menschen wagen nicht, etwas zu beenden, weil sie früher in der Familie nichts Neues ausprobieren durften oder weil es unausgesprochene Regeln gab, die nur das erlaubten, was die Familie ausdrücklich guthieß. Alles Neue wurde dadurch häufig unbemerkt zum bedrohlichen Terrain. Erste selbstständige Abenteuer, zum Beispiel den Kirschbaum des Nachbarn zu besteigen, um die rötesten Kirschen zu klauen, oder den ersten Kuss zu erobern, kurz, etwas »Verbotenes« zu tun, zogen unweigerlich Strafen oder Angst davor nach sich. Jeder kennt solche Erlebnisse aus seiner eigenen Kindheit. Manchmal konnte man sich mithilfe einer wohlwollenden Großmutter, einer verschworenen Nachbarin oder eines mutmachenden Lehrers ohne allzu große Angst vor Strafen doch in die Welt der verbotenen Dinge hinauswagen und darauf bauen, dass es mit der Unterstützung dieser wohlwollenden Erwachsenen doch kein so schlimmes Strafgericht gäbe, auch wenn das »Verbotene« an den Tag käme.[20] Hat ein Kind aber bei seiner Erkundung der verbotenen Verlockungen keine Unterstützung durch solche Helfer erfahren, kann später eine Haltung des »Verharrens im Gewohnten« zur chronischen Reaktion des Erwachsenen werden, womit er seine Angst vor allem Neuen im Zaum zu halten versucht.

Sie kennen sicher die Scheu mancher Menschen vor unbekannten Speisen, die sie niemals ausprobieren würden. »Ich esse keinen Spargel«, »Gemüse ist doch kein richtiges Essen«, »Wie kann man nur rohen Fisch wie die Japaner essen!« – solche Einstellungen belegen oftmals eine innere Treue zum ehemaligen elterlichen Mittagstisch, auf dem diese Speisen nicht angeboten wurden. Oder manche suchen wiederholt den Ferienort ihrer Kindheit auf und trauen sich nicht, ihren Lebensumkreis um etwas Neues zu erweitern. Aus solchen Gewohnheiten kann sich manchmal im Verlauf eines Lebens ein fixiertes Fehlverhalten entwickeln, wenn die einengenden Familienvorschriften stark verinnerlicht und daher einer bewussten Veränderung nicht zugänglich sind.

Sie können selbst überprüfen, ob Sie sich noch durch innerliche Hindernisse einengen. Sie können für sich entscheiden, ob Sie den alten inneren Verboten weiter folgen wollen oder ob Sie sich im Jetzt nicht doch von diesen überkommenen Hemmnissen, die zu Angst führen, trennen möchten. Eines ist auf jeden Fall sicher: Heute lauert kein Hausarrest mehr für den Ungehorsam, etwas Verbotenes zu tun, oder ein dunkler Keller, in dem Sie zur Strafe für Ihre Eigenmächtigkeiten eingesperrt würden!

Liegen Ihren Trennungshemmungen keine früheren Erfahrungen zugrunde und Sie zögern dennoch, weil Sie keine ausreichende Übung im Trennen und Loslassen haben, dann heißt es etwas mehr Herzklopfen bei einem neuen Schritt auszuhalten, eine vorübergehende Unsicherheit bei sich zu tolerieren oder eine missbilligende Reaktion von anderen auf sich zu nehmen. Anders als in der Kindheit gibt es im Erwachsenenleben nicht mehr für jede eigene mutige Entscheidung Applaus oder Strafe.

Dies ist aber nicht die ganze Wahrheit: Trennungshemmungen und Trennungsängste können zwar in früheren Erfahrungen begründet liegen. Genauso wichtig aber ist es, zu beachten, dass sich Ängste beim Trennen auch ohne historischen oder psychogenetischen Hintergrund entwickeln können, um zu verhindern, dass überstarke Trennungstendenzen überhaupt entstehen. Sie können schlicht und einfach Angst entwickeln, weil Sie nicht wissen, wie Trennen »geht«, wie Sie es am besten anstellen, dabei keine Federn zu lassen, oder weil Sie glauben, Sie könnten sich trennen, ohne auf etwas verzichten zu müssen. Gefühle von Unsicherheit oder Erregungsangst, die mehr oder weniger bei jeder Trennungsabsicht aufkommen können, sind normal. Das Beste ist, diese Gefühle nicht abzublocken, sondern sie als ungewohnt vorübergehend zu akzeptieren und zu differenzieren. Meist reicht es aus, die Trennung gedanklich in einzelne Trennungsschritte aufzugliedern und sie danach Schritt für Schritt auszuführen.

Zeit lassen

Wer über ausreichende Trennungskompetenz verfügt, der spürt, wann der Zeitpunkt gekommen ist, an dem es »genug ist«. Er kann sich von Bindungen vielfacher Art in einer angemessenen

Zeit lösen und seine inneren Einstellungen und äußeren Handlungen wieder auf neue Bindungen ausrichten.

Mit »angemessener Zeit« ist gemeint, dass jeder Trennungsvorgang Zeit braucht. Es ist ein Prozess. Je nach Intensität und Dauer der vorangegangenen Bindung kann dieser Prozess kürzer oder länger andauern, manchmal bis zu einem Drittel der verstrichenen vorherigen Zeit der Bindung. So kann die Ablösung der Kinder von den Eltern mehr als ein halbes Dutzend Jahre in Anspruch nehmen, die Lösung aus Partnerschaften kann Monate, ja Jahre dauern, je nachdem, wie lange man in dieser Beziehung zusammen war und wie tief man sich darauf eingelassen hatte.

Die Trauer um eine verlorene Bindung oder um den Verlust eines nahen Menschen braucht gewöhnlich viel Zeit, manchmal viele Monate.[21] Dass man auch später immer wieder einmal über den Verlust eines Menschen trauert, ist eine selbstverständliche Reaktion. Dauert der Trauerprozess aber viel länger an als ein Jahr und behindert er durch seine Intensität den Alltag des Trauernden einschneidend, spricht man in der Psychotherapie von »komplizierter« oder »pathologischer Trauer«. Wer sich dem alltäglichen Leben nicht mehr voll zuwenden kann, sollte sich eine professionelle Trauerbegleitung suchen, um den Verlust und seine seelischen Folgen zu verarbeiten.

Lösen

Lösen als eine schrittweise bewusste Abgrenzung vom Gewohnten – was sowohl aktiv wie auch passiv-zulassend geschehen kann – ist eine weitere Trennungskompetenz.

- Lösen ist ein bewusster Schritt des Neinsagens zum Alten. Er ist von Gefühlen begleitet und bedeutet: Abschied nehmen oder verzichten und den Schmerz darüber, Vertrautes zu verlieren.
- Sich lösen vollzieht sich handlungsorientiert.
- Loslösen ist auch ein körperliches Geschehen: Loslösen oder trennen kann verbunden sein mit sich zurückhalten, sich dem

Gewohnten verschließen und sich dem Neuen neugierig öffnen.

Je aktiver, bewusster und konsequenter die Loslösung geschieht, desto leichter trennt man sich, wenn die Zeit gekommen ist. Poetisch ausgedrückt: Im Idealfall geschieht es so leicht, wie ein Schmetterling davonflattert, wenn er nach stiller Vorbereitung seiner Schönheit und Gestalt seinen Kokon verlassen hat und in die Blumenwiesen entfliegt.

Es ist ein bekanntes Gesetz jeder Entwicklung: Jeder neue Prozess kann sich erst dann voll entfalten, wenn der alte abgeschlossen ist. Loslösen ist eine natürliche Folge von abgeschlossener Reife des Vorhergehenden. Aus der körperlichen Entwicklung ist Ihnen das sicher gut bekannt: Wenn der Körper für eine bestimmte Entwicklungsstufe ausreichend herangereift ist, wenn zum Beispiel das Kleinkind vom Krabbeln den Sprung zum Sitzen schafft und endlich stehen kann, wird es seine ersten Schritte auch sicher wagen können. Kinder, die aus falsch verstandenem Ehrgeiz von den Eltern zu früh zum Gehen angehalten wurden und deshalb notwendige Entwicklungsschritte dafür überspringen mussten, leiden manchmal ein Leben lang an einem seelischen Sicherheitsdefizit, das ihnen selbst häufig unverständlich bleibt. Sie trauen sich vieles nicht zu oder geraten bei neuen Aufgaben unter unerklärlichen Leistungsstress, weil sie fürchten, sie müssten schwierige Dinge bewältigen, ohne sich ausreichend dafür vorbereiten zu können.

Woran erkennt man Trennungskompetenz?

Jemand, der über Trennungskompetenzen verfügt, zeigt in seinem Verhalten bestimmte Fähigkeiten:

- Er kann Nein sagen, kann sich abgrenzen oder sich lösen, aber er kann auch Ja sagen zu etwas Neuem. Er kann sich intensiv auf etwas einlassen, wenn es ihm sinnvoll oder Erfolg versprechend erscheint. Er wird sich an der Planung eines Projekts beteiligen, einen neuen Weg erarbeiten oder ein berufliches Risiko eingehen. Er kann sich auch von etwas trennen, wenn die Bilanz nicht mehr stimmt und der Erfolg einer Unternehmung auszubleiben droht.

- Er weiß, wann es Zeit fürs Trennen ist. Er spürt, wann Sättigung eingetreten ist und wann er selbst genug hat. Meistens beendet er dann die entsprechende Situation.
- Eine seiner wichtigsten Eigenschaften ist seine Neugier auf Dinge, die er noch nicht kennt. Er hat die Fähigkeit zu glauben, dass im Neuen etwas Positives enthalten ist, wie es Hermann Hesse in seinem bekannten Gesicht »Stufen« beschreibt: »Und jedem Anfang wohnt ein Zauber inne, der uns beschützt und der uns hilft zu leben.« Im selben Gedicht setzt Hesse aber voraus, dass jedem Neuanfang zunächst ein Abschied vorangehen muss: »Des Lebens Ruf an uns wird niemals enden. Wohlan denn, Herz, nimm Abschied und gesunde!«[22]
- Wer trennungskompetent ist, handelt nicht nach dem Prinzip »Am besten immer dasselbe«, auch wenn oft Unsicherheit herrscht, was das Neue bringen wird. Solche Menschen variieren ihre Urlaubsziele, probieren neue Rezepte aus, gehen auch mal in ein modernes Theaterstück oder wagen einen Karrieresprung oder den Umzug in eine andere Stadt. Sie gehen dabei jedoch nie ganz unüberlegt vor.
- Trennungskompetente kennen das Zögern vor der Anstrengung des Loslösens und die Unsicherheit, die mit dem Aufbruch ins Unbekannte verbunden sein können, aber lassen sich auf diese Gefühle ein und versuchen sie zu meistern. Sie wissen, wie hart es sein kann, einen Wohnungswechsel durchzustehen, zu packen, auszumisten und zu planen. Aber die Zukunftsvision vom Neuen erleichtert das Lösen. Die dadurch gewonnene Energie hilft dabei, Durststrecken zu überwinden.

Lassen Sie mich die oben genannten Phänomene am Beispiel eines bekannten Menschen mit hoher Trennungskompetenz illustrieren:

Drei Tage nach einem der größtmöglichen Erfolge in der Sportwelt, dem dritten Platz bei der Fußballweltmeisterschaft 2006, wo ihm eine ganze Nation zu Füßen lag, wo ihn nicht nur die Presse, sondern auch Staatsrepräsentanten inständig gebeten haben, seine Aufgaben als Bundestrainer weiterzuführen, machte Jürgen Klinsmann nach zwei Jahren erfolgreicher Tätigkeit einen Trennungsschritt mit der Bemerkung, »er sei ausgebrannt, es warte anderes auf ihn und zuallererst einmal seine Familie«. Die Enttäuschung seiner Fangemeinde war groß, aber sein Entschluss wurde ohne Häme von seinem »Fußballvolk« aufgenommen und geachtet. Bei allem Bedauern über seine Entscheidung konnte man ihm insgeheim nur Recht geben. Denn was hätte Klinsmann persönlich dabei gewonnen, weitere vier Jahre Schwerstarbeit auf dem steinigen Acker des Fußballs zu vollbringen und möglicherweise den jetzigen Sieg nicht zu übertreffen? Seine Biographie und seine Kommentatoren kennzeichnen die Eigenschaften von Jürgen Klinsmann mit »zielstrebig, ehrgeizig, arbeitsintensiv, fleißig, neugierig, mit starker emotionaler Mitteilungsfähigkeit für andere«. Er wird als gradlinig bezeichnet: So hat er stets den Schulterschluss mit dem größten Boulevardblatt Deutschlands verweigert. Er habe ein instinktives Gespür für Chancen, nicht nur vor dem Tor, sondern auch für sich selbst. Kurz: Jürgen Klinsmann verkörpert einen Menschen mit Trennungskompetenz im Medienalltag, auch wenn im Hintergrund noch andere Beweggründe bei dieser Trennung mitgespielt haben mögen.

Die folgenden acht Strategien zum Erlernen von Trennungskompetenz sollen Sie anregen, Ihre eigenen Trennungsfähigkeiten zu überprüfen und gegebenenfalls zu verbessern.

Acht Strategien zum Erlernen von Trennungskompetenz

Für einen »Schüler« in Trennungskompetenz gibt es einen wichtigen Leitsatz, der auch in Bezug auf alle in diesem Buch erzählten Beispielgeschichten gilt:

Trennen, wovon auch immer, bedeutet keine Katastrophe!

In mehreren kleinen Schritten und mit verschiedenen Strategien können Sie Trennungskompetenz lernen. Diese können Sie fit machen, um Alltagskonflikte effektiver und zufriedener zu bewältigen.

Die folgenden acht Strategien sollen Sie anregen und Ihnen dabei helfen, Ihre eigene Trennungskompetenz zu erweitern.

Die ersten drei Strategien setzt man zu Beginn eines jeweiligen Trennungsvorhabens ein:

1. Strategie: Situationsanalyse und Selbstreflexion
2. Strategie: Innere Verpflichtung und Terminsetzung
3. Strategie: Probehandeln und Ausprobieren

Die fünf weiteren Strategien können Sie dann einzeln und je nach Bedarf des jeweiligen aktuellen Kontextes anwenden:

4. Strategie: Aussprache mit anderen
5. Strategie: Recherche über Folgen des Neubeginns
6. Strategie: Fantasien zu den Chancen des Neuen
7. Strategie: Unterstützende Selbstsuggestion und Wahl von Vorbildern
8. Strategie: Sich loslassen in den Prozess der Veränderung

1. Strategie: Situationsanalyse und Selbstreflexion

Was bedeutet Trennen und Loslassen für mich?

Machen Sie sich klar, dass in jeder noch so kleinen Trennung eine gewisse Angst verborgen sein kann. Angst zeigt sich in diesem Fall als gebremste Energie. Erforschen Sie, welchem Trennungsmuster Sie selbst folgen, mit folgenden Fragen:

- Habe ich mehr Angst davor, mich von jemandem oder von etwas zu lösen oder zu trennen und dann vielleicht vorübergehend allein zu sein? Oder habe ich mehr Angst davor, mich auf etwas Neues einzulassen und trenne ich mich deshalb nicht?

- Wie ist meine Zufriedenheit mit mir selbst? Erfüllt mich das, was ich bisher erreicht habe oder noch erreichen kann?
- Beim Trennen von welchen Dingen oder Gewohnheiten habe ich Erleichterung empfunden? Bei Büchern, Kleidern, alten Gewohnheiten, als ich mit dem Rauchen aufhörte? Bei welchen Details habe ich beim Trennen die Vorstellung von Verlust?

Natürlich werden Sie bei solchen Überlegungen und Selbstreflexionen Ambivalenzen empfinden: Wenn Sie sich von der Gewohnheit trennen, viele Süßigkeiten nebenbei zu essen, lockt Sie vielleicht der Erfolg, abzunehmen, aber es wird Ihnen dann auch eine Gewohnheit fehlen, was Sie unruhig macht. Oder was könnte passieren, wenn Sie aufhören, Ihren Schreibtisch immer weiter zuzupacken? Vermittelt Ihnen ein voller Schreibtisch, dass Sie alles immer sofort verfügbar in der Nähe haben oder dass Sie eine wichtige und viel beschäftigte Person sind? Würde Ihnen die leere Arbeitsfläche Angst machen? Wovor?

Stellen Sie sich diese oder ähnliche Situationen vor.

Bei diesem ersten Trennungsschritt können Sie an Ihren alltäglichen Gewohnheiten überprüfen, ob sich darin eher die Angst vor dem Aufhören oder eher die Angst vor Neuem versteckt.

- Sagen Sie meistens »wir«, wenn Sie von Dingen berichten, die Sie mit anderen unternehmen, statt auch von Ihren eigenen Wünschen zu sprechen? Können Sie eigene Wünsche schlecht äußern und versichern Sie sich bereits in der Fragestellung beim anderen, ob er Ihnen zustimmen wird? Fragen Sie: »Sollen wir heute nicht mal ins Kino gehen?«, anstatt: »Ich hätte Lust, mit dir ins Kino zu gehen. Hast du heute Zeit?«
- Richten Sie Ihre Freizeit ganz auf die Freunde, den Partner oder die Familie aus und warten Sie auf Vorschläge? Trauen Sie sich zu selten, Ihre Meinung zu einem Ereignis zu äußern, und warten Sie erst ab, was die anderen sagen?

Wenn Ihnen in unseren Beispielen einiges bekannt vorkommt:

- Überlegen Sie, ob es in Ihrer Sozialisation Hinweise dafür gibt, dass es schwierig war, etwas Neues und Eigenes zu beginnen oder dies sogar mit Liebesentzug sanktioniert wurde. Oder haben Sie nur ein mulmiges Gefühl dabei oder Angst vor den Reaktionen der anderen auf Ihren neuen Schritt?
- Gestehen Sie sich inzwischen zu, dass Sie selbst bestimmen dürfen, was für Sie gut ist und was Sie sich erlauben. Sie müssen sich vielleicht nur mit den anderen darüber auseinandersetzen oder verständigen und darauf verzichten, dass man Ihnen bei jedem Ihrer Vorschläge oder Entscheidungen zustimmt.

2. Strategie: Innere Verpflichtung und Terminsetzung

Wann will ich mit etwas aufhören oder wann will ich mich von etwas trennen?

- Setzen Sie sich einen festen Zeitpunkt, bis wann Sie das Aufhören oder Trennen in Angriff genommen haben möchten.
- Nehmen Sie eine realistische Einschätzung vor, wie lange es zum Beispiel dauern kann, den Keller aufzuräumen, die Zeitungen zu entsorgen oder die Trennungsschritte aus einem Arbeitsverhältnis vorzunehmen. »Bis zum Beginn der Sommerferien habe ich meine Berge von Unterlagen geordnet, damit ich beruhigt in den Urlaub fahren kann«, »In drei Monaten muss ich meine Stellensuche abgeschlossen haben, um kündigen zu können.« Setzen Sie sich nicht unter einen unrealistischen Zeitdruck, das endet meist im Festhalten des Alten und in Selbstvorwürfen.
- Verzichten Sie auf ritualisierte Neujahrsvorsätze, die für viele zum Jahresbeginn gehören und meistens scheitern: »Ich höre am 1. Januar auf zu rauchen«, sondern wählen Sie sich einen Termin, der in Ihr eigenes Leben und in Ihre Zeitplanung passt: »Am ersten Urlaubstag höre ich auf und bereite mich innerlich bis dahin auf meinen Entschluss vor. Ich mobilisiere alle Unterstützung, die ich in den ersten kritischen Tagen und Wochen benötige, um meinen Entschluss durchzuhalten.«

3. Strategie: Probehandeln und Ausprobieren

Wie will ich vorgehen?

- Entwerfen Sie innerlich wie in einer Art Sandkastenspiel das Trennungsszenario Ihres Vorhabens und machen Sie einen Plan, wie Sie beim Trennen und Neubeginnen vorgehen wollen.
- Schreiben Sie dies auf und bringen Sie Klebezettel an Spiegeln und anderen sichtbaren Stellen an, die Sie ermahnen, am Ball zu bleiben, zum Beispiel: »Ich bearbeite Rechnungen sofort«, »Weiter so!«, »Jeden Tag eine halbe Stunde Papiere entsorgen«, »Mehr bewegen«.
- Nehmen Sie sich selbst an die Hand und suchen Sie eine Situation auf, in der Sie das Neue schon im Ansatz vorfinden, so wie Sie ein Kind an die Hand nehmen würden, das schwimmen lernen soll: »Jetzt gucken wir mal, wie warm das Wasser ist, und versuchen, ein paar Schritte hineinzugehen.« Wenn Sie einen Beruf wechseln möchten, machen Sie ein Übergangspraktikum. Wenn Sie umziehen möchten, sehen Sie sich den neuen Stadtteil oder die Stadt in Ruhe an und achten darauf, was Ihnen besonders gefällt. Streifen Sie Ihre alte Wohnung oder den Kleiderschrank mit Blicken, die darauf gerichtet sind, was Ihnen schon immer daran nicht gefallen hat und wovon Sie sich trennen wollen.

Durch diese Schritte mindern Sie Ihre Angst vor dem Trennungsschritt und erhöhen Ihr Frustrationslevel hinsichtlich der gefürchteten neuen Situation. Haben Sie erst einmal damit begonnen, Ihren Schreibtisch abzuarbeiten, und stellen dabei fest, dass sich die Stapel nach anfänglichem Widerstand schnell lichten, bringt dies Mut, den nächsten Berg anzugehen (siehe aber auch 2. Strategie : realistische Zeit dafür veranschlagen!).

4. Strategie: Aussprache mit anderen

Ich will aufhören, was hältst du davon?

Es ist manchmal hilfreich, das eigene »Trennungsprojekt« mit anderen zu besprechen: mit Freunden, mit der Familie oder mit »Trennungsspezialisten«, die ihr eigenes Vorhaben selbst schon mehr oder weniger erfolgreich bewältigt haben: »Was hältst du davon?« Dann bleibt es nicht nur bei inneren Vorsätzen, sondern sie werden zu sichtbaren Fakten, nach denen Sie von anderen gefragt werden: »Ich dachte, du wolltest dein altes Auto endlich verkaufen?«, »Wohnst du immer noch bei deinen Eltern?«, »Du wolltest doch ausziehen?«

- Wenn Sie mit anderen über Ihre Trennungspläne sprechen, können Sie Angebote für Hilfe bekommen oder Sie können Tricks erfahren: wie andere das Ausmisten und Trennen von über Jahren Angesammeltem geschafft haben, wie man sich aus einer Arbeitsstelle im Guten getrennt haben, was man beachten muss, wenn Sie ein störendes Verhalten aufgeben möchten, oder welche Schritte eine Trennung vom Partner weniger schmerzvoll erscheinen lassen.
- Sie können mit anderen ein Rückmeldesystem vereinbaren: Sie berichten in bestimmten Abständen von Ihren Teilerfolgen beim Trennen, Lösen oder Aufhören und verabreden mit dem Vertrauten, dass er Sie gelegentlich schmunzelnd daran erinnert und ermuntert, wenn Ihre Trennungsenergie zu erlahmen scheint.

  Wie Sie sich aus der Geschichte von Angela vielleicht erinnern, musste sie sich vor ihrem Umzug von einem Arbeitszimmer voller jahrelang angesammelter Arbeitsunterlagen trennen. In einem kreativen Akt entschied sie sich, einer Freundin immer dann ein Exemplar aus ihrer reichhaltigen Postkartensammlung zu schicken, wenn es ihr gelungen war, wieder eine Kiste angestauten und inzwischen unnütz gewordenen Materials zu entsorgen. Sie verschaffte sich damit Lob und weiteren Ansporn von außen und obendrein noch eine schrumpfende Postkartensammlung.

5. Strategie: Recherche über Folgen des Neubeginns: Zukunftsvisionen

Welche Folgen hat das Trennen für mich?

Wenn Sie sich von etwas trennen wollen, sei es von einem Menschen, von Gewohnheiten, Sachen oder einem Arbeitsplatz, dann ist es sinnvoll, sich vor dem Trennungsschritt darüber kundig zu machen, was Sie erwarten kann, wenn Sie sich aus einer festgefahrenen Beziehung lösen, alte Möbel aussortieren, sich aus Ihrem Wohnort verabschieden oder von der Arbeitsstelle trennen. Jede Verabschiedung hat ihren Preis. Sie können sich über die möglichen positiven und negativen Folgen Ihrer Handlungen schon vorher Gedanken machen und eine vorläufige Zwischenbilanz ziehen.

- Wohin kann ich die Sachen entsorgen, wann und womit mache ich das? Habe ich ausreichende finanzielle Ressourcen, um meine Arbeitsstelle mittelfristig oder auch spontan kündigen zu können? Glaube ich, damit glücklicher zu werden? Was wird sich zum Positiven verändern?
- Welche Erwartungen habe ich an das Neue? Ist es ausreichend attraktiv für mich? Was mache ich statt fernsehen, wenn ich allein bin und mich entspannen möchte? Was kommt anstelle der gemeinsamen Rauchpausen mit den Kollegen, wenn ich nicht mehr rauche? Habe ich Angst, dadurch zum Beispiel einen Freund zu verlieren?
- Wenn Sie einen klapprigen Schrank zum Sperrmüll geben, muss möglicherweise ein neues Möbelstück zum Aufbewahren angeschafft werden und vielleicht müssen sogar die Wände neu gestrichen werden. Die Trennung vom Chor bedeutet vielleicht, eine Freundin nicht mehr automatisch regelmäßig zu treffen und sich ab jetzt direkter um sie bemühen zu müssen. Die Trennung von einer Beziehung ist manchmal mit dem Verlust eines Teils des bisherigen Freundeskreises und von dessen Familie verbunden und mit dem Verlust von Annehmlichkeiten und Privilegien, die Sie in dieser Verbindung hatten. Werden Sie darauf verzichten wollen? Was tun Sie stattdessen?
- Prüfen Sie, was auf Sie zukommen kann, und treffen Sie Vor-

bereitungen für den angemessenen Umgang damit. Das vermindert Ihre Angst vor dem Neuen und reduziert die Gefahren des Scheiterns.

- Konkret kann das heißen: Geld beiseite legen für neue Anschaffungen, Erweitern Ihres sozialen Netzes, Beleben von früheren Kontakten.

6. Strategie: Fantasien zu den Chancen des Neuen

Was wäre, wenn?

Ein sehr wichtiges Instrument zur Unterstützung beim Trennen und Aufhören ist es, Ihre Fantasie zu mobilisieren. Sie können sich die verschiedensten Lebensszenarien in Ihrer Fantasie vorstellen und Ihr Trennungsproblem einmal von verschiedenen ungewöhnlichen Blickwinkeln aus betrachten:

- Wie wäre es, zehn Jahre älter zu sein und immer noch mit derselben Gewohnheit wie den angesammelten Zeitungen, derselben Arbeitsstelle, demselben Partner zu leben? Oder, wie wäre Ihr Leben verlaufen, wenn Sie sich davon getrennt hätten?
- Stellen Sie sich Ihren Schreibtisch vor, wie er immer weiter zuwächst, und schreiben Sie eine Geschichte darüber. Beschreiben Sie das Geschehen als Horrorgeschichte, als Roman oder als Krimi.
- Erlauben Sie sich den Spaß, von außen Ihr Trennungsproblem zu betrachten, und stellen Sie sich vor, was Sie selbst dazu sagen würden, oder ein irdisches oder außerirdisches Wesen, wenn es Ihnen wie auf einer Bühne dabei zusieht, wie Sie sich mit Ihrem Trennungsproblem herumschlagen. Was könnte es Ihnen aus seiner Warte dazu raten?
- Sie können sich auch vorstellen, Sie seien 80 Jahre alt und würden Ihren Enkeln davon erzählen. Wie würden Sie Ihnen diese uralte Gewohnheit verständlich machen? Was würden die Enkel dazu sagen?

Ich bin sicher, dass Ihnen noch viel mehr Fantasieexperimente zum Trennen und Lösen einfallen, mit denen Sie Ihre Vorhaben innerlich schon einmal ausprobieren können, um sich dafür Mut zu machen.

7. Strategie: Unterstützende Selbstsuggestion und Wahl von Vorbildern

Das habe ich gut gemacht! – Das haben doch sicher andere schon geschafft!

Neben der Unterstützung durch andere ist es im Prozess des Trennens, Aufhörens und neu Beginnens notwendig, sich immer wieder selbst zu motivieren und sich auch für kleinere Erfolge auf die Schulter zu klopfen und sich zu belohnen.

- Sie können sich wie ein Pfadfinder am Abend für die kleinen Schritte loben, die Sie in Ihrer täglichen Trennungspraxis erreicht haben: »Heute habe ich schon zwei Aktenordner sortiert. Ist das nicht toll?«
- Wählen Sie sich einen affirmativen oder kognitiven Satz und wiederholen Sie ihn, wie: »Alles wird gut« (das Markenzeichen der Moderatorin Nina Ruge) oder: »Ich schaffe es Schritt für Schritt, mich von … zu trennen«, oder wenn Sie sich etwas pathetischer motivieren möchten: »Eine Geburt (Trennung) habe ich schon geschafft, dann schaffe ich auch die nächste«.[23]
- Sehen Sie sich um und beobachten Sie, wie es andere machen, sich von Dingen, Umständen oder Beziehungen zu lösen, die sie schon lange loshaben oder beenden wollen.

Vielleicht ist die Vorgehensweise eines anderen vorübergehend genau richtig für Sie. Vielleicht entdecken Sie beim Nachahmen und Ausprobieren aber andere, eigene Methoden, die noch besser zu Ihnen passen. In diesem Sinn sind auch die Hinweise und Vorschläge zu verstehen, die in den Beispielgeschichten vorgeschlagen wurden.

8. Strategie: Sich loslassen in den Prozess der Veränderung

Jetzt fange ich an!

- Scheuen Sie sich nicht, nachzuschauen und zu fragen, wie sich

andere trennen, oder modifizieren Sie das Vorgehen Ihres Modells Ihren Bedürfnissen entsprechend.
- Und dann: Fangen Sie an! Beginnen Sie Ihr Trennungshandeln!

Es ist alles gesagt. Vieles ist bedacht und analysiert. Jetzt gilt es noch, sich in den Prozess der Veränderung loszulassen und die notwendigen kleinen oder großen Trennungsschritte auch wirklich zu vollziehen. Wenn Sie noch zögern, fragen Sie sich:

- Brauche ich wirklich immer so viel Sicherheit oder kann ich auch ein kleines Risiko eingehen?
- Muss das Trennen im Voraus wirklich bereits geplant sein und ein für alle Mal erledigt werden? Oder genügt es, erst einmal anzufangen und danach zu sehen, wohin der Weg führt?

Erinnern Sie sich noch an Ihren ersten Sprung vom Dreimeterbrett im Schwimmbad? Sie sind die Leiter hinaufgeklettert, sind erst einmal bis an die Spitze des Bretts vorgegangen, haben nach unten gesehen und haben die Höhe überprüft. Vielleicht hatten Sie ein flaues Gefühl im Magen und Sie sind noch einmal zur Plattform zurückgegangen, haben anderen beim Springen zugesehen, deren Platschen ins Wasser gehört und sie wieder auftauchen sehen, um erneut auf den Sprungturm zu steigen. Dann haben Sie irgendwann einfach beschlossen: »Jetzt springe ich!«, und haben sich vom sicheren Brett gelöst. Im Sprung war vielleicht zuerst etwas Angst, dann kurzes Bangen über das Auftreffen im Nass, dann Freude am neuen Erfolg und schließlich die Lust, es gleich noch einmal zu tun. Irgendwann gehörte dann der Sprung vom Dreimeterbrett zur Gewohnheit Ihrer Schwimmbadbesuche, von der Sie sich vielleicht inzwischen schon wieder erfolgreich gelöst haben.

Bei »Faust« liest sich das so:

»Der Worte sind genug gewechselt, lasst mich auch endlich Taten sehn!«[24]

»Ich brauch Tapetenwechsel, sprach die Birke,
und macht sich in der Dämmerung auf den Weg.«
Hildegard Knef

Symptome einer sich ankündigenden Trennung

Wie können Sie erkennen, dass eine Trennung oder ein Tapetenwechsel bevorsteht?

Erste Anzeichen einer möglichen bevorstehenden Veränderung oder Trennung

- Anzeichen von ungewohnt aufkommender Trägheit im Zusammenhang mit einer bestimmten Situation, Aktion oder Person,
- ungewohnte Unkonzentriertheit in bestimmten Situationen, bei bestimmten Themen oder im Kontakt mit Personen,
- leichte Gereiztheit im Umgang mit bestimmten Situationen, Personen oder bestimmten Themen,
- Sie fühlen sich woanders als in der gewohnten Umgebung spürbar wohler,
- Sie merken im Nachhinein, dass Sie eine bestimmte Situation oder eine Person anderen gegenüber idealisiert haben, ohne es eigentlich zu beabsichtigen.

Vorboten und Signale einer unmittelbar bevorstehenden Veränderung oder Trennung

- Wiederholtes und anhaltendes Unwohlfühlen in der eigenen Haut,
- zunehmende Niedergeschlagenheit und Unlust, depressive Stimmungen,
- Anzeichen von Überdruss und Mutlosigkeit: »War das alles?«, »Warum mache ich das überhaupt?«,
- unerklärliche Angst vor der Zukunft bei gleichzeitigem Überdruss an der gegenwärtigen Situation,
- Sie ahnen, dass eine Veränderung »droht«, wollen sie aber noch nicht wahrhaben,
- Sie blühen woanders, in einer anderen Umgebung sichtlich auf und haben deutliche Symptome des Widerwillens, in die gewohnte Situation zurückzukommen,
- unerklärliche somatische Beschwerden wie plötzliche Bauch- und Magenschmerzen im Zusammenhang mit bestimmten Situationen oder Personen ohne organischen Befund oder Anzeichen von Gefühlen der Übelkeit,
- anhaltende Kopfschmerzen in bestimmten Situationen oder in der Begegnung, im Zusammenleben oder im Zusammenarbeiten mit bestimmten Personen,
- Sie werden von Freunden und Menschen, die Sie gut kennen, in Bezug auf bestimmte Gewohnheiten wiederholt angesprochen oder zu einer Veränderung ermutigt (Sammelprobleme),
- starke Idealisierung und Verteidigung als »Festhalten am Gewohnten« mit einem mehr oder weniger starken Nachgeschmack im Sinne von »Das meine ich gar nicht wirklich so«.

Nicht jedes Gefühl von Überdruss oder Langeweile, von psychosomatischen Beschwerden oder Kopfschmerzen ist ein Anzeichen einer anstehenden Veränderung oder Trennung. Diese Gefühle müssen in direktem zeitlichen und spezifischen Zusammenhang mit einer Situation und einer Person stehen. Die Klärung beziehungsweise Deutung, ob solche Gefühle mit einer anstehenden Veränderung oder Trennung zu tun haben, kann letztlich nur der Betroffene selbst durchführen.

Die Aufzählung der einzelnen Anzeichen und Symptome kann als zusätzliche Anregung für den jeweils Betroffenen dienen, damit er den Zusammenhang seiner Gefühle mit bestimmten Personen wahrnehmen und achtsam prüfen kann. Signale sind unterstützende Hilfsmittel unserer Selbstwahrnehmung und Steuerung. Die Entscheidung, sie zu nutzen, obliegt jedem selbst. Am besten nutzt man sie, indem Sie zunächst die Signale registrieren, sie weiter beobachten, Alternativen durchdenken und sich dann fragen, welche Unterstützung Sie benötigen, um den nächsten notwendigen Schritt zu vollziehen.

Zum Schluss

Die einfachste und konsequenteste, die eindeutigste und klarste Form, etwas zu beenden, ist,

einen Punkt zu setzen:

•

Anhang

Dank

Ein Buch schreibt man nicht allein.

Ich habe von vielen Menschen Unterstützung bekommen und möchte mich dafür bei ihnen bedanken: bei meinen Freunden, die mir freigiebig von ihren kleinen und großen Trennungserlebnissen im Alltag erzählt haben; bei meinen Klienten, von denen ich vieles über Aufhören und neu Beginnen erfahren habe und mit denen ich auch selbst immer wieder das Abschiednehmen am Ende einer Beratung, einer Therapie oder eines Coaching durchlebt habe; und ich bedanke mich bei allen, mit denen ich über dieses Thema ins Gespräch gekommen bin und die mir Erfahrungen geschenkt haben.

Die Geschichten dieses Buches sind als Mosaiken aus dem vielfältigen Erleben von Abschieden und dem Neubeginnen vieler Menschen entstanden, die mir berichtet haben. Sie beschreiben keine realen Personen. Jeder Leser und jede Leserin wird manches so oder ähnlich schon einmal erlebt oder gehört haben und kann auf diesem Hintergrund eine Möglichkeit für sich finden, die dargestellten Geschichten für sich selbst auszuwerten.

Meine Kollegin Dr. Bärbel Wardetzki stand Patin bei dem

Gedanken an dieses Buch und half dabei, von der Idee zur Tat zu schreiten, indem sie Kontakte für mich knüpfte und manche wichtige Frage stellte – Danke Dir!

Manche Anregungen und freundlich prüfende und kritische Blicke auf das Manuskript erhielt ich von meinen »ersten Lesern« Alexia Breitenbach und Dr. phil. Rolf Kauffeld, wofür ich ihnen danke. Insbesondere bedanke ich mich bei Dr. med. Ursula Jaeger, die mich während des gesamten Arbeitsprozesses mit ihren inspirierenden Ideen, ihrem interessierten Nachfragen und mit viel intelligentem Humor begleitete und mit »Röntgenaugen« auf den Text sah. Unterstützung, die zu der Thematik und der Entwicklung des Buches im Hintergrund beitrug, bekam ich von meinen beiden langjährigen Supervisoren: Dr. med. Thomas Hartung, mit dessen Hilfe ich mir noch einmal die Bindungstheorie verdeutlichte und dessen liebe- und humorvoll klarer Blick auf die menschliche Psyche auch eine wichtige Unterstützung in meinem beruflichen Alltag darstellt. Und Danke an Dipl.-Psych. Martina Thiedt-Schütte, die mich umsichtig über manche tückische Klippe im Umgang mit meiner Autorenrolle führte.

Mein Interesse an der Psychologie des Alltags und deren Erforschung aber hat meine Lehrerin Frau Prof. Dr. Eva Jaeggi in mir geweckt und zum Blühen gebracht. Dafür und für die vielen inspirierenden Stunden mit Dir danke ich Dir herzlich.

James E. Lieberman (Washington) hat mich mit dem Werk Otto Ranks und insbesondere mit dessen Theorie über die Bedeutung des Trennens in der Willensentwicklung des Menschen in Berührung gebracht, wofür ich ihm sehr dankbar bin.

Spannende Gespräche mit PN über Lifestyle und Lebensgefühl schenkten mir nützliche Informationen für das Verständnis ihrer jungen Generation und die eine oder andere Anregung zu einer Geschichte. Vielen Dank, bis zum nächsten Mal.

Bei der Manuskripterstellung und bei den täglichen Korrekturen hat mich auch dieses Mal wieder Bettina Aders mit unermüdlicher und altbewährter Geduld und mit Verständnis für manchen Irrweg begleitet. Ich bin ihr herzlich für all ihre Mühe, Sorgfalt und gute Laune in der Arbeitsphase dankbar.

Gerne bedanke ich mich bei Dagmar Olzog vom Kösel-Verlag, von der ich in anregenden Gesprächen tatkräftige Ermunterung bekam, über die »kleinen Abschiede« im Alltag ein Buch zu schreiben, und unter deren Betreuung und Herausforderung sich Inhalt und Stil des entstehenden Buches immer mehr verändern und entwickeln konnten, und mir die Arbeit daran viel Spaß machte. Ich danke ihr von Herzen für ihr Vertrauen, dass jemand, der bisher nur wissenschaftlich schreiben konnte, auch ein unterhaltsames und populär geschriebenes Buch verfassen kann.

Meinem Lektor Gerhard Plachta danke ich für seine aufmerksame Begleitung. Dem Kösel-Verlag danke ich insgesamt für seine freundliche Unterstützung.

Der weite Blick auf das Meer von Frithjofs und Sigrids Terrasse in Südafrika in den frühen Morgenstunden war eine wichtige Energiequelle und ein Ort kontemplativer Ruhe zum Schreiben in der Zeit, als ich über den einleitenden Theoriekapiteln brütete. Vielen Dank Euch dafür.

Vor allem aber bedanke ich mich bei Bertram Müller, meinem Mann. Ohne Dich und all unsere intensiven Diskussionen um die Themen des Willens, der Trennungskompetenz, der Kunst des Abschiednehmens und des Neubeginnens, die uns in den letzten Jahren beschäftigt haben, hätte ich nicht darüber zu schreiben begonnen, geschweige denn die mühevolle Arbeit im »Steinbruch der Wörter« so mit Freude durchhalten können. Ich danke Dir für alle Gespräche, die Ermutigungen und Anregungen, und auch dafür, dass Du mir in Zeiten großer Anstrengung immer wieder eine heiße Nudelsuppe an den Schreibtisch brachtest.

Dr. phil. Johanna Müller-Ebert,
Düsseldorf, im Frühjahr 2007

Test: Welcher Trennungstyp bin ich?

Welchen Trennungs- oder Beendigungsstil bevorzugen Sie?

Die folgenden Fragen können Ihnen dabei helfen, Ihren eigenen Trennungstyp zu ermitteln. Wenn eine Frage auf Sie zutrifft, kreuzen Sie bitte den zugehörigen Buchstaben in der rechten Spalte an. Trifft eine Frage nicht zu, gehen Sie weiter zur nächsten Frage. Danach zählen Sie zusammen, wie oft Sie jeden Buchstaben ausgewählt haben. Der am häufigsten gewählte Buchstabe entspricht dem von Ihnen bevorzugten Trennungsmuster und zeigt Ihren Trennungstyp.

Die Typologie entsteht aus einer Abstraktion. Deshalb kommen die genannten Trennungstypen selten in reiner Form vor. Sollten Sie in zwei oder sogar mehreren Kategorien die gleiche oder eine ähnlich hohe Punktzahl erreichen, so haben Sie Eigenschaften beider oder verschiedener Typen in sich vereint.

Um keine Irritationen aufkommen zu lassen: »Der Rückversicherer« und »Der unzufriedene Aussitzer« aus dem Text sind in diesem Test in der Auswertung in einem Typ zusammengefasst (»Der rückversichernde Typ/Der Aussitzer«). Ebenso sind der »Take-off-Süchtige oder: Der Zugvogel« und »Monsieur Adieu« aus dem Text hier im Test ebenfalls in einem Typ vereint: im »bindungsängstlichen Typ: Der Zugvogel oder Monsieur Adieu«.

1. Ist es Teil Ihrer Lebensphilosophie, dass man sich besser ein Hintertürchen offenhalten sollte, als sich mit Schwung ganz auf das Neue einzulassen? **C**
2. Bewegen Sie sich häufiger im Internet und besonders gerne in Chatrooms? **D**
3. Lassen Sie sich und anderen angemessene Zeit dafür, um herauszufinden, was eine anstehende Trennung oder Veränderung für den Einzelnen bedeutet und was letztlich für jeden zu tun ist? **F**
4. Finden Sie leicht Gründe dafür, warum irgendeine Änderung zurzeit überhaupt nicht gut für Sie ist? **C**
5. Geben Sie anderen ganz gern Ratschläge, was bei einer Trennung oder Veränderung am besten zu tun sei? **B**
6. Halten Sie sich für eine Person, die sich relativ schnell auf etwas Neues einlassen kann, noch bevor Sie etwas zu Ende gebracht haben? **E**
7. Empfinden Sie vor einer bevorstehenden Trennung oder Veränderung ein verunsicherndes Gefühl, dass Sie plötzlich nicht mehr wissen, wie Trennen eigentlich geht? **A**
8. Sind Sie jemand, der am Gewohnten so lange festhält, bis sich wie von selbst irgendetwas Besseres anbietet? **A**
9. Ziehen Sie sich aus Beziehungen konsequent zurück, wenn Sie für sich keinen Nutzen mehr darin sehen? **E**
10. Legen Sie sich ungern auf einen Termin fest und kommen zu Verabredungen häufig zu spät, weil Sie solche Termine häufig wie einen lästigen, Ihre Freiheit beeinträchtigenden Zwang erleben? **E**
11. Denken Sie selten daran, eine alte Freundschaft zu pflegen? **D**
12. Kennen Sie die Erfahrung oder die Vorstellung, dass Sie beim Trennen oder Weggehen relativ bald nichts mehr vom Zurückgelassenen wissen wollen oder brauchen? **E**
13. Mischen sich in Ihre Gefühle des Abschiednehmens und der Dankbarkeit auch zunehmend Gefühle von Aufregung und Vorfreude auf das Neue ein? **F**

14. Verfügen Sie bei Abschied und Trennung über einzelne konkrete Rituale, zum Beispiel ein feierliches Abschiedsessen oder eine Party, Gespräche über Vergangenes und Neues? **F**
15. Kennen Sie es von sich, dass Sie oft viel zu lange im Büro oder bei der Arbeit bleiben, anstatt sich zeitliche Grenzen zu setzen? **B**
16. Sprechen Sie gegenüber anderen Beteiligten von sich aus auftauchende Änderungs- oder Trennungsabsichten offen an? **F**
17. Ergreift Sie ein Gefühl von sentimentaler Verbundenheit mit Ihrer Heimat oder mit nahen Angehörigen eher dann, wenn Sie verreist sind, als wenn Sie zu Hause oder im Kontakt sind? **E**
18. Für Sie steht eine wichtige Änderung bevor: Haben Sie in starkem Maße die Neigung, sich Rat und Unterstützung von anderen zu holen? **A**
19. Macht man Ihnen manchmal den Vorwurf, dass Sie nicht deutlich sagen, was Sie brauchen, und stattdessen lieber klagen? **C**
20. Würden andere über Sie sagen, dass Sie jemand sind, der Probleme mit Bindung hat und der sich offenbar nur schwer auf eine feste Beziehung einlassen kann? **E**
21. Gehören Sie in Ihrem Freundes- oder Kollegenkreis eher zu den Trendsettern, die als Erste das neue Handymodell, den coolen PC oder das angesagte Restaurant kennen? **E**
22. Sind Sie schnell enttäuscht oder fühlen Sie sich verlassen, wenn gerade mal niemand Zeit für Sie hat? **A**
23. Kennen Sie es beim Aufbrechen von zu Hause, dass Sie gerade dann noch etwas Neues anfangen, wie zum Beispiel Telefongespräche führen, wenn der Zeitpunkt zum Weggehen längst gekommen ist? **B**
24. Können Sie sich schnell für etwas Neues begeistern und vergessen Sie dabei manchmal ganz, dass Sie sich für etwas anderes zuvor bereits festgelegt haben? **D**

25. Werden Sie nervös bei dem Gedanken, dass Sie einen Abend oder ein Wochenende ohne feste Pläne verbringen müssten? **A**
26. Verwahren Sie alte Zeitungen mit dem Gedanken, Sie könnten diese ja irgendwann noch einmal lesen? **C**
27. Kennen Sie es von sich selbst, dass Sie bei Einladungen oder einem Fest öfter als Letzter gegangen sind? **B**
28. Sagen Sie sich in Situationen, wo Loslassen oder Wegwerfen anstehen würde: »Das behalte ich lieber, vielleicht brauche ich es später noch einmal?« **C**
29. Verabreden Sie sich schnell oder sprechen Einladungen aus und vergessen Sie es dann öfter, den Termin einzuhalten? **D**
30. Haben Sie Angst, das Wichtigste zu verlieren, wenn Sie sich jetzt davon lösen? **B**
31. Halten Sie Beziehungen auch dann immer noch aufrecht, wenn Sie sie längst als ausgehöhlt oder sogar langweilig erleben? **A**
32. Ist es Ihnen in der Regel lieber, wenn andere für Sie Entscheidungen treffen? **A**
33. Schaffen Sie es, dem alten Arbeitsbereich nicht allzu lange nachzutrauern, wenn Ihnen ein neuer Arbeitsbereich zugewiesen wird? **F**
34. Geben Sie anderen schon mal gerne unaufgefordert Ratschläge, wenn jemand Ihnen etwas erzählt? **D**
35. Fühlen Sie sich schnell gelangweilt oder gereizt, wenn andere etwas erzählen und im Mittelpunkt stehen oder wenn man Ihnen vorschlägt, etwas zu unternehmen, was Sie schon kennen? **E**
36. Haben Sie öfter das Gefühl, Sie müssten Rücksicht auf andere nehmen, wenn Sie sich eigentlich für Loslassen entschieden haben, das dann aber nur halbherzig tun? **C**
37. Planen Sie einen Abschied oder das Loslassen von etwas akribisch durch, bevor Sie es in die Tat umsetzen? **C**
38. Machen andere Ihnen manchmal den Vorwurf, Sie seien unzuverlässig? **D**

39. Sind Sie jemand, der aktiv und bewusst damit umgeht, wenn ein Abschied bevorsteht oder etwas Neues ansteht? **F**
40. Schließen Sie sich häufig den Vorschlägen oder Wünschen von anderen an, auch wenn Sie eigentlich andere Bedürfnisse haben? **A**
41. Bereiten Sie Trennungen und den Schritt ins Neue durch einzelne praktische, konkrete Handlungen vor? **F**
42. Können Sie Gebrauchsgegenstände oder nicht mehr benötigte Kleidungsstücke leicht entsorgen? **F**
43. Scheuen Sie eine neue Herausforderung, weil Sie Angst haben, diese nicht perfekt erledigen zu können? **B**
44. Finden Sie schnell Kontakt, wundern Sie sich aber, dass Ihre Freundschaften nie von langer Dauer sind und sich die anderen häufig von Ihnen zurückziehen? **D**
45. Fürchten Sie, dass andere Sie vergessen könnten, wenn Sie nicht etwas ganz Persönliches als Erinnerungsstück zurücklassen? **C**
46. Warten Sie bei einer offensichtlich unvermeidlichen Trennung so lange, bis ein anderer diese schließlich aktiv vollzieht und sie quasi für Sie mit erledigt? **B**
47. Haben Sie schon öfter von Ihren Mitmenschen einen Satz gehört wie: »Jetzt komm doch endlich mal in die Gänge«? **B**
48. Sind Sie jemand, der beim Abschied schnell den Bahnsteig oder die Flughalle verlässt, bevor der Zug mit dem Freund oder Angehörigen abfährt? **D**

Testauswertung

Typ A: Der anhängliche Typ

Abschied und Trennen sind eher ungeliebte Erfahrungen für Sie. Wenn Sie ehrlich mit sich sind, macht Ihnen das sogar ein bisschen Angst. Sie strengen sich an, um gute Leistungen zu bringen, Anerkennung von anderen zu bekommen und hoffen, dass dadurch die von Ihnen gefürchtete Trennung nicht eintritt. Sie verfügen über einen Vorrat von vielerlei wichtigen Dingen und können anderen in der Not immer mit etwas Passendem aushelfen. In Ihrer Wohnung horten Sie viele Erinnerungsstücke an frühere Lebensabschnitte oder Reisen. Am liebsten sind Sie mit Ihren Freunden oder der Familie zusammen. Sie sind eigentlich nicht gern allein. Sie pflegen alte Freundschaften, auch wenn es manchmal nicht mehr viel zu sagen gibt. Man kann sich auf Sie verlassen, oft viel zu sehr. Reisen unternehmen Sie gern vor allem an bekannte Orte, wenn sich das Ziel einmal bewährt hat – warum ein Risiko eingehen?! Ein bisschen mehr Mut zum Neuen und Unbekannten könnte Bewegung in Ihr Leben bringen.

Typ B: Der zögerliche Typ

Sie würden ja gerne alles anders machen, wenn es nur nicht »so schwierig wäre« und möglicherweise unvorhersehbare Folgen für Sie hätte. Außerdem haben Sie insgeheim auch die Angst, von anderen verlassen zu werden oder etwas Wichtiges zu verpassen. Die unvermeidlichen Unwägbarkeiten beim Übergang zu etwas Neuem und die dabei entstehende Leere erleben Sie eher als unangenehm. Deshalb beginnen Sie zum Beispiel beim Verabschieden immer gern wieder ein neues Thema, verwickeln Menschen in lange Gespräche oder nicht enden wollende Telefonate. Sie schieben den Aufbruch für Verabredungen hinaus, weil Sie befürchten, etwas auch noch Wichtiges nicht mitzubekommen, wenn Sie sich zu »überstürzt« trennen. Deshalb fühlen Sie sich auch öfter hin- und hergerissen zwischen zwei Zielen und können sich nicht entscheiden, was im Augenblick am besten für Sie passt. Sie würden gern beides behalten oder gleichzeitig tun.

Sie kosten gern alles bis zum Schluss und darüber hinaus aus. Sie sind ziemlich zuverlässig und man kann Sie nach Jahren oft noch am selben Ort oder unter derselben Telefonnummer erreichen.

Typ C: Der rückversichernde Typ / Der Aussitzer

Sie wirken aufgeschlossen und interessiert und sehen von einem sicheren Abstand aus neugierig auf die sich verändernde Welt. Auf Sie ist Verlass. Manchmal wagen Sie auch einen Ausflug ins Unbekannte, wenn es die Umstände von Ihnen erfordern, wie zum Beispiel bei einem Umzug wegen Arbeitsplatzwechsel. Aber Sie gehen nicht weg, ohne sich vorher nicht ausreichend Rückkehrmöglichkeiten gesichert zu haben. Sie nehmen gern Ihre Freunde in Anspruch, damit diese sich vor allem um all die Dinge kümmern, von denen Ihnen der Abschied schwerfällt: So stellen Sie vielleicht Ihr Fahrrad oder Ihre Möbel unter, sichern sich durch das Behalten eines Hausschlüssels noch lange Zugang zu einer einstmals gemeinsamen Wohnung. Sie versichern gern allen, dass Sie sie bestimmt oft besuchen werden. Im Umgang mit anderen beharren Sie oft darauf, wie etwas zu sein hat, aus Angst, dass etwas Unvorhergesehenes geschehen könnte.

Typ D: Der flüchtige Typ / Der Beziehungssurfer

Sie haben gern Abwechslung, sind ständig in Bewegung und lieben es, wenn immer wieder etwas Aufregendes und Neues passiert. Das zieht Sie magisch an. Vage Ideen sind Ihnen lieber als der Alltagstrott. Sie können leicht von einem Thema zum anderen »surfen« und geraten oft vom »Hölzchen aufs Stöckchen«. Sie telefonieren viel und sind auch gern unterwegs, vor allem auch im Internet. Für andere sind Sie in der Regel sehr unterhaltsam und haben viel zu erzählen, bleiben aber selten länger bei einem Thema. Dabei kann es passieren, dass Sie übersehen, dass Ihre Freunde oder Partner Teil Ihres Alltagslebens sind und selbst auch etwas mehr Stetigkeit von Ihnen erwarten. Sie vergessen dann schon einmal, dass Sie mit anderen in Ihrer ersten Begeisterung etwas abgesprochen oder Pläne geschmiedet haben, und die Freunde warten vergeblich auf Sie. Dann sind Sie häufig verwundert, warum sich Bekannte zurückziehen. Manchmal vermissen Sie sie dann, aber Sie fragen auch nicht nach, weshalb sie sich nicht mehr melden.

Typ E: Der bindungsängstliche Typ: Der Zugvogel oder Monsieur Adieu

Sie sind gern auf der Suche nach perfekten Lösungen, Beziehungen oder Events, weshalb Sie nie lange auf einer Stelle verweilen. Sie trachten danach, sich selbst zu vervollkommnen und perfekt zu sein. Sie statten sich gern mit neuestem Equipment aus, wie PC, Medien oder Mode. Ebenso sind Sie auf der Suche nach interessanten Menschen und nicht zuletzt nach deren Bestätigung. Obwohl Sie sich selbst nicht gerne festlegen lassen, erwarten Sie von anderen ungeteilte Aufmerksamkeit für Ihre Themen oder neuesten Vorhaben. Geschieht dies nicht sofort, ziehen Sie sich schnell zurück. Bei Verabredungen bleiben Sie lieber unverbindlich und berufen sich auf Spontaneität, weil Sie fürchten, etwas noch »Cooleres« zu verpassen oder auf etwas festgelegt zu werden, das Sie so nicht weiter interessiert. Sie können sich eher für neue Ideen, besonders für Ihre eigenen, begeistern, als sich auf Vorschläge von anderen einlassen. Überhaupt haben Sie mehr oder weniger bewusst Angst, sich einzulassen oder gar zu anderen eine längere Beziehung einzugehen, denn Sie könnten dann von jenen für immer festgehalten oder plötzlich verlassen werden.

Typ F: Der trennungskompetente Typ

Sie haben einen gut ausgeprägten Sinn dafür, wann eine Trennung bevorsteht oder eine Sache angemessen zu Ende geht. Sie spüren, wenn etwas reif ist und es Zeit wird für ein baldiges Ende oder für eine »Ernte« oder für die Vorbereitung zu einem Übergang zum Nächsten oder zur neuen Sache. Durch die eine oder andere selbst durchlebte Trennung haben Sie gelernt, wie man bei sich selbst und anderen den Trennungsschmerz mildern, wie man die unvermeidlichen Unsicherheiten eines Übergangs bewältigen kann und rechtzeitig Perspektiven für die Zukunft entwickelt. Sie können Trennungserfahrungen von anderen nutzen, müssen nicht alles selbst erfinden und bei Bedarf fragen Sie auch um Hilfe. Sie haben einen praktischen Sinn für den Grundprozess des Lebens, des täglichen »Stirb und Werde«.

Anmerkungen

Einleitung

1 Der Wissenschaftler Joachim Bauer zeigt, wie intuitive Kommunikation mit unserem Bindungsbedürfnis verknüpft ist. Das Gefühl von intuitivem Verstandensein wird dem Kind früh in der Entwicklung durch die Spiegelungen der Bezugspersonen vermittelt und entspricht »beim Neugeborenen einem emotionalen und neurobiologischen Grundbedürfnis«. »Das frühe Spiel mit spiegelnden Imitationen schafft die Grundlage dessen, was Daniel Goleman als emotionale Intelligenz beschrieben hat.« Nach: Bauer, Joachim (2005): *Warum ich fühle, was du fühlst. Intuitive Kommunikation und das Geheimnis der Spiegelneurone*, Hamburg: Hoffmann und Campe, S. 61 ff.

Unter Resonanz versteht man in der Neurobiologie die Reaktion unserer handlungssteuernden Nervenzellen. Jede ausgeführte willentliche Tat beginnt mit einer Aktivierung der Handlungsneuronen. Erst danach werden die Bewegungsneuronen aktiviert. Aber nicht jede Aktivität der Handlungsneuronen löst eine Handlung aus, es kann beim Handlungsgedanken, also lediglich bei der Vorstellung einer Aktion bleiben, die sich dann als Handlungsmuster abspeichert. Ebd., S. 36

Teil 1: Vom Binden und Trennen

1 Nach Bowlby, J. (1973): *Attachment and Loss, Vol. II. Separation: Anxiety and Anger*, New York: Basic Books, S. 303

2 Dabei erforschte Bowlby besonders die Bindungsqualitäten des Säuglings mit dem Experiment der sogenannten fremden Situation: In einer zeitlich und inhaltlich festgelegten Episode verlässt die Mutter zweimal den Raum, in dem sie sich mit dem Kind aufgehalten hat und kehrt nach wenigen Minuten der Trennung wieder zurück. Die Experimente zeigten, dass die Trennung von der Mutter das Kind erwartungsgemäß in starke emotionale Erregung versetzte. Bowlby und seine Mitarbeiter beobachteten erhebliche Stressreaktionen beim Kind, die immer wieder in der gleichen Reihenfolge abliefen: Wenn die Mutter sich entfernt hatte, verfiel der Säugling zunächst in eine Starre von Angst und Panik, als Zweites äußerte er Protest, Zorn und Wut gegen den Verlust der Mutter. Folgte auf den Protest keine Reaktion und wurde das Kind weiterhin allein gelassen, so verfiel es in »Verzweiflung und Apathie« und stellte sich quasi nach einer Weile wie »tot«. Der Säugling ist dabei erschöpft von seinen Anstrengungen und zieht sich schließlich in sich zurück.

Das Kind ist immer ein aktiver Interaktionspartner für die Mutter und signalisiert ihr seine Bedürfnisse nach Nähe und Schutz. Auch andere Bindungsforscher wie der deutsche Wissenschaftler Karl-Heinz Brisch fordern deshalb, die Bezugsperson des Kindes müsse mit »feinfühligem Verhalten« die Signale des Kindes aufnehmen, angemessen entschlüsseln und mit Nähe, Zureden oder anderen, ähnlich stützenden Interaktionen darauf reagieren, um ihre Bindung zum Kind damit zu manifestieren. Siehe auch Brisch, K. H. (2001): *Bindungsstörungen. Von der Bindungstheorie zur Therapie,* Stuttgart: Klett-Cotta, S. 36

3 Nach Bowlby, J. (1973): a. a. O., S. 305

4 Nach Bowlby, J. (1995): *Elternbindung und Persönlichkeitsentwicklung,* Heidelberg: Dexter

5 Im Bereich der Kleinkindforschung haben sich neben Bowlby, Bion und Mahler eine Vielzahl von Theoretikern mit der frühen Mutter-Kind-Beziehung und deren Auswirkungen auf das Bindungs- und Beziehungsverhalten des Kindes beschäftigt (zum Beispiel die Psychoanalytiker Sigmund Freud, Donald Winnicott, Melanie Klein oder Michael Balint; die sogenannten Objektbeziehungstheoretiker wie Kohut und andere oder die »Babywatcher« wie Daniel Stern).

6 Nach Mahler, M. S., Pine, F., Bergman, A. (1980): Die *psychische Geburt des Menschen. Symbiose und Individuation,* Frankfurt/Main: S. Fischer, S. 263

7 Nach Erikson, Erik H. (1988): *Der vollständige Lebenszyklus*, Frankfurt/Main: Suhrkamp

In diesem Zusammenhang ist ein Blick auf die Überlegungen von Erik H. Erikson zur Entwicklung von Identität nützlich. Erikson beschrieb, dass sich der menschliche »Lebenszyklus« in »verschiedenen Stufen« entfaltet und dass auf jeder Stufe bestimmte Entwicklungsaufgaben gelöst werden müssten. Werden diese Aufgaben auf der jeweiligen Stufe nicht bewältigt, so können sich daraus gravierende Defizite für die Weiterentwicklung zum Beispiel vom Schulkind hin zum Pubertierenden oder vom Pubertierenden hin zum jungen Erwachsenen oder gar bis in die Phase der Reifeaufgaben im Erwachsenenleben ergeben.

Die Entwicklungsphase, die Mahler als »Wiederannäherungskrise« und den ersten »Wiederannäherungskampf« beschreibt, nennt Erikson »frühe Kindheit und Spielalter«. In seiner Theorie steht in dieser Phase die Erlangung von Autonomie und die Entwicklung eines elementaren Willens im Mittelpunkt. Unter Willensentwicklung ist hier zu verstehen, dass das Kind versucht, ab und zu unabhängig von der Mutter zu handeln. Je nachdem, wie die Umwelt auf seine Willensäußerungen reagiert, hat das Kind in dieser Phase der Selbstständigkeitsentwicklung die Wahl zwischen zwei entgegengesetzten Reaktionsweisen: »sich entweder völlig mit seinen rebellischen Impulsen zu identifizieren (und zu versuchen, diese durchzusetzen) oder wieder ganz abhängig von der Mutter zu werden, indem es den Willen der anderen zu seinen eigenen Zwängen macht«. In unserem Beispiel bedeutet das, dass das Kind in dieser Phase bereits lernt, gegeneinander abzuwägen, ob es der Tendenz zur Autonomie folgt oder der Tendenz zum Verharren und sich auf das Gewohnte zurückzieht, das heißt, sich willentlich abzugrenzen oder sich zu binden lernt, entsprechend seinen Wünschen oder Vorstellungen.

8 Nach Yalom, I.D. (1989): *Existentielle Psychotherapie*, Köln: Edition Humanistische Psychologie, S. 350ff.

9 Nach Rank, O. (1982): *Beyond Psychology*, New York: Dover Books

10 Rank meint mit dem Begriff »Willen« nicht etwa Egoismus oder Eigensinn, sondern definiert den Willen als eine sich selbst gestaltende kreative Triebkraft. Denn bewusstes Wollen ist eine Voraussetzung dafür, sich zu binden oder zu trennen. Vgl. Rank, O. 1982: a. a. O.

11 Nach Perls, F., Hefferline, R., Goodman, P. (1979): *Gestalt-Therapie: Wiederbelebung des Selbst,* Stuttgart: Klett-Cotta

12 Wertheimer, M. (1945): *Produktives Denken,* Frankfurt/Main: Waldemar Kramer, Nachdruck 1964: New York/London: Harper & Brothers

13 Perls, L. (1989): *Leben an der Grenze. Essays und Anmerkungen zur Gestalttherapie,* Köln: Edition Humanistische Psychologie

Das Ehepaar Fritz und Laura Perls richtete sein Augenmerk darauf, auf welche Weise in der Vergangenheit frühere nicht abgeschlossene Erfahrungen und Konflikte, sogenannte unerledigte Situationen, in der Gegenwart immer wieder in den Vordergrund kommen, nach Lösungen drängen und dadurch die Aufmerksamkeit des Klienten bei der Bewältigung seiner gegenwärtigen Beziehungen oder Prozesse behindern. Das kann sich beispielsweise darin äußern, dass jemand bei einer neuen Begegnung im Hier und Jetzt durch eine nicht bewältigte Ablösung von Vater oder Mutter oder durch eine nicht verarbeitete negative Erfahrung in der Vergangenheit von alten Gefühlsreaktionen gestört wird. Er versucht deshalb immer wieder in der gegenwärtigen Situation mit den damals als wirksam erlebten, heute aber unzweckmäßigen Verhaltens- und Lösungsversuchen wie zum Beispiel Unterordnung, Rebellion oder Trotz zu reagieren.

14 Fritz Perls führt es so aus: »Man versteht unter einer unfertigen Gestalt eine unerledigte Situation, die Aufmerksamkeit erheischt und die Bildung einer neuen, lebendigen Gestalt stört. An Stelle von Wachstum und Entwicklung finden wir Stagnation und Regression.« Nach Perls/Hefferline/Goodman, a. a. O., S. 12

15 Fersengeld: Freiherr von Fersen bezahlte Schutzhusaren, die während der Französischen Revolution die Flucht des Königs von Frankreich vor der Guillotine begleiten sollten. Die Husaren strichen das Geld ein, verschwanden aber dann, ohne ihre Arbeit zu verrichten und dem König den versprochenen Schutz zu geben. Der König konnte deshalb gefangen genommen werden und endete auf dem Schafott.

16 Seminar zur »Theorie der Gestalttherapie«, Berlin 1997

17 Wilde, O. (1997): *Das Bildnis des Dorian Gray,* München: dtv

18 Siehe auch Spierings, J. (2004): *EMDR und Trauer,* Joany Spierings und HAP Europa

19 Im Film *Thelma und Louise* ist dies humorvoll gezeigt.

Teil 2: Geschichten vom Aufhören und Loslassen im Alltag

1 Nach »Die Grille und die Ameise«: Fabel von J. de La Fontaine (o. J.): *Die Fabeln. Gesamtausgabe in deutscher und französischer Sprache,* Wiesbaden: Emil Vollmer

2 In Köln gibt es sogenannte Stoffwechselpartys, bei denen man meist im Bekanntenkreis zusammenkommt, um Kleidungsstücke zum Tausch anzubieten, die man ausrangieren möchte. Wenn am Ende des Abends Kleidungsstücke übrig bleiben, werden diese kirchlichen Einrichtungen gespendet. (WDR 5, August 2006)

3 Siehe auch: Polster, E., Polster M. (1990): *Gestalttherapie. Theorie und Praxis der integrativen Gestalttherapie,* Frankfurt/Main: S. Fischer, S. 79 ff.

4 Siehe auch: Perls/Hefferline/Goodman, a. a. O., S.13 ff.

5 Stork, E. (1997): *Logistik im Büro. Unordnung kostet Geld,* Weinheim/Basel: Beltz

Edith Stork reiste als eine der ersten »Ordnungsberaterinnen« in der gesamten Republik, um mit starker Medienwirksamkeit für den Ordnungsminimalismus zu plädieren und den Büroalltag mit neuen Regeln über Ordnung zu entzerren.

6 Siehe auch: Kuegler, S. (2005): *Dschungelkind,* München: Droemer Knaur

7 Levine, R. (1997): *Eine Landkarte der Zeit. Wie Kulturen mit Zeit umgehen,* München: Piper

8 Geissler, K. A. (1996): *Zeit. Verweile doch, du bist so schön,* Weinheim: Beltz

9 Paul Watzlawick hat dazu einige sehr humorvolle Situationen in seinem Buch *Anleitung zum Unglücklichsein* formuliert: Watzlawick, P. (2005): *Anleitung zum Unglücklichsein,* München: Piper

10 Nach Perls, F. (1973): *Grundlagen der Gestalttherapie,* München: Pfeiffer

11 Internetzugriff: www.swr.de am 19.03.2006

12 Siehe vergleichende Studie der Familienkommission der Bundesregierung zur Vereinbarkeit von Familie und Beruf im europäischen Vergleich, Mai 2005, sowie Statistisches Bundesamt (2002)

13 Papastefanou, C. (1997): *Auszug aus dem Elternhaus. Aufbruch und Ablösung im Erleben von Eltern und Kindern,* München: Juventa

14 *Frankfurter Rundschau* vom 4.5.2005: »Deutsche Männer wollen Karriere statt Kinder. Später Auszug aus dem Hotel Mama«

15 Statistisches Bundesamt (Hrsg.) (2002): *Datenreport 2002. Zahlen und Fakten über die Bundesrepublik Deutschland.* In Zusammenarbeit mit dem Wissenschaftszentrum Berlin und dem Zentrum für Umfragen, Methoden und Analysen, Mannheim: Schriftenreihe, Bd. 376. Bundeszentrale für politische Bildung, weitere Quelle: Internetzugriff: www.parentingteens.about.com am 22.3.2006

16 Siehe zum Beispiel die Eifel-Krimis von Jacques Berndorf, Dortmund: Grafit

17 Nach Bauer, J. (2005): a.a.O.

18 In diesem Kapitel soll nicht die Problematik von Migration erörtert werden, sondern sollen Beispiele gezeigt werden, wie sich eine Trennung vom Herkunftsland, sei sie bewusst oder unbewusst, im Alltagsleben Raum verschaffen kann.

19 Tucholsky, K. (1980 [1930]): »Ratschläge an einen schlechten Redner« in, *Gesammelte Werke, Bd. 8*, Reinbek: Rowohlt

20 Ein Artikel zum Thema »Schöne neue Arbeitswelt: Risiken und Nebenwirkungen« im *report psychologie*, (S. 260–266, Juni 2005) beschreibt, dass ein Arbeitnehmer in der Regel durchschnittlich nach fünf Jahren von einer Entwertung seines spezifischen Fachwissens und der eigenen Kompetenzen ausgehen muss.

21 Emile Zola berichtet bereits in seinem 1883 erschienenen Roman *Das Paradies der Damen* vom Leben der Angestellten im ersten großen Pariser Warenhaus und über die willkürliche Behandlung der Verkäuferinnen des Kaufpalastes sowie über unberechenbare plötzliche Kündigungen des Personals, die sich kaum von den heutigen Berichten zu unterscheiden scheinen:

Zola, (2005 [1883]): *Das Paradies der Damen*, Frankfurt/Main: S. Fischer

22 *Rheinische Post* vom 16.6.2005

23 *Frankfurter Rundschau* vom 18.6.2005

24 Zu Kränkungskonflikten siehe: Wardetzki, B. (2005): *Kränkung am Arbeitsplatz. Strategien gegen Missachtung, Gerede und Mobbing,* München: Kösel

25 Müller-Ebert, J. (2001): *Trennungskompetenz. Die Kunst, Psychotherapien zu beenden,* Stuttgart: Klett-Cotta

26 Nach Rank, O. (2006): *Technik der Psychoanalyse, Bd. 2,* Gießen: Psychosozial

27 Ein neuerer Coachingführer aus der Beratungsliteratur macht sich ein ähnlich eindrückliches Szenario zunutze, nämlich das des Fischmarktes von Seattle, um daran die Strategien eines guten Managements zu zeigen:

Lundin, S., Paul, H., Christensen, J. (2004): *Fish! Ein ungewöhnliches Motivationsbuch,* München: Goldmann

28 Nach Yalom, I. D. (2000): *Die Reise mit Paula,* München: Goldmann btb

29 Jaeggi, E. (2001): *Viel zu jung, um alt zu sein. Das neue Lebensglück ab sechzig,* Reinbek: Rowohlt
Die Autorin nimmt in ihrem Buch ausführlich Stellung zu den angesprochenen Themen.

30 Japanische Frauen fürchten den Ruhestand ihres während des Arbeitslebens oft bis zu 18 Stunden täglich abwesenden Ehemanns so sehr, dass sie häufig prophylaktisch zu seinem Pensionsbeginn die Scheidung einreichen (vgl. *Brigitte,* Juni 2006).

31 Ebd.

32 Perls, F. (1973): a. a. O. Vgl. dort das Motto »Gestaltgebet«.

Teil 3: Trennungsrituale – Trennungshandlungen – Trennungsgesten

1 Internetzugriff: www. wikipedia.de, Ritus 6.8.2006

2 Nach Turner, V. (1989): *Das Ritual. Struktur und Anti-Struktur,* Frankfurt/Main, New York: Campus

3 Nach Gennep, A. v. (1986): *Übergangsriten,* Frankfurt/Main, New York: Campus

4 Diese Junggesellenfeiern sind in den angelsächsischen Kulturen im Gegensatz zu den bei uns eher sporadisch stattfindenden Feiern ein fester Bestandteil des Hochzeitsrituals und von dort auch zu uns gekommen. Sie enden bei beiden Geschlechtern in deftigen Alkoholexzessen.

5 Wenn man damit in übersteigerter Form zu kämpfen hat, sollte man überlegen, professionelle Hilfe aufzusuchen, damit diese extremen Ritualisierungen nicht zu einer psychischen Behinderung im Alltag werden.

6 Müller-Ebert, J. (2001): a. a. O., S. 132

7 Die »Deutsche Gesellschaft für zeitgemäße Rituale« hat in Zusammenarbeit mit dem »tanzhaus nrw« (Düsseldorf) eine besondere Familienfeier als Trennungs- und Übergangsritual vom Jugendlichen zum jungen Erwachsenen entwickelt, die »Merlination«.

Jugendliche wie auch ihre Eltern finden oft keine angemessene Form für diese für beide Seiten so wichtige schrittweise Loslösung und für den Übergang in eine neue Identität und Beziehungsform. Die Folge ist häufig am Ende eine schmerzvolle, weil nicht gemeinschaftlich gestaltete und vollzogene Trennung oder eine ungesunde Verlängerung der psychischen und sozialen Eltern-Kind-Beziehung.

Eine Merlination richtet sich an Jugendliche zwischen 14 und 18 Jahren und deren Eltern, die bereit sind, aktiv an der Loslösung aus bisherigen Rollen und Selbstdefinitionen und an einer Neudefinition familiärer Beziehung mitzuwirken.

Unter Merlination verstehen die Düsseldorfer Veranstalter eine durch die Jugendlichen und ihre Eltern (mit Unterstützung eines dafür fachlich qualifizierten »Merlin-Moderators«) vorbereitete und individuell gestaltete Feier, die den Übergang von der Kindheit ins junge Erwachsenenalter markiert und gemeinschaftlich vollzieht. Die eigentliche Merlinationsfeier ist der Höhepunkt dieses gemeinschaftlich gestalteten Transformationsprozesses der zu überwindenden Selbstdefinition wie Kind/Kind-Eltern zur gewählten Neudefinition des jungen autonomen Erwachsenen und seiner Eltern. Jede Merlination ist eine Neuschöpfung, die die jeweiligen individuellen Besonderheiten des Teilnehmers berücksichtigt.

In der gemeinsamen Vorbereitungsphase arbeiten Merlinanten und ihre Eltern die besonderen Merkmale ihrer Beziehung und ihrer Selbst- und Fremddefinition heraus. Dabei werden drei Aspekte in besonderer Weise betrachtet:

- die individuelle schöpferische Selbstbestimmung (individueller Aspekt),

- die Kompetenz zur kreativen Gestaltung sozialer Kommunikation (sozialer Aspekt),
- die Konkretisierung der Mitverantwortung des Einzelnen für den Erhalt der kollektiven und globalen Ressourcen und der humanen Entwicklungsprozesse in der Welt (transzendentaler Aspekt).

8 Internetzugriff: www.theologischepraxis.de am 22.3.2006

9 Vgl. »Abschied im Guten«, in: *Psychologie heute*, September 2006, S. 51

10 Müller-Ebert, J. (2001): a. a. O., S. 134

11 Solche und andere Übungen, die eine vorübergehende mentale Trennung von belastendem Material ermöglichen, sind ausführlich geschildert bei Luise Reddemann (2001): *Imagination als heilsame Kraft. Zur Behandlung von Traumafolgen mit ressourcenorientierten Verfahren*, Stuttgart: Pfeiffer bei Klett-Cotta

12 In der Theorie der Persönlichkeit der Gestalttherapie werden die unterschiedlichen Anteile von Angst und deren Gewichtung verschiedenen Persönlichkeitsstrukturen zugeordnet, zum Beispiel der depressiven, der zwanghaften, der narzisstischen, der hystrionischen Persönlichkeit. Auf eine Zuordnung der Trennungstypen zu den jeweiligen Persönlichkeitsstörungen habe ich in diesem Zusammenhang verzichtet, weil es hier hauptsächlich um Phänomene gehen soll, mit denen man auch ohne psychotherapeutische Behandlung umgehen lernen kann.

13 Watzlawick, P. (2005): a. a. O.

Watzlawick, P. (2000): *Menschliche Kommunikation. Formen, Störungen, Paradoxien*, Bern: Hans Huber

14 Friedrich Rückert: »Vom Büblein, das überall hat mitgenommen sein wollen.« in: Reiners, L. (Hrsg.) (1955): *Der ewige Brunnen. Ein Volksbuch deutscher Dichtung*, München: C. H. Beck

15 Schachtner, Ch. (1993): *Geistmaschine. Faszination und Provokation am Computer*, Frankfurt/Main: Suhrkamp, S. 132 ff.

16 Der Schauspieler Gérard Depardieu hat in einem Interview in der Wochenendausgabe von *Le Figaro* vom 15./16.7.2006 von einem ähnlichen Phänomen berichtet. Seine Mutter habe am Flughafen in Orly gearbeitet. In den Ferien habe er als Kind dort den ganzen Tag verbracht und beim Starten und Landen der Maschinen von fremden Ländern geträumt. Auch heute müsse er noch immer in Bewegung bleiben, was auch in seiner intensiven Arbeit an seinen verschiedenen Filmrollen beobachtet werden kann.

17 Goethe, J. W. v. (1978): *Faust. Der Tragödie erster Teil,* Stuttgart: Philipp Reclam jun.

18 Ebd., Vers: 1692–1702

19 Nach Rank, O. (1988): *Das Trauma der Geburt und seine Bedeutung für die Psychoanalyse,* Frankfurt/Main: S. Fischer

20 Alice Miller hat in einem anderen Zusammenhang diese Helfer der Kindheit »wissende Zeugen« genannt, die es durch ihre Anwesenheit im Umfeld des Kindes ermöglichen, dass es sich trotz schädigender oder beschränkender Erfahrungen doch gesund entwickeln kann.

Vgl. Miller, A. (1988): *Das verbannte Wissen,* Frankfurt/Main: Suhrkamp

21 Spierings, J. (2004): a. a. O.

22 Hesse, H.: »Stufen« in: Hesse, H. (o. J.): *Die Gedichte. Zweiter Band,* Frankfurt/Main: Suhrkamp

23 Nach Rank, O. (1988): a. a. O.

24 Goethe, J. W. v. (1978): a. a. O., Vers 214 f.

Literaturhinweise

Bauer, J. (2004): *Das Gedächtnis des Körpers. Wie Beziehungen und Lebensstile unsere Gene steuern*, München: Piper

Bauer, J. (2005): *Warum ich fühle, was du fühlst. Intuitive Kommunikation und das Geheimnis der Spiegelneurone*, Hamburg: Hoffmann und Campe

Bion, W. R.: (1992): *Lernen durch Erfahrung*, Frankfurt/Main: Suhrkamp

Bowlby, J. (1973): *Attachment and Loss, Vol. II. Separation: Anxiety and Anger*, New York: *Basic* Books

Bowlby, J. (1995): *Elternbindung und Persönlichkeitsentwicklung*, Heidelberg: Dexter

Brisch, K. H. (2001): *Bindungsstörungen. Von der Bindungstheorie zur Therapie*, Stuttgart: Klett-Cotta

Buchicchio, R. J. (2006): *Taking Space. How to Use Separation to Explore the Future of Your Relationship*, Montpelier VT: CharLer Publishing

Canetti, E. (2005): *Der Ohrenzeuge. Fünfzig Charaktere*, Frankfurt/Main: Suhrkamp

Erikson, E. H. (1988): *Der vollständige Lebenszyklus*, Frankfurt/Main: Suhrkamp

Geissler, K. A.(1996): *Zeit. Verweile doch, du bist so schön*, Weinheim: Beltz

Gennep, A. v. (1986): *Übergangsriten* (Les rites de passage [1909]), Frankfurt/Main, New York: Campus

Goethe, J. W. v. (1978): *Faust. Der Tragödie erster Teil,* Stuttgart: Philipp Reclam jun.

Hesse, H.: »Stufen« in: Hesse, H. (o. J.): *Die Gedichte. Zweiter Band,* Berlin: Suhrkamp

Jaeggi, E. (2001): *Viel zu jung, um alt zu sein. Das neue Lebensgefühl ab sechzig,* Reinbek: Rowohlt

Kuegler, S. (2005): *Dschungelkind,* München: Droemer Knaur

La Fontaine, J. de (o. J.): *Die Fabeln. Gesamtausgabe in deutscher und französischer Sprache,* Wiesbaden: Emil Vollmer

Levine, R. (1997): *Eine Landkarte der Zeit. Wie Kulturen mit Zeit umgehen,* München: Piper

Lundin, S., Paul H., Christensen J. (2004): *Fish! Ein ungewöhnliches Motivationsbuch,* München: Goldmann

Mahler, M. S., Pine, F., Bergman, A. (1980): *Die psychische Geburt des Menschen. Symbiose und Individuation,* Frankfurt/Main: S. Fischer

Mercier, P. (2004): *Nachtzug nach Lissabon,* München/Wien: Hanser

Miller, A. (1988): *Das verbannte Wissen,* Frankfurt/Main: Suhrkamp

Müller-Ebert, J. (2001): *Trennungskompetenz. Die Kunst, Psychotherapien zu beenden,* Stuttgart: Klett-Cotta

Perls, F. (1973): *Grundlagen der Gestalttherapie,* München: Pfeiffer

Perls, F., Hefferline, R., Goodman, P. (1979): *Gestalt-Therapie: Wiederbelebung des Selbst,* Stuttgart: Klett-Cotta

Perls, L. (1989): *Leben an der Grenze. Essays und Anmerkungen zur Gestalttherapie,* Köln: Edition Humanistische Psychologie

Rank, O. (1982): *Beyond Psychology,* New York: Dover Books

Rank, O. (1988): *Das Trauma der Geburt und seine Bedeutung für die Psychoanalyse,* Frankfurt/Main: S. Fischer

Rank, O. (2006): *Technik der Psychoanalyse, Band I-III, Nachdruck der Ausgabe von 1926,* Gießen: Psychosozial

Reddemann, L. (2003): *Imagination als heilsame Kraft. Zur Behandlung von Traumafolgen mit ressourcenorientierten Verfahren,* Stuttgart: Pfeiffer bei Klett-Cotta

Rilke, R. M. (1990): *Sämtliche Werke,* Frankfurt/Main: Insel

Rogers, C. R. (1972): *Die klient-bezogene Gesprächstherapie,* München: Kindler

Rückert, F.: »Vom Büblein, das überall hat mitgenommen sein wollen«, in Reiners, L. (Hrsg.) (1955): *Der ewige Brunnen. Ein Volksbuch deutscher Dichtung,* München: C. H. Beck

Schachtner, Ch. (1993): *Geistmaschine. Faszination und Provokation am Computer,* Frankfurt/Main: Suhrkamp

Spierings, J. (2004): *EMDR und Trauer,* Joany Spierings und HAP Europa

Stein, M. (2004): *In Midlife. A Jungian Perspective,* Putnam, Connecticut: Spring Publications

Stork, E. (1997): *Logistik im Büro. Unordnung kostet Geld,* Weinheim/Basel: Beltz

Theophrast (1974): *Charaktere,* Stuttgart: Philipp Reclam jun.

Tucholsky, K. (1980 [1930]): »Ratschläge an einen schlechten Redner«, in: *Gesammelte Werke, Bd. 8,* Reinbek: Rowohlt

Turner, V. (1989): *Das Ritual. Struktur und Anti-Struktur,* Frankfurt/Main, New York: Campus

Wardetzki, B. (2001): *Mich kränkt so schnell keiner! Wie wir lernen, nicht alles persönlich zu nehmen,* München: Kösel

Wardetzki, B. (2005): *Kränkung am Arbeitsplatz. Strategien gegen Missachtung, Gerede und Mobbing,* München: Kösel

Watzlawick, P. (2005): *Anleitung zum Unglücklichsein,* München: Piper

Watzlawick, P. (2000): *Menschliche Kommunikation. Formen, Störungen, Paradoxien,* Bern: Hans Huber

Wertheimer, M. (1945): *Produktives Denken,* Frankfurt/Main: Waldemar Kramer, Nachdruck 1964: New York/London: Harper & Brothers

Winnicott, D.W. (1995): *Vom Spiel zur Kreativität,* Stuttgart: Klett-Cotta

Yalom, I.D. (1989): *Existentielle Psychotherapie,* Köln: Edition Humanistische Psychologie

Yalom, I.D. (2000): *Die Reise mit Paula,* München: Goldmann btb

Yontef, G.M. (1983): »Gestalttherapie als dialogische Methode« in: *Integrative Therapie, Bd. 2–3, S. 98–130*

Zola, E. (2005 [1883]): *Das Paradies der Damen,* Frankfurt/Main: S. Fischer